밀
양
을　살
다

밀양을 살다

밀양이 전하는 열다섯 편의 아리랑

밀양구술프로젝트 지음

오월의봄

들어가는 글

밀양으로 초대합니다

밀양은 경상남도 동북부의 한 지역을 일컫는 이름이었다. 그러나 이제 밀양은 그저 지명일 수만은 없다. 너무 많은 것들이 담겨버렸다. 송전탑이 들어선다는 마을의 고즈넉한 풍경에는 경찰 방패 앞에서 울부짖다가 땅을 치며 우는 사람들의 서러움이 채색되었다. 도시의 밤을 밝히는 화려한 조명은 모스부호처럼 밀양을 타전한다. 지구의 온 생명들을 위험에 몰아넣는 핵 발전의 검은 몸체와 그 손발이 된 국가폭력도 어렴풋이 보인다. 벗어나려 안간힘을 쓰는 몸부림도 담겼다. 가끔은, 내 나이가 어떠냐고 데모하기 딱 좋은 나이라고 몸을 들썩이는 웃음도 떠오른다. 밀양은 대한민국의 한 시대를 가리키는 또 다른 고유명사가 되었다.

누군들 밀양을 살고 싶었을까. 76만 5,000볼트의 송전탑 설비 계획이 확정된 것은 2000년, 송전선이 지나갈 경과지가 확정된 것은 2003년, 한국전력공사가 요식 행위나마 주민설명회를 연 것은 2005년, 사업 승인을 받은 2007년 이후 공사가 시작되고 멈추고 다시 시작되기를 반복했다. 밀양에서 최초의 집회가 열린 것이 2005년, 마을마다 대책위가 꾸려지고 뒤집히고 다시 모이고 사라지고를 반복하기 시작했다. 우리가 그랬듯, 밀양의 주민들도 저마다의 자리에서 하루하루를 살아가고 있었다. 아침에 눈을 떠 일하러 나갔다가, 점심 때 모여 친구들과 수다를 떨다가, 저녁나절 걸려온 자식들의 전화로 피로를 잊었다. 다만 송전탑의 먹구름이 서서히 밀양 하늘로 모여들어 그늘을 드리우고 있었다.

송전탑이 들어선다는 땅보다 먼저, 더 보탤 것도 덜어낼 것도 없는 저마다의 삶에 구멍이 뚫리기 시작했다. 왜 우리 마을에 짓느냐고 물어보니 지역이기주의란다. 송전탑 지어지면 어찌 사노 하니 보상을 더 해주겠단다. 마을 사람들 갈라놓지 말라 하니 마을 사이를 갈라놓았다. 2011년부터 밀양 전역에서 공사가 강행되기 시작했다. 공사를 하러 온 한전 직원과 인부들은 무얼 믿고 날뛰는지, 생전 당해볼 일 없었던 모욕을 퍼부었다. 2012년 1월, 이치우 어르신이 몸에 불을 당겼다. 그렇게 수직으로 밀양이 타오르고 전국에서 사람들이 찾아들기 시작했다. 또 다른 고유명사가 되어가는 밀양을 지우기 위해 2013년 국가는 3,000명의 경찰 병력을 투입하며 전쟁을 선포했다. 송전탑은 끝내 흔들리지 않았다. 대신 삶에 대한 믿음이 흔들리기 시작했다. 큰 욕심 안 부리고 좋은 사람들과 어울리고 사랑하고 밥을 나눠 먹는 게 행복이라 믿으며 살았던 게 잘못이었나.

송전탑은 양자택일을 강요했다. 합의냐 반대냐. 그러나 이미 확정된 계획이니 동의하라는 겁박이 합의일 수는 없다. 보상이냐 거부냐. 온몸으로 땅을 일구며 서러운 가난을 살아온 사람들을 모욕했다. 새로 세워진 송전탑이 자고 나면 하나씩 보이기 시작했다. 울력으로 살던 동네가 부서진다. 한동네 사는 이웃들을 서로 보듬고 싶지만 오만 가지 서운함이 쌓인다. 죽는 게 아무것도 아니라는 생각과 이러다 죽으면 어떡하나 하는 생각이 머릿속을 엇갈려 지나간다. 여자라 서럽지만 여자라 싸우고, 남자라 굳세지만 남자라서 흔들린다. 저마다의 자리에서 싸움을 살아내는 주민들은 격랑에 휩싸인 듯 혼란스럽다. 누군가 죽음을 떠올린다는 것은, 자신 안에 이미 죽어버린 무언가를 떠올리는 것일 게다. 송전탑이 빼앗아간 삶에 대한 믿음, 억울하고 원통해도 들어주지 않는 세상. 그/녀들의 한 세계가 그렇게 죽어가고 있었다.

그러나 이것은 하나의 시간이 아니다. 그/녀들은 밀양을 살고 있다. 투사의 각오로 버티는 시간도 아니고, 피해자의 눈물로 버티는 시간도 아니다. 각오가 눈물이 되었다가 눈물이 다시 각오가 되는, 살아 있는 시간이다. 가부장제 아래서 배치되는 시간이기도 하고, 가부장제를 뒤틀며 스스로를 배치하는 시간이기도 하다. 부조리한 에너지 체제에 의해 벼랑 끝으로 내몰린 시간이기도 하나, 그 자리에서 다시 틈새를 내며 새 땅을 다지는 시간이기도 하다. 그/녀들의 싸움은 또 다른 한 세계인 밀양을 피워내고 있다. 흔들리지 않는 사람이 어디 있으며, 다툼 없는 마을이 어디 있겠는가. 다툼 없는 마을이 좋은 마을이 아니다. 다투면서도 잘 사는 마을이 좋은 마을이다. 열 사람이 살면 열 사람이 다 다른데 갈등이 없을 수 없다. 자유롭게 갈등할 수 있는 것이 민주주의다. 공동체는 그걸 잘 풀어갈 수 있는 역량과 기술이 역사적으로 쌓이는 장소다. 원래부터 따로 있는 게 아니라, 서로의 관계와 위치가 변화하면서 늘 움직이는 것. 그래서 공동체는 낭만이 아니라, 언제나 투쟁이다.

우리가 밀양 송전탑 싸움에 앞서 싸움을 살아내고 있는 사람들을 만나야 하는 이유도 그것이다. 그/녀들의 삶은 밀양 송전탑 싸움을 하면서 갑자기 시작된 것이 아니다. 태어나고 자라고 나이 들어가고, 저마다의 꿈을 피우고 접고 다시 길어 올리고 막막해하기도 하는 시간들. 그 시간의 어딘가 쯤으로 송전탑이 불쑥 또는 슬그머니 들어와버렸을 때, 흠칫 놀라 뒷걸음치지 않고 꾸준히 살아갔을 뿐이다. 살아온 시간이 다르니, 싸움의 이유도 저마다 다를 수밖에 없다. 그러나 삶이 이유였다는 점에서 싸움의 이유는 하나이기도 했다. 그/녀들이 삶을 놓지 않고 서로의 존엄을 지켜주는 세계를 만들어간 덕분에 우리는 인간의 세계에 대한 꿈을 놓지 않을 수 있다. 그/녀들이 울고 웃은 시간들을 우리가 함께 기억해야 하는 이유다. 삶의 어떤 순간 자신을 지켜줄 작은 용기의 씨앗이 궁금한 사람이라면 더욱. 밀양을 사는 사람들의 이야기가 우리 모두의 역사이기를 바란다.

밀양 구술 프로젝트를 시작할 때부터 기억해야 할 이유가 분명했던 것은 아니다. 2013년 12월쯤 기록노동자, 작가, 인권활동가, 여성학자 등 다양한 사람들이 모였다. 공사를 막아내는 싸움이 조금 힘겨워지고, 밀양희망버스가 수천 명의 희망을 싣고 밀양에 다녀온 즈음, 밀양에서 전해오는 소식 너머에 우리가 들어야 할 이야기가 더 있다, 그걸 전해야겠다는 마음들이 프로젝트에 시동을 걸었다. 밀양을 사는 그/녀들의 울음과 웃음이 궁금했다. 그/녀들이 투사로만 우리에게 등장할 때의 거리감이 그/녀들에게는 고립감이 되기도 한다는 조심스러운 마음과, 그/녀들의 목소리가 생생하게 전해질 때 연대의 힘도 그만큼 살아 움직이게 될 것이라는 절박한 기대를 품었을 뿐이다.

구술기록 자체를 남기는 것도 소중하다는 생각으로 영상활동가들에게 도움을 청했더니 한걸음에 달려와주었다. 오월의봄이 빠듯한 일정을 감수하며 기꺼이 출판을 맡아주었다. 인터뷰를 하러 밀양에 오가며 드는 돈을 마련하기 위해 소셜펀치 모금함을 열었더니 응원이 속속 들어왔다. 후원해준 분들 덕분에 여러 차례의 인터뷰가 가능해졌다. 소중한 이야기를 들려준 분들의 얼굴도 기억할 수 있도록 사진 촬영을 정택용 사진가가 기꺼이 맡아주셨다. 마무리까지 힘내서 하라며 인권재단 사람이 인권활동지원기금을 보내주었고 '밀양의 친구들'은 모금한 돈을 보태주었다. 구술자들의 이야기를 읽은 독자들이 밀양 송전탑 반대 투쟁을 궁금해할 때 안내가 될 만한 글을 이계삼 사무국장에게 부탁했고 현장의 바쁜 시간을 쪼개어 글을 보내주셨다. 모든 분들에게 감사의 인사를 드린다.

이분들 덕분에 우리는 그/녀들의 이야기를 가장 먼저 듣는 영광을 누리게 되었다. 찬란하지도 않았고 신나지도 않았다. 그/녀들의 이야기를 고스란히 들으며 함께 부대끼고 기억을 되새기지만 그/녀들일 수 없는 기록자의 위치는 고되기도 했다. 그러나, 영광스러웠다. 희망이 있을까 궁금해하던 우리는 이미 스스로 희망인 사람들을 만나버렸다. 이렇게 힘든 싸움인 줄 몰라서 여기까지 온 듯하다면서도, 다시 또 이런 상황을 만나면 싸우게 될 거란다. 송전탑이 세워지는 걸 보면 싸운 게 억울하기보다는, 싸우지 않다가 저걸 봤으면 얼마나 후회했겠냐고 한다. 그제야 깨달았다. 우리는 송전탑 반대 싸움을 보지만, 그/녀들은 저마다의 한 세계인 삶을 일구는 중이었다. 고마움을 아무리 전해도 부족할 수밖에 없다.

김말해, 김사례, 조계순, 이사라, 희경, 곽정섭, 이종숙, 권영길, 박순연, 구미현, 김영자, 안영수, 천춘정, 박은숙, 강귀영, 성은희, 김옥희 님, 당신들의 세계로 이끌어주셔서 감사합니다.

밀양희망버스는 '우리 모두 밀양이다'라고 외쳤다. 밀양을 사는 사람들은 우리 모두를 살아내고 있다. 그/녀들의 삶에는 이미 우리가 들어서 있다. 우리의 시선, 우리의 일상, 우리의 생각과 행동들이 그/녀들이 만들어내는 한 세계에 힘을 미치고 있다. 우리는 미처 다 몰랐지만. 그래서 밀양을 함께 사는 우리의 몫은 관심과 지지의 의무가 아니라, 성찰과 연대의 권리다. 열일곱 분의 구술기록을 담은 이 책이 작은 실마리가 되기를 바란다. 밀양이 하나의 지역이 아니듯 또 다른 고유명사인 밀양도 하나의 의미로 환원될 수 없다. 그러나 투쟁이기도 하고 삶이기도 한 열일곱 분의 이야기는 모여서 하나의 이야기가 되기도 한다. 그래서 한 분한 분의 이야기에는 이 모든 사람들의 이야기가 담겨 있기도 하다. 어느 이야기든 우리들의 삶으로 밀양을 맞이하는 문이 되기를 바란다. 그 문으로 밀양이 걸어 들어오며 건네는 질문을 함께 품는 세계가 만들어지기를 바란다. 사람이 살겠다는데, 송전탑 즈그가 우예 버티겠노?

이야기는 끝나지 않는다. 오늘도 사람들은 밀양을 산다. 밀양을 함께 살아갈 사람들을 기다린다.

2014년 4월
밀양구술프로젝트 참여자들을 대표하여 미류가 씀

차례

| 1부
| **날 좀 보소, 날 좀 보소**

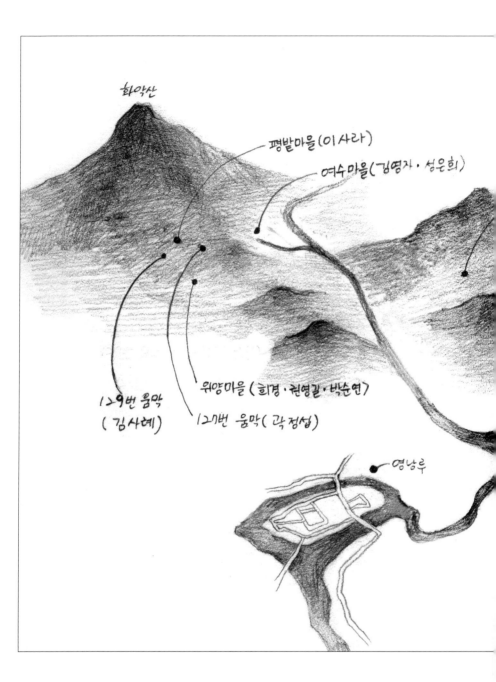

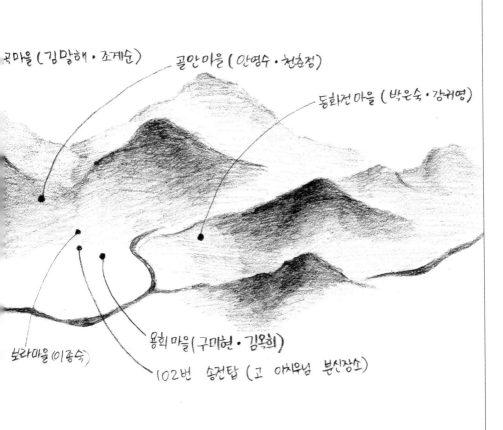

곡마을 (김말해·조계순)
골안마을 (안영수·천춘정)
동화전 아을 (박은숙·강귀영)
보라마을 (이종숙)
용회 마을 (구미현·김옥희)
102번 송전탑 (고 이치우님 분신장소)

밀양 지도

1부

날 좀 보소, 날 좀 보소

"이걸
우째 이고
왔는교?"

할매 집은 정갈하고 소박했다. 대롱대롱 매달린 메주도, 아궁이 옆 장작도 가지
런했다. 기름값 아까워 위채는 냉골로 비워두고, 두 평 남짓 아래채에 인부들, 경
찰들과 씨름하느라 지친 할매가 누워 있었다. 할매는 눈물과 가락에 실어 남편
잃고 자식 잃은 한 많았던 세월을, 그 세월의 마지막 굽이에 만난 '전쟁' 이야기
를 전해주셨다. 마른침을 삼켜가며 눈물을 훔쳐가며 김말해의 세월을 이야기하
는 할매는 애달팠다. 담배 연기 따라 그 세월을 이겨낸 여자, 김말해를 이야기하
는 할매는 고요하고 단단했다. 밥이나 먹고 가라며 된장찌개 끓이는 동안 손수
담근 된장 맛 살포시 자랑하는 할매는 사랑스러웠다. 지팡이 휘두르며 "요놈의
손들, 가만 안 봐두나. 똥차, 개차 안 치우나" 호통 치는 할매는 듬직했다. ●

"울라 카마 한이 없고, 말로 할라 카마 한이 없고"

내 나이? 많아. 구십 다 됐어. 팔십여섯. 설 쇠면 팔십일곱. 저기 윗채는 몇 년 전에 수리해가 보일러 놨는데, 기름보일러거든. 기름 뗄라 카니까 돈도 없제. 기름 한 통에 27만 원인가 카더라. 그거 때며 우예 사노. 여기는 아궁이 때고. 장작 때고. 대구 사는 아들이 가끔씩 와가 장작 해주고. 어떨 때는 놉(품팔이 일꾼) 해가지고도 하고.

내가 아들이 둘인데, 작은아들이 대구 살다 죽어뿌따. 작은 며느리도 마 죽어뿌고. 설 쇠면 4년째 들어서고 며느리는 작년에 죽어서 올해 6월이면 기일 돌아오고. 오늘 아침에도 누워 있으니까 죽은 자슥도 보고 짚고, 내가 죽어야 우리 아들 만나지 싶고. 눈물이 나서, 보고 짚어서. 우리 작은아들, 참 연하다. 전화도 한 달에 몇 번씩 왔다. 우리 엄마 뜨시게 자라 카고. 나이도 많으면 몰라. 육십둘에 죽었다 카이. 세 살 묵어가 손님(홍역)이 와갖고 죽을 걸 살려놓으니 고마 일찍 죽어뿌따. 고생만 하다 죽어뿌따. 혈압이 올라가 그랬나, 심장마비가 왔나, 그래 갑자기 죽어뿌따. 울라 카마 한이 없고, 말로 할라 카마 한이 없고.

윗마을에서 커서 여기로 시집왔다. 열일곱 들며 음력 2월 달에 시집왔다. 신랑은 스무 살. 그때가 일본시대거든. 열다섯, 열여섯 살 되는 거 일본 놈들이 다 데리고 갔다 아이가. 그때 결혼만 시키면 안 데리고 가고. 그래노이 우리 고모가 여기 앞 마실에 살았는데, 아무거이 일본군한테 보내느니 고마 치워뿌라 그래가 결혼을 했다 카이. 우리 동갑들 전부 열다섯에 치우고 열여섯에 치

우고 다 치웠다 카이. 알라 아이가. 비린내 나는 거. 그래 여기로
시집왔다. 신랑이 우쨌는 동, 우예 생겼는 동 보도 안 하고. 열입
곱 살 먹은 게 뭐 아나. 아무것도 모르제.

　일본 놈들 얼마나 몸서리가 나는지. 양식이라꼬 좀 지어노으
만 다 줏어가제, 녹으로 다 뺏어가제. 없이 사니 신이 있나 뭐가
있노. 우리는 맨날 맨발로 다녔다. 맨발로 다니도 겨울에 춥지도
안 하고 밤송이 저거 밟아도 배기지도 안 했어. 굳은살이 돼가. 옷
이 있나, 뺄가벗고 대니고. 농사지어노으마 전부 일본 놈들이 공
출로 다 갖고 가쁜다 카이. 안 내면 순사 놈들 지랄하고. 집집마다
기름 서 말, 너 말씩 내라 카고. 안 내면 지랄병하고. 고생 많았어.
일본시대 배고파서. 고구마 한 조각씩 요래 먹고, 배추 무씨 심가
갖고 시락국 끓여가 한 그릇씩 먹고. 을사년 보리 흉년에 또 배 얼
마나 곯았는지. 온갖 시대 다 넘겼어. 시집와가 내가 열여덟 살 묵
었을 때 해방됐어. 시집와가도 일본시대 가마이 공출 50섬씩 대
라 카지. 기름 짜라 카지. 신랑이라 카는 건, 일본 보급대 징집 피
해가 1년 내 여기 없었고. 어디 가 숨어뿌만 일본 놈들이 찾고 그
라지는 않대. 그래가 해방될라 칼 때 왔다니까.

　우리 시아바시는 내가 열여덟 살 묵어가 세상 버리고. 시아버
지 죽고 일주일 딱 돼가지고 해방되고. 우리 작은아들 두 살 묵었
을 때 저거 아버지 안 죽었나. 가 낳아놓고, 돌은 5월 달인데, 3월
달에 안 잡혀갔나. 그전에 보도연맹 카는 거 안 있나. 그래가지고
신랑은 오도 가도 안 하고. 그때 한참 빨갱이 시대 안 있었나. 빨
갱이들이 그릇도 뺏어가고 밥도 해달라고 그캤는데. 밥도 한 번
해준 적 없는데. 보도연맹이라꼬. 우리 신랑이 동네 반장질 했거

든. 무슨 말을 들었는지, 동네에서 두 사람이 나갔어. 역전에 나오라 캐가 가, 훈련한다고 캐가 가. 그 질로 나가서는 밀양 시내 나까노 공장에 가둬났다 카이. 그래 두어 번 면회 가서 보고 그랬다 카이. 그때는 난닝구 하나 없었다 카이. 삼베 짠 거 그거 입고 들어갔거든. 그래 난닝구 두 개를 사가지고 면회를 갔어. 우리 죽은 아들 업고 그래 가이끼네, 공장 마당에 불만 확 질러놓고 사람 한 개도 없대. 그 질로 흔적도 없다니까. 오도가도 안 하고 아직 안 온다 카이. 3월 달에 나가서 6월 달에 없어졌거든? 아무 죄도 없는데 생사람 잡았어. 바로 여 살던 그 사람도, 나이도 한 동기인데, 둘이 잡히갔다 카이.

가다마이 양복 걸어놓고, 구두도 쫙 맞차놓고. 그래 기다리도 안 오고. 복도, 복도, 그뿐이다. 어디 천지 남 가는데 가서, 군에나 가서 그리 됐으만 죽었을 때 얼굴이나 안 봤겠나. 자식들 공부라도 안 시킸겠나. 저 옷도 하나 못 입어보고, 어데 갔나 흔적도 없고. 일본 보급대 피해 1년 가 있었지. 5년도 올케 못 살았어. 문디 같은 게, 아아가 괜히 일찍 생기가꼬 오도 가도 못하고. 열아홉 때 큰아들 놓고, 스물두 살 묵어가 죽은 작은아들 놓고. 신랑 얼굴은 이제 기억도 안 나. 그땐 카메라가 어디 있노. 사진이라도 있으만.

우리 시어마시는 내 스물세 살에 자기 아들이 나가서 흔적도 없고 안 오고 하니께. 신랑이 6월에 삼베옷을 입고 나갔거든. 9월 되면 안 춥나. 그때 옷이 어딨노. 전부 길삼 해가 속에 넣고 그랬는데. 시어마시가 옷 하나 달라캐. 어딨는지 우예 알고 줄라꼬. 그래 여기저기 댕기다가 와가지고 "우리 아무것이 없더라. 나는 이제 못 산다." 그 질로 이튿날 세상 버렸다 카이. 오십일곱에. 아들

보고 짚어가, 마 미친 것처럼 아들 찾으러 밀양으로 청도로 온 전시 다 다니고. 찾아도 어디 있노. 화가 나이 자꾸 댕기는 기라. 그라다 집에 와가지고 아들 이름 부르미 울어쌓터니 새벽녘에 피 토하고 아래로도 싸고 그카대. 이튿날 세상 버려뿌따. 우리 죽은 아들 돌 지나고 9월에. 조상이 고요해야 좋은데, 산에 공사한다고 불을 저리 키놓고. 산소 바로 곁에 불을 저리 환히 켜놓고. 그것도 마음에 안 좋고.

그래 쪼깨난 아아들 둘이 키우고. 어른들이나 있으마 시키는 대로 하마 되는데, 내가 뭐 알겠노. 나이 스물세 살 묵은 게 그 살림을 다 도맡아가 했지. 내 손톱 발톱 뭉개지도록 오만 일 다 하고 그래 살았다. 죽은 거 그거 네 살 묵고 큰 거 그거 여덟 살 묵고 쪼매끔 할 적에, 둘이 데리고 여짜 밑에 옛날에 도랑, 물웅덩이가 하나 있었다 카이. 서이가 죽을라꼬 가가. 내가 먼저 죽어뿌만 아들 둘은 우야노 싶어 먼저 밀어뿌고 나도 죽을라꼬 치마를 덮어쓰는데 우리 작은 게 "엄마 엄마, 물 무섭다 집에 가자. 물 무섭다 집에 가자" 그게 그리 불쌍해가 다시 왔어.

논 서 마지기 부치가 우예 아이들 공부를 시키노. 우리 죽은 작은아들 국민학교 졸업하고 그 열네 살 먹은 걸 대구 공장을 보냈어. 방직공장. 천지 재산이 있나 아무것도 없는데. 나무해갖고 국민학교 보내고. 열네 살 먹은 걸 대구 보내놓고 울기도 많이 울고 보고 짚고. 한참 공부할 시기인데 중학교도 못 시키고. 돈도 돈도 그때는 와 그리 귀한동. "엄마 엄마 나도 갈란다. 엄마 엄마 나도 집에 갈란다." 따라올라 캐. 기술 배아라, 기술 배아라, 그래야 니가 성공한다. 그카미 두고 나왔지. 그놈 고생은 말도 못한다. 베

짜는 공장 있을 적에는 베틀 고치는 기술자 돼가지고 괜찮았지. 근데 공장이 시세가 싹 없어졌다 카이. 기술이라고 배워놨더니 해먹을 짓이 있나. 그 후로 오만 장사 다 하고. 나이나 많았으면 몰라, 한창 재미나게 살 때 죽어가 불쌍코 아깝고.

큰아들은 국민학교도 올케 못 나오고. 국민학교 5학년 1학기 다니고 나무하러 나왔다 카이. 나는 남의 일하러 다니고. 죽기 살기로 남의 일 해봐야 200원, 300원 줬다, 품삯을. 하루 일해가 버는 게 300원 주면 많이 주는 거고 100원, 200원 올라가 500원 받고 1,000원도 받고. 큰아들이 군에 스물두 살, 스물세 살 먹어가 갔는데 그때는 3년 복무다. 월남 간다고 편지가 왔어. 저거 아부지가 그래 됐으이 저그 아부지 죄가 있나 없나 확인해볼라꼬 그래 백마부대 지원했다 카이. 죄 있으면 못 갈 기고 죄 없으면 갔다 온다 카매 그래 안 갔나. 신원조회 전부 떼어가지고 보니까네 아무 죄도 없지. 월남 보낼 때 신원조회 해갖고 쪼매라도 죄가 있었다 카믄, 빨갱이짓 해묵었다 카믄 차 타고도 내리라 카고, 배 타고도 내리라 카고 그랬다 카이. 없으니까 간 거지. 생사람을 데려가 쥑있다 카이.

경기도 저 고개 넘어 산 있는데 거기서 훈련시키가 월남 보낸다 카대. 못 가그러 빼낼라꼬 20만 원인가를 얻었다 카이. 논 다 잡힐라꼬 마음먹고 돈 얻어가 낮에 가니까네 그 이튿날 새벽에 부산으로 내려간다 카드라. 돈 써도 못 빼낸다 카드라. 요새 시간으로 새벽 6시인가 어둑어둑할 때 부산3부두로 가니까네 백마부대 전부 다 태극기 흔들고 무슨 노래를 부르매 내려오대. 저그 부모들도 다 와 있고. 날 하얗게 새고 무슨 식을 하대. 배를 산덩이 같은 걸 대놓고. 저그 식 다 하고 전부 타라 카대. 우리 아들이 뱃 머리에 서가 내를 볼라꼬 배 만데이 올라가 깃대를 흔들고. 배가 갈라 카이 고동이 팍, 아따 뱃고동 소리 크대. 배가 대가리를 돌려 가 갈라고 끼익 트는데, 참 못 보겠대. 그때는 반쯤 죽었었다. 앞에 있는 헌병 끄내끼(끈)를 잡고 얼매나 구불미 울고불고. 헌병은 "아지매 노으소" 카고. 나는 "와 내 아들을 이역만리 보내노" 카미 니캉 내캉 죽자 카고. 끄내끼 그걸 손에 감아노으이 낸중에는 풀리도 안 하고 마 다 떨어져뿌따 카이. 배는 물 복판 저까지 나가는데, 부웅부웅 하며 나가는데, 그 배가 안 보이도록 거기 있었다 카이. 못 보겠대.

자식 보내놓고 밤에 잠도 못 자고. 그땐 백마부대, 매화부대 마이 죽었어, 월남 가갖고. 그리 보내놓고 울기도 마이 울고. 밥도 마이 굶고. 그래서 일을 마이 했다 카이. 잠이 안 와갖고 베를 짰다 카이. 명주, 삼베 잣는다고 그거 짤라 카믄 밤새도록 짜야 된다. 울어가미 노래 부르고.

어떤 사람 팔자가 좋아 의기등등해 살더마는
요노무 팔자는 무슨 팔자인가 앤가이 해도 덕이 없고
…… 울 엄마는 뭐할라꼬 나물 묵고 물마시고
온갖 노릇 해가지고 나를 낳았대 나를 낳았대

그래 열흘만 편지 안 오면 우야꼬 우야꼬 싶으고. 와 편지 안 오노 싶으고. 내가 글을 모르이 남한테 부탁해가 지한테 편지 써 가 부치고. 한번은 근 한 달간 편지가 안 와. 헬리콥터 태워가 산으로 어디로 사람을 막 널짜뿐다(떨어뜨린다) 카대. 전쟁 치르러 가라꼬. 골짝 같은 데 널짜뿟는데 우리 큰아들이 허리를 다쳤어. 부산 수정동 육군병원으로 실려 왔는데 수술하는 데 여덟 시간 걸리더라, 여덟 시간. 그때는 시계도 없고. 나는 손목시계도 한번 못 차보고. 병원에 있는 시계 보니 딱 여덟 시간 걸리대. 그래가 나왔는데 마춰가 안 깨가 죽은 것처럼 그래 나오대. 그땐 하늘이 뱅뱅 돌고. 아무리 불러봐도 대답도 없제. 내 죽어뿌야 이 꼴 안 본다 캐가 2층 계단에서 꾸불렀는데 그래도 안 죽대. 명도 안 떨어지고 머리에 피만 쭉쭉 나드라. 인자는 깨어났나 싶어 올라가 보이, 젙에서는 답답해서 못 보겠대. 내리와서 담배 한 대 피우고 한참 있다 다시 올라가 "희도야, 희도야" 우리 아들 이름 불러보이 발이 꼼지락꼼지락, 손도 요래요래 움직이고. 많이 아프제? 아파도 참아라 카니까 고개를 끄덕끄덕.

그래 육군병원에 두 달, 석 달 있다가 아직 군대생활이 9개월이 남았어. 9개월 지내야 제대를 하는 기라. 허리수술 했는데 안 된다 안 된다 싶어 우리 시백모님한테 왔다 카이. 아이고 큰엄니야 큰엄니야 우야노. "안 된다 안 된다, 돈을 빌리서라도 제대를 시키라." 그래 아는 사람한테 물으이께 5만 원 들여야 제대를 시켜준단다. 그때 5만 원 카믄 지금 500만 원도 넘는 돈이라. 5만 원이 어데 있노. 그래 우리 작은아들한테 가가 희원아, 히야 이제 수술해갖고 전주로 간다 카는데, 전주 가믄 집 짓고 그란다 카는데, 저래 계속 움직이모 병신이 된다 카는데 우야꼬. "엄마 제대시키소." 카매 지 월급에다 돈을 더 빌리가 주대. 돈을 쓸라 캐도 아는 군인이 있어야 된다 카대. 알아 알아가 그래가 제대시킸다 카이.

그때 우리 큰아들 스물다섯 아이가.

허리가 아프이 직장도 올케 못 구하고 이 일 했다 저 일 했다 남의 노동일도 하고. 회사 댕길 때는 불경기가 돼가 한 달 두 달 놀다가 또 들어갔다가. 요새 여 와도 센 일은 못하고. 비오마 허리가 아파 죽는데 뭐. 다치가 병원 있을 때 중대장한테 편지를 여러 번 부칫구만. 글을 모르이 남한테 부탁해가. 아무 답장도 없다가 여남은 번 보냈나. 낸중에야 확인증을 보내주대. 네모난 도장 콱 찍어가. 그래도 소용도 없고. 그걸 장롱 아래 신문지 싸가 보관해 났다가 10년 뒤에 신청했다 아이가. 온갖 서류 다 떼어 넣고. 그것도 받을라믄 돈을 좀 들이야 된다 카대. 그카고 혜택이 쪼매 나오대. 한 달에 나오는 것도 쪼끔뿐이라. 3급밖에 안 나왔어. 그때 허리가 안 좋으이 일 못하니께 취직이라도 시키달라 캐가. 좋은 직장을 얻을 수나 있나. 국민학교도 올케 못 나왔으이. 졸업장도 없는데 뭐. 대구 국세청에서 일을 시키줬는데. 은행 가서 돈 찾아주고 예금시키주고 허드렛한 일 그거 하고. 거기도 4, 5년 있었는데 아이엠에프(IMF) 때 싹 걸리가 나왔다 아이가. 나이 오십서인가 너인가. 그러고 나서 아직 저래 논다. 나라 지킬라꼬 월남 가가 허리 다치가 촌에 가도 지게도 못 지는데 내 허드렛일 하는 건 계속하게 해도. 만기까지 하게 해도. 그칼 낀데 추리낸다고, 나가라 칸다고 한마디도 안 하고 그냥 나와뿌따 카이.

27

할매의 150근 -"아지매, 이걸 우째 이고 왔는교?"

신랑이라고 뭐 있나. 농사짓는다고 일하는 그뿐이고. 모 심으마모 심그고. 저녁때면 자고. 놀러도 한번 못 가보고. 다정한 것도 없어. 어른 우에 있으니께. 저그 엄마, 시어마시한테 잘하라 카고. 엄마, 엄마 카면서 시키는 대로 다 해라, 죽어라 죽어라 카면 안 죽어도 눈만 감아주라 카고. 그뿐이라. 그래도 신랑이 한문은 잘하대. 내 글 모른다 카이끼네, 일 다해놓고 알라들 키아놓고 글 배아줄라 캤어. 그것도 한번 못 보고, 아무 죄도 없이 끌려간 기라. 동네서도 아무 죄도 없다, 아무 죄도 없는 사람이 죽었다 그랬다 카이. 보도연맹, 몇 년 전인가 억울하게 죽었다고 돈 얼마씩 보상 나온다 카더니만 아무 소식도 없고. 아무도 몰라줘. 우리 자식만 우리 아버지 억울하게 그래 됐다 카며 알게 된 거 그뿐이제.

원래는 저 만데이 이 집만도 못한 데서 오두막살이 했었거든. 시집오니까 논 서 마지기 있었다 카이. 혼자 나무해가 올라가는데 너무 힘들고. 우리 시백모님이 "야야, 알라 들고 못 산다. 밑에 내려와서 살아야 한다. 빚을 내더라도 집을 사라." 오두막을 팔아봐야 개값도 안 나오는데. 그때는 돈 만 원을 빌리믄 가실에 2만 원을 줘야 된다 카이. 이찌하리라 캤다. 곱을 준다고 이찌하리. 그래 송아지 4만 원인가 팔고, 그래도 돈이 모자라 3만 원 빌리가 가실에 이 집을 사왔어. 설달 그믐날 이삿날 받아 이사 왔어. 우리 큰아들 여덟 살 들 때, 우리 작은아들은 네 살. 아적도 이 집 살 적에 우예 샀노 싶으고. 시집와가 이 집하고 밭떼기 열 마지기 산 거 고게 다. 전부 감나무밭이라 카이. 내가 오만 데 다 댕기며 머리 다

28

빠지가미 사놓은 거, 저것도 송전탑 땜에 물거품 되다시피 하고. 고게 그리 아깝고. 팔른 돈이나 될 낀데, 아무도 사러도 안 온다.

옛날에는 저 철탑 세아논 저 우에까지 나무하러 안 갔나. 참꽃 안 있나, 진달래. 진달래 낫으로 베어가지고 묶어가 연료 때고. 나무 뿌라진 거 싹 거둬가 내려오고. 나무도 쪼가리 내갖고 다발로 10개씩 묶어가 머리에 이고 날랐다 카이. 저기 고정마실까지 이고 날랐다. 한 다발 중간쯤에 세아놓고, 또 올라가서 이고 내리와 가 중간쯤에 세아놓고. 하루 여나믄씩 이고 날랐다. 나무쟁이한 테 팔른, 삯 받는 기라. 그때 한 근에 1원50전씩. 요새는 키로라 안 카나. 우리 젊었을 땐 근으로 했거든. 옛날에 나무를 150근씩 했 다. 내 몸 근수도 150근 나갔고. 옛날엔 내 근수나, 나무 다는 근 수나 똑같았다 카이. 근데 요새는 40키로 나간다. 신체가 좋아가, 억수로 기운도 세고 힘도 세고. 다 이고 지고 걸어서. 그때는 길도 안 나 있고 자전차 같은 것도 못 다닐 적에. 여기 신작로가 나락 심구던 데라니까. 지게 같은 것도 없었고. 꼬불랑 꼬불랑 길 요만 한 데 지나다니고. 맨날 저 뒤로 못 둑으로 다녔어. 밀양 장에 가 도 산으로 산으로 넘어 댕기고. 그리로 가마 가찹다꼬. 나무 해다 나르느라 머리 위가 벌겋게 부어가. 내 머리 함 봐봐라. 다 안 빠 졌나. 매일 나뭇짐 해다 삯 받아가 살았다.

내 손 끝에 물 마를 일 없고 잠잘 여가가 어데 있노. 그때 여자 들 고생은 말로도 다 못한다. 잠도 못 잔다. 베 짜가지고 옷 해내 야제, 여름 닥치면 삼 삶아 째갖고 삼옷 만든다고 바쁘고. 옷도 집 에서 손으로 다 만들어 입어야 하고. 베 짜면 옷이 안 얇나. 그라 이 명주 타 와갖고 솜 다 넣어야 되고. 엄청시럽다. 우리 살은 게.

옛날에는 나락을 이래이래 훑어가 찐다 카이. 그거 고르고 있으면 잠이 와가 꼬부라진다 카이. 잠을 못 자니께 논에서 꼬부러진다 카이.

대구에 작은아들 공장 넣어놓고 양식한다고 쌀 두 말씩 대준다 카고 하숙을 시켰다. 채소라도 하면 보따리에 넣어가 쌀 두 말이고 대구역 내리마, 청년들이 "아이고 아지매, 가져다주까요?" 카마 그때는 도둑놈인가 싶어가 놔두소, 내 이고 간다 기어코 이고 가고. 어떤 사람은 "아이고 아지매, 이걸 우째 이고 왔는교? 신랑은 어디 갔는교? 아아들 공부하는 데 가는교? 신랑은 군에 갔는교?" 그라믄 예예 이카고. 기술 배우러 보내놓고 공부하러 갔다 카고. 신랑이 그리 나가 소식도 없다는 얘기는 못하고 맨날 군에 갔다 카고. 아적까지 이리 나이가 많고 그캐도 신랑 이름 석 자도 내놓지도 못해.

큰아들 저래 다치고, 여 촌에서 일을 할 수가 있나. 가실에 논서 마지기 농사지은 거 나락 다 긁어내가꼬 병원 다니느라 빚진 거 싹 갚고. 우리 작은아들 대구서 쪼매난 방 하나 얻어 자취하고 있는데 거기로 올라갔다 카이. 큰아들은 허리 다치가 저래 있제. 우리 작은아들 그것도 불경기 돼가 공장 꼴딱 넘어가쁘고 보름도 놀다가 한 달도 놀다가 그카이까. 다만 내라도 일을 해야 양식을 팔아묵제. 온 전시 채소밭에 댕기며 일하고. 대구서 며느리 둘 다 봐놓고 손자들 다 봐주고 딱 10년 살다 내려왔다.

대구 팔달다리 밑에 새벽 5시인가 나가믄 놉 할라꼬 하주들이 쫙 서 있어. 차 하주들이 밭떼기 떼어놓고 열댓이 쫘악 모여 있다 카이. 거기 가믄 하주들이 내 열 명, 니 열 명, 갈라가 데려가. 그땐 힘이 좋아가, 살도 찌고 이래노으이, 일을 하도 많이 해노으이 서로 "밀양 아지매 이리 오소. 내 차 타소" 내 데불고 갈라 카고. 경산으로 울산으로 안 가는 데 없었다 카이. 밭 사놓은 데는 다 갔다 카이. 채소 8톤짜리 차에 여자들 열댓 명씩 안 가나. 채소 묶어 가 다 던져 올려야 된다 카이. 8톤짜리 트럭에 잇빠이 다 실어야 보내주는 기라. 언제 끝나든 다 해야 보내주는 기라. 열대여섯이 나란히 서가 던져 올리는데, 내 팔 힘이 좋다고 맨날 뿌리(맨 끝) 에 가고. 채소 그거 던져 올릴라 캐봐라. 아이고야. 한번은 길을 헤매가 아무리 찾아도 집을 못 찾겠대. 내가 대구 시내 어딘동 아 나. 그땐 버스도 택시도 마이 없고. 어느 버스를 타야 가는지도 모르고. 학생 하나가 데불다줘서 다행이었지, 안 그랬으마 밤새도록 헤맸다 카이. 그땐 대구 칠성시장 앞이 다 정구지 밭이었거든. 팔달다리 밑도 전부 미나리밭이었다. 미나리를 물에 씻그만 좀 쳐지는 게 있다 카이. 그걸 줏어다가 다라이에 담아가 팔고 그랬 다. 안 해본 게 없다 카이.

밀양 다시 와가 농사지을라꼬 말도 못하게 고생했다. 논 너 마 지기 지었는데 스무 마지기 농사맨크로 힘들었다 카이. 농사지어 가 손주들 벤또 싸가라고 양식하라고 올려 보내주고. 양념 고추 장 다 해가 보내주고. 말도 못한다, 내 이래 살은 거. 크림 하나 못 발라보고 빌린 돈 갚는다꼬 고생한 거 생각하마 자다가도 오는 잠도 날라가뿐다. 다리 아프고 허리 아프고. 요새는 관절염이 더 하다. 젊을 땐 하나도 안 아팠고. 팔 못 쓴 지 한 3, 4년 됐다. 요새 바짝 더하다.

자식들 못 멕이고 공부 못 시킨 거. 딱 그거 두 가지가 한이다.

자식 눈치만 자꾸 보이고. 내는 자식한테 큰소리 칠 것도 읎다. 그래 내가 안 캤나. 너그 쪼그말 적에 고아원에 넣어놓고 어딜 가든 돈 벌어가 보내주고. 고아원에 있었음 학교라도 안 나왔겠나. 그 얘기를 하니까 우리 죽은 아들이 "엄마, 그런 소리 하지 마소. 공부 하나도 못해도 내 돌 아래 아버지 나가고 이래 키워주니 내 일본 유학한 거보다 더 낫십니데이. 욕 봤십니데이" 이캤다 카이. 가슴이 아프지. 국민학교 겨우 시키가 지 앞가림 다 했응께 그것만도 장하다 싶으고.

먹고살기 바쁘고 자식 둘 키우고. 재혼 그런 거는 생각도 안 해봤어. 처음엔 신랑이 어느 달에 올랑고, 어느 해에 올랑고 그것만 기다렸지. 한평생 기다렸지. 올해 올랑가, 명년에 올랑가, 내명년에 올랑가 기다려도 안 오는데. 한 10년 넘어가고는 안 기다렸어. 이제는 죽어뿌따. 좋은 날 받아 제사도 지내준다 카이. 죽은 날을 알아야지. 그라이 날 받아야지. 내 이리 혼자 살았어도 내한테는 무시 못한다. 그라믄 내는 욕해뿐다. 대가리 뽀사뿐다 카고. 거세어가지고 내한테는 아무 소리도 못해. 재혼하라 카는 사람 천지였지. 내는 아이들 불쌍해서 죽어도 못 간다 카고. 내 팔자 내가 안고 산다 카지.

할매의 전쟁 -"이 전쟁이 제일 큰 전쟁이다"

송전탑 저게 9년째 아이가. 산 만데이까정 얼매나 가고, 대닐 만치 대니고 마이 했다 아이가. 손 끄트이 다 벗겨져가미 기어 올라

갔다 카이. 올라가는 데 세 시간 걸리대. 올 봄에는 요놈의 손들이
계속 다니니께 하도 분해가 시청 앞에 앉아가 내가 실컷 울어뿟
어. 남이 보기나 말기나 실컷 울어뿟더니만, 수녀 아지매들이 와
가꼬 "할매 와카시는교? 와카시는교?" 한이 맺히가 원이 맺혀가,
북받치서 웁니다. 원통해서 울고 분해갖고 울고 한이 맺히가 웁
니다. 눈물밖에 안 남았심더, 눈물밖에 안 남아서 웁니다. 그랬다
카이.

　요놈의 손들, 여기 전시만시(온갖 데) 와가지고 온갖 거 다 세
아놓고. 우린 못하구러 말릴라꼬 온 전시 다 댕기고. 세상 그래 못
하구러 하고, 저건 할라 카고. 우린 저거 들어오믄 못 사는데. 땅
손바닥만 한 거 사났는데 물거품 되는데. 언제 누가 살아도 여긴
물 좋고 공기 좋고. 손주들 와서 살고 누가 와도 다 잘살 낀데. 자
꾸 밑으로 내려오믄 이제 못 산다. 송전탑 저거 보통 것도 아니고
76만 5,000볼트 디게 센 게 와가, 저 청도 가서 갈라진다 카이. 밑
에 산소도 파내라고 지랄병하는데 우야겠노. 그게 우리 시아바시
산소 옆도 지난다니까. 저거도 해로우니께 산소 파내라 카지. 센
게 들어오만 2, 3년 있으만 감도 안 되고 아무것도 안 되는 기라.
저거 오면 이 골짜기 못 산다. "내논 땅 없습니꺼." 부동산이 그렇
게 왔었는데, 저거 들어오곤 논 있나 밭 있나 아무도 안 온다 카
이. 개미 새끼도 하나 안 왔다.

　한데 따시다고 앉았으이 천지 댕기는 건 그놈의 손들뿐이제.
요놈의 손들, 저거들 교대한다고 다섯인가 여섯인가 왔다 갔다
하지. 똥차 저거 올라가지. 전경차 올라가지. 모래차 올라가지. 신
작로 댕기는 건 내 문디 차들뿐이라. 저 농로 만들 때 동네서 돈

모아가 시멘트도 죄다 나르고 그랬다 아이가. 저그들 공사하라고 만든 기 아이다. 보고 있으니까 속이 울렁거려서 못 살아. 온 전시 불 써놓고 내 톱 소리 나고 지랄하지. 저 높다란 거 세워놨다 아이가. 이틀 내내 헬기 안 떴나. 자꾸 실어다 나르니께 방구들이 우르르르 해사코. 여기 천정이 떠나가는 것 같고 그렇다니까. 아이고 문디, 못 살겠다 카이.

올 동네엔 사람도 없어. 송전탑 싸움 나와봐야 열도 안 돼. 사람이래 봐야 늙은이들뿐이제. 남자들도 안 가제. 다른 사람들은 또 아파서 못 가제. 이래 사람들이 실리 가고, 허리 부러져 아프고 해도 텔레비전 한 번 안 나오대. 한 사람은 나이가 팔십너인데 뼈를 다치가 싸움도 못 나오고. 아레 또 한 명은 구부러져가 돌부리에 찍히가 또 병원에 갔다 카이. 사람이 어지러워 못 살겠다고 카더라. 또 마을 사람 하나는 까무러치가 또 병원 가고. 요노무 손들이 칼을 가지고 댕겨. 손을 전시 베이가 한 사람은 여섯 바늘 찜었다 카고, 또 한 사람은 네다섯 바늘 찜었다 카고. 욕이 나와 자꾸만. 여기 속이 막 올라온다 카이. 속이 답답한 기 마 속이 불안해. 방에 못 들어앉아 있다 카이.

밤에도 맨날 사람들 서 있지. 한 시간만 되면 교대한다고 뿔뿔뿔뿔 걸어가지. 온 전시 불은 환히 써놨지. 불도저 소리도 나고. 경찰차 내 왔다 갔다 안 하나. 그거 보고 들어오믄 잠이 안 오고 온갖 기 다 생각이 나는 기라. 옛날에 저 산천에 온 전시 뛰어댕기고, 우리 젊을 때는 을매나 빠르고 힘도 좋고. 여기 누웠으믄 그기 자꾸 생각이 떠오르고. 옛날엔 신작로도 없었거든. 그런 걸 생각하니 잠이 안 와. 와 그렇게 그기 생각키는지 모르지. 일본시대 빨개벗고 댕길 때, 옷 없고 신 없고 그런 것도 생각나고. 요새는 조상님이 물에 빠져 살려달라고 그런 꿈도 자꾸 꾸고.

　이 골짜기 커갖고 이 골짜기서 늙었는데 6·25 전쟁 봤지, 오만 전쟁 다 봐도 이렇지는 안 했다. 이건 전쟁이다. 이 전쟁이 제일 큰 전쟁이다. 내가 대가리 털 나고 처음 봤어. 일본시대 양식 없고 여기 와가 다 쪼아가고, 녹으로 다 쪼아가고 옷 없고 빨개벗고 댕기고 해도 이거 카믄. 대동아전쟁 때도 전쟁 나가 행여 포탄 떨어질까 그것만 걱정했지 이러케는 안 이랬다. 빨갱이 시대도 빨갱이들 밤에 와가 양식 달라 카고 밥 해달라 카고 그기고. 근데 이거는 밤낮도 없고, 시간도 없고. 이건 마 사람을 조지는 거지. 순사들이 지랄병하는 거 보래이. 간이 바짝바짝 마른다. 못 본다 카이, 못 봐.

　경찰 가시나들, 저 더러분 놈의 가시나들 때문에 사람이 몇이 다쳤는 줄 아나. 제방 절에 앉았다고 나이 많은 사람들 밀어내고 안고 나와서 아무 데나 놔버리니까 허리 다친 사람 있제. 내도 그 가시나들한테 세 번, 네 번 안겨서 나왔다 아이가. 가시나 대여섯이 달라붙어가 그러니까 속은 답답하제, 놔라 놔라 카는데 안 놓으니까 울화가 치밀어 올라가. 한번은 까무라쳐서 못 일어났어. 머시마들은 우리 걸상 위에 앉아 있으니게 걸상 채로 들고 저쪽에 갖다놓고. 그래는 마이 당했다. 경찰 저거는 가로막는 게 싫고, 한전 놈들은 마 잡아먹었으면 싶고. 저놈들 왜 우릴 죽일라 카노이기라. 경찰 놈들이야 한전 놈들이 지켜달라고 부르는 거 아이가. 경찰 지 맘대로 오나. 한전 놈들이 오라 카이 오지.

　우리 큰아들이 "엄마, 이제 가지 마이소. 다시 치받히면 까무

라치고 내만 섧지." 그래도 가는 게 마음 편하다. 갔다 오는 사람들한테 죄송하고. 온갖 데 다 아파. 공사 시작하고 걸으면 다리도 부들부들 더 떨리고. 엎어질라 카고. 영 덜 좋지. 그라이까 악으로 안 가나. 저놈들 가는 데 나도 다 가야지. 남 가는 데 다 가야지. 내가 우리 신랑이 군에 가 죽었으믄 그래도 자슥 공부나 시킸을 낀데. 군이 남 가는 데 아이가. 근데 와 남 둘이 서이 잡혀가는 데 갔노. 그기 생각나서 나는 둘이 가는 데는 절대 안 가고 열이 가는 데는 갈라 칸다. 명이 떨어지믄 못 가지, 명 있는데 와 못 가노. 그래 마음먹고 간다.

사람 죽고 한 1년간 공사 중단했다 카이. 휘발유를 자기 몸에 뿌려가 죽고. 그 엄마한테는 처음에 말도 못했다 카대. 친구네 갔다 카고, 우리 아무것이 와 이리 안 오노 카이 병원 갔다 카고. 여기 고답 사람도 하나 더 안 죽었나. 빈소도 못 차리게 한다 카이. 돼지 축사 위로 송전탑 줄이 가고 돼지도 안 되고 땅도 안 팔리고. 그래가 약 먹고 죽었다 아이가. 약 한 병 가지고 술 한 병 가지고 할 말 다 해놓고 유서나 딱 써놓고 그래가 죽었으믄 덜 억울했을 낀데. 안됐지. 내 맘도 이렇거든. 나도 갈 수만 있으마 산에 올라가 야 이놈들아 내 죽는 거 봐라 그라고 싶지.

송전탑 저거 결국 세운다 카이. 박근혜 가시나, 더러분 놈의 가시나. 지 애미 지 애비 그래 죽었다고 불쌍타코 한 번 돼야 될 낀데 돼야 될 낀데 그랬는데. 주민들 못살게 굴지 말고 땅에 파묻어라, 딴 데 돌리라 카든 동 하면 될 낀데. 그 말 한마디 해주마 우리 고생 안 할 낀데 그 한마디 안 하고. 이 늙은이 산천에 기어 올라가미, 아침 6시에 벌벌 떨며 나와가지고 그카는데. 더러분 놈의 가시나. 주민들은 못 산다 카는데. 한 면을 갖다가, 한 군을 갖다가, 밀양시를 망조를 들게 만들어 놨응께 땅으로 묻어라 카면 될 긴데. 그카믄 물이라도 끓이가 마호병에라도 넣어가 인부들한테 한 잔씩 갖다줄 텐데. 저 경찰 머스마들도 추운 데 뭐 할라꼬 한데 있노, 뜨신 데 방에 들어와 앉아라 칼 긴데. 그만치 저놈들이 괘씸한데 뭐.

시청 앞에 가봐야 시청 놈들 나와보기나 하나. 동네는 동장 믿고 살고, 면에는 면장 믿고 살고, 조합에는 조합장 믿고 살고. 시에 가면 시장 믿고 살고, 군에 가면 군수 믿고 사는데 왜 밀양 살면서 궁뎅이도 안 띠주노. 내가 밀양 가서 시장 놈 볼 적에 "아이구. 어무요, 할무이요"지 시장 될라꼬 "어무이, 믿습니데이. 어무이, 믿습니데이" 이 지랄하고 그러더니, 세상 이래 난리가 나고 이 골짜기 조질라 카고 그라는데 밀양 시장 놈 궁둥이도 안 떼고. 여기 어떤지 한 번 봤으마 싶은데 오도 안 하고. 시장 되고 나니 근방에도 안 오고, 어떻노 소리도 안 하대. 누굴 세우면 좋겠노, 어떤 놈이 정치 잘할란가 싶어가 될 놈 찍어놓으마 뭐 있노. 개눔의 시끼들, 아무 소용없다.

아이구 씨. 일본시대부터 내 살아생전에 정부가 도와준 거 하나도 없다. 일본시대, 일본 놈들한테 그리 고생하미 살았지. 6 · 25 사변 나가 그래 고생했제. 대동아전쟁 나가 그리 고생했지. 나중 되니께 미국, 저저 북한 놈 때문에 개지랄했지. 한 번도 없었다. 내가 무진년에 났는데 올해 2014년 안 됐나. 하루라도 내 나라 싶은 날이 없었다.

할매의 여자들 – "당신 때문에 지키고 살았지"

시백모님이 내한테 얼매나 잘했는데. 우리 시어마시 맏동서가 시백모님인데, 우리 시백모님 같은 사람 없다. 말도 못하게 좋은 사람이라. 아는 것도 참 많고. 신랑 그래 되고 애 둘 데불고 살면서 내 우예 될까 싶어가 얼마나 애타했는지 모른다. 내 곁에 와서 자고 그리 고맙게 했어. 우리 시백모님 때문에 가정을 지키고 살았지. 죽어서 저승 가면 우리 서방님 만난다 캐도 같이 안 살 끼고 우리 시백모님이랑 살 끼다. 신랑한테는 크림도 하나 못 얻어 바르고 살았는데 우리 백모님이 장에 갔다가 크림을 하나 사다주더라. 손 끄트머리 다 갈라지고 그라니께 "질부야. 이거 발라라. 잘 적에 바르면 손 낫는 거다." 그래 한번 발라봤어. 내한테 그리 잘해주셨는데, 일찍 돌아가셨어. 우리 큰아들 스물다섯 먹었을 적에.

친구라도 있으만 속 얘길 하고 좋을 낀데 작년에 죽어뿠다. 살았으믄 지금 팔십둘인데. 지캉 내캉은 고생한 얘기하믄 말이 안 새나가고. 지 말 들으믄 내 삼키고, 내 말 들으면 지가 삼키뿌고. 그 친구가 내보다 다섯 살 적다. 처음 시집올 때, 내도 여동생도 없고 사남매 막내라. 지도 언니도 하나 없고 이렇다 캐. 그럼 우리 형제처럼 지내자, 니 내 동생 해라, 나는 니 언니 하꾸만. 지도 그 때 저그 영감이 7년간 군에 가서 복무했어. 지도 영감 없이 논 서 마지기 농사짓고. 나도 논 서 마지기 농사짓고. 그땐 물논을 손으로 맸어. 애들 쪼그만 거 업고 댕기미 밭고랑에 눕히놓고 삯밭도 매고 나물 뜯으러도 같이 댕기고. 어딜 가도 같이 가. 내캉 지캉

산에 가도 같이 가고, 목욕 가도 같이 가고. 저그 남편이 7년 지나고 돌아와서 그 영감도 일찍 죽어뿟어. 사십대에. 딸 서이 낳아놓고 아들 하나 봤는데 마 죽어뿌따 카이. 아들 죽고 나니 애달파하다 죽었다 카이. 거도 고생 마이 했어. 그 동생 죽은 지도 3년째 들었네. 내가 복이 없지. 맨날 "언니야, 언니야" 카고, 내도 맨날 "동생 있나" 카고. 저그 집에 가고 내가 마음에 있는 소리 지한테 다 카고, 지 마음에 있는 소리 내가 다 받아주고. 지캉 내캉 고생하다 우리 둘이 어데 가서 죽어뿌까 그런 얘기까정 다 했는데, 그런 사람이 죽어뿌고.

우리 며느리도 나한테 잘했다. 며느리 볼 적엔 사는 보람이 있었지. 내가 고생한 보람이 이거다. 다라이도 참한 거 사놓고, 며느리 볼라 카이 이렇구나. 숟가락도 옛날 거 내버리고 좋은 거 사고, 며느리 볼라 카이 이렇구나. 이게 사는 거다. 이게 내 인생에서 제일 재미난 거구나 그랬다 카이. 그 며느리도 작년에 죽고. 바람병이 와가지고 오십일곱에 죽었는데, 삼십대에 바람병이 왔다니께. 치성 드려 나아가 그래 몇 십 년 살았는데, 작년에 어디 올라가다가 구부러져가 뇌진탕에 걸려가 바로 죽어뿌따. 내는 며느리 죽고도 안 가봤어. 나이도 많고, 가봐야 눈물밖에 안 날 끼고.

딸이나 하나 있었으면 내 사정을 좀 알 낀데 딸도 하나 없고. 딸 없으면 파이다. 뭐든지 다 안 좋다. 엄마 심정은 딸밖에 모르거든. 딸한테는 캐도, 아들한테는 암만 하고 싶은 말 있어도 못하고. 내는 손자만 다섯이다, 손녀딸도 없고. 증손도 머슴아 둘이고. 딸 가진 사람들 부러워해봤자 내한테 주나. 내 딸만큼 하나. 요새 도움자들 들어오니 고기도 사오고 담배도 사오고 딱 됐네. 딱 딸 같네. 아무것도 안 사와도 보는 게 좋다. 울산 있는 아가씨도 우리 집에 와서 한 번 자고 가고, 대구 있는 아가씨도 우리 집에 와서 한 번 자고 가고. 왜 안 오나 싶고, 보고 싶고. 그래 가고 나면 쓸 쓸하이 그렇고, 있으면 좋고. 도움자 잡혀갔다 카면 어찌나 마음 이 안됐는지.

신랑 저리 죽고 돈도 하나 못 타고. 이 나이 먹도록, 아직까지 시집와가 신랑이라고 만나가 옷도 하나 못 얻어 입고. 세수비누 하나 못 얻어 쓰고, 분 한 통 못 얻어 쓰고, 구루무 하나 못 얻어 바르고. 크림 하나 없어서. 옛날에 우리 시집올 때는 덩걸이풀이 라고 있었다. 덩걸이. 똘방똘방하이 약 매크로 그런 게 있었다. 그 거 떼어가 물에 넣어가 낯에 바르고. 크림도 하나 못 발랐어. 나는 아적도 크림 안 발라. 손이 디게 터가 있응께 잡혀갔던 도움자가 크림을 하나 사다주대. "할매 손이 이래 터가 안 된다. 내가 볼 끼 다. 손 텄나 안 텄나." 그걸 발랐더니 좀 낫다.

"옛날에 이런 할매도 있었구나 안 카겠나"

술과 담배는 나 심정 아는데
하양에 낭군님은 나 심정 몰라주네

옛날 노래 안 있나. 신랑이 저 멀리 가가 소식도 없으께 내 심정 몰라준다 이기라. 담배가 낭군보다 낫다 이기라. 담배를 과부 심 심초라 안 카나. 우리 시백모가 옛날 얘기라꼬 알려주대. 신랑 죽

고 묘지 가서 맨날 가서 울고 한 2, 3년 울고 나니까네 묘 위에 노
오란 잎사귀가 하나 올라왔다 카대. 조걸 한번 피워봐야겠다. 피
워보니 속이 쑤욱 내리가는 기라. 그게 과부 심심초라.

　나는 고기도 싫고 담배가 제일 좋다. 그게 아니면 어케 견디
노. 스물일곱 살 묵었을 때 시백모님한테 담배 배웠다 카이. 그때
속이 아파가. 속이 부글부글하고 가슴에서 뭐가 막 채워 올라오
는 것 같고. "아이고 질부야, 이거 한번 피봐라. 그럼 속이 쑥 내려
간다." 우리 시백모님이 곰방대에 불 댕기가 함 피보라 카대. 그
질로 담배 못 끊겠대. 처음에 어지럽고 돌돌 구부러지더라꼬. 찬
물을 떠다주더만. 물을 마시가미 피아라 카대. 그때는 의사도 짜
다라 없고. 우리 젊을 때는 병원도 없고, 의사 있었다 캐봐야 밀양
여기 한 군데 두 군데 있었고. 그래갖고 담배를 줘갖고 병 나순다
고. 시백모님이 오만 데 산에 가서 뿌리를 캐가 즙도 내주고 그랬
다. 소 오줌도 먹어보고 간수도 먹어보고 온갖 거 다 먹어봤다. 뭔
병이 있다, 큰 병이다 싶어도 아파도 아파도 견디고 견디고. 며느
리 다 봐놓고 마흔여덟에 결국 수술했다. 아이 배가 7, 8개월 됐는
거처럼 배가 불룩했다 카이. 난소에 혹이 생기가 수술하고 나이,
세숫대야 한 바가지라.

　젊었을 적엔 죽는 게 하나도 안 아깝았는데 그래노으이 명
이 길다. 나는 속이 펄떡거려서, 울화가 막 올라와서 약 안 묵고
는 안 된다. 젊었을 적에는 먹고 싶은 게 을매나 많은지, 근데 없
어서 못 먹고. 요새는 저래 먹을 게 많아도 맛없어 못 먹고. 그때
는 장에 가서 건빵 그거 한 봉지 돈 없어서 못 사먹었다. 건빵 요
만큼씩 가끔씩 사주면, 우리 작은아들은 애낀다꼬 쪼매큼 베어

먹고 놔뒀다 또 베어먹고. 고마 다 묵어뿌라 카면, "엄마 내 애끼 묵는다" 카고.

내가 막내딸인데, 우리 큰오빠가 맨날 그랬다. "우리 말해가 남자로 태어났으면 학교도 나오고 큰사람이 됐을 낀데." 내가 글을 못 배아서 그렇지, 이리 나이가 많고 해도 여섯 살, 다섯 살 때 일을 환히 다 알아. 다섯 살 때 우예 했다 우예 했다. 글 몰라도 누가 내한테 사기 칠 게 있나. 사기 칠라 캐도 뭐가 있어야 사기를 치지. 하루 벌어 하루 먹고 살았는데. 다만 국민학교 1년만 댕겼어도 글만 알믄 내 속에서 천불나는 이야기를 일기로 써서 남기기라도 할 낀데. 그럼 여기 방 안 한가득 채웠을 낀데. 내 스물세 살에 혼자 될 적에 몇 날 몇 시에 어땠고 저땠고 다 일기장에 적었을 끼라. 어느 날, 어느 해에 내가 무슨 일 했다, 어느 날, 어느 해에 내가 밥 얻어묵고 했다, 그런 거 하나하나 다 적었을 낀데. 잡지책을 만들어가 요새 아이들이 보면 "옛날에 이런 할매도 있었구나" 안 카겠나. 그게 그리 섧다.

난 한이 맺히고 원이 맺히가 죽어도 원앙새 될 끼라. 원앙새 돼서 날라 댕길끼라. 공중에 떠다니며 원앙하다 원통하다. 비둘기가 옛날에 홀아버지가 죽은 넋인데 이리 안 우나. 기집 죽고 자식 죽고 내가 혼자 우찌 살꼬. 원통하다 원통하다. 그 소리를 들으마 마음이 참 씁쓸하다. 그것만치 섧다. 내는 다시 태어나믄 남편한테 예쁨 받는 여자로 살고 싶다. 아들 하나, 딸 하나 놓고 그래 살고 싶다.

후기

○

마을은 마치 경찰이 점령한 듯했다. 김말해 할매를 만나러 가는
꼬불꼬불 길목마다 경찰이 떼를 지어 서 있었다. 할매네 바로
코앞에 작은 다리가 하나 놓여 있다. 그 다리를 매일 한전의 공사
트럭이 지나다닌다. 주민들이 힘 모아 땀 흘려 만들었다는 농로가
주민들이 그토록 안 된다고 하는 76만 5,000볼트 송전탑을 세울
자재와 인부를 실어 나르는 작업로가 돼버렸다.

밀양 상동면 도곡마을. 할매의 아궁이 방에, 마주보이는 산과
들에, 지금은 폐교가 되어버린 국민학교 분교 터에, 한평생 마련한
고작 몇 마지기 감밭에, 마을 입구 저수지에, 논두렁 밭두렁
따라 올해 여든일곱 김말해의 한과 기억이 오롯이 새겨 있다.

송전탑이 뒤흔들고 지우고 있는 건 할매의 삶 자체였다. 할매를
만나 정이 드는 동안, 할매의 이야기 가락에 취하는 동안, 할매가
끓여준 된장찌개가 무장 그리워지는 동안, 할매 집 마당에서 바로
건너다보이는 송전탑은 자꾸만 쑥쑥 자라났다. 속에 천불이 났다.
행여 할매가 까무러치시면 어쩌나 걱정됐다.

글을 몰라 그 세월을 기록으로 남기지 못한 게 섧다던 할매는 자기
이야기가 책으로 만들어진단 얘기에 말갛게, 수줍게 웃으셨다. 생은
가혹했으나 할매는 살아냈다. 노래로, 이야기로 할매는 살아 있다.
"요눔의 손들." 오늘도 할매는 지팡이 짚고 나선다.

밀양 부북면 평밭마을   김사례

"오목조목
살림하며 사는 게
남은 소망이라"

부북면 평밭마을에 위치한 129번 움막은 여느 가정집 사랑방 같다. 움막 바깥쪽 처마 아래에는 불 때는 아궁이와 밥을 해먹을 수 있는 가스레인지, 그리고 커다 란 물 드럼통들이 놓여 있었다. 움막 안으로 들어가니 자그마하지만 네댓 명은 충분히 발 뻗고 잘 수 있는 공간이 펼쳐졌다. 문 옆 오른쪽 벽에는 서랍옷장이 있 었고 그 옆으로 텔레비전과 이런저런 다른 물건들이 놓여 있는 낮은 선반이 이어 졌다. 아랫목 자리에 김사례 할머니가 벽에 등을 기대고 앉아 계셨다. 86세라지 만 할머니의 얼굴에서는 어린 사람에게서나 볼 수 있는 순진한 웃음기와 동시에 큰 나무 등걸 같은 강인함이 느껴져서 처음 보는 사람에게도 매우 인상적이었다. 아침에 땐 장작불 덕분에 방 안은 1월인데도 훈훈했고, 아랫목 방바닥은 뜨끈뜨 끈했다. 김사례 할머니 외에도 움막 안에는 평밭마을 자치회 회장님 사모님 박후 덕(72세)과, 양무진(63세), 장재분(58세), 박경숙(66세) 이렇게 네 분이 더 계셨다. 박후덕 님은 '할머니'이셨지만 다른 세 분은 할머니라는 호칭을 쓰기에는 상당히 젊으셨다. 식사 때가 되면 남편들도 와서 함께 밥을 먹기도 하지만, 이 다섯 분이 주로 움막을 지키는 주역들이다. 아침, 점심, 저녁 세 끼를 모두 이곳에서 함께 해먹고 밤이 되면 비교적 젊은 세 분이 돌아가며 움막을 지키신다. ●

부북면 평밭마을에는 건강한 새 삶을 위해 이주해온 주민들이 많다. 더 이상 노동으로 돈 버는 나이는 아니기에 "이래 죽으나 저래 죽으나" 마찬가지라고 말하지만, 그렇지 않다. 이제 소비자본주의 번잡한 생활을 모두 내려놓고 그야말로 "건강하게 살려고" 밀양에 집짓고 마을을 만든 이들의 억울함과 탄식은 그 어떤 말로도 다 표현할 수 없다. 부북면 129번 움막을 지키는 젊은 세 분중 한 분은 30년 서울 생활을 정리하고 밀양으로 내려왔다. 그녀는 "내려올 때 마음을 다 비웠다"고 했다. 아직까지 핸드폰도 지니지 않는 그녀는 이곳에서 소탈하게 하루하루 충실한 삶을 살고자 했다. 아침에 일어날 때는 '오늘도 또 하루 일과가 시작하는구나' 하고, 저녁에 누워 잠을 청할 때는 '오늘 잘 끝났구나' 하면서 살았다. 그러나 송전탑 투쟁은 그녀를 가만히 내버려두지 않았다. "성질도 난폭해지고 욕도 막 나온다. 무의식중에 나오는 거다. 화가 나니까. 짜증이 나니까." 하루 종일 허공을 떠다니는 헬기가 만들어내는 소음에 미칠 것 같다. "어떻게 살아야 되나, 어떻게 살아야 되나, 살 수 있을까" 한숨 속에 대답 없는 질문만 쌓여간다. 조용히 살려고 다 버리고 왔는데 이렇게 되니 "복이 없는가 보다"는 생각이 든다. 서울 생활도 좋았지만 여기가 더 좋았다. 내려와보니 세상에 근심걱정이 없더라. 시골이라는 데가 필요한 모든 것이 풍족한 곳이더라. 가을 되면 먹을 거 천지다. "여기서 이래 재밌게 사는데 철탑이 웬 말이란 말인가. 기가 차다."

남자 없는 집에서 남자 노릇하며 살다

김사례 할머니는 열아홉에 시집가서 스물한 살에 첫 아기를 낳았다. 일본군 '위안부'로 끌려가는 게 무서워 서둘러 한 결혼이었다. 시댁도 친정도 모두 목포에 살았지만 엄하신 시어머니는 명절 때조차 친정에 보내주지 않았다. 가끔 남편이 자기 어머니를 졸라 어린 아내를 데리고 외출을 할 수 있을 뿐이었다. (시어머니는 돌아가실 때에야 비로소 "내가 너에게 지은 죄가 많아 이렇게 되었다"며 요 밑에서 빳빳하게 다림질한 돈을 꺼내 손가락에 끼고 있던 금반지와 함께 건네주셨다.) 남편은 첫딸을 몹시 예뻐했다. 늘 안고 다녔고, 딸이 중학교 들어갔을 때는 "브라자와 빤스"도 다 사다주었다. 남편이 "우리들 속옷을 사다주곤 해서" 할머니는 지금도 옷 살 줄을 모른다. 결혼 생활의 기억은 늘 다듬이질하고 바느질하던 것으로 시작된다. 시어머니, 시아버지, 시누이, 남편, 그리고 본인 옷을 모두 혼자서 만들어야 했다. 시어머니 단속곳까지 만들어야 했고 시누이 옷은 모시에 옥새 물까지 들여가며 만들어야 했다. 그 옷 입고 시누이는 "기생마냥" 돌아다녔다.

남편은 둘째아들이었지만 첫째아들이 시부모를 모시지 않겠다고 결혼 일주일 만에 시가를 나가버려서 이후 그녀가 시부모를 모시고 살았다. 남편은 군대에 있거나 제대한 후에도 서울에 가 있었기 때문에 시부모를 모시는 건 그녀의 몫이었다. 돈을 잘 벌었지만 남편은 아이들 교육비 3만 원씩만 주고 생활비는 대지 않았다. "적금 들었다 나중에 줄게" 했지만 주지 않았고 모든 살림살이는 할머니가 알아서 해결해야 했다. 할머니는 "애기들을 두

고 집에서 장사를 해 돈을 벌었다". 김사례 할머니의 성격을 보여
주는 일화가 하나 있다. 당시 김사례 할머니가 사는 곳에는 장례
계를 드는 풍속이 있었다. 시어머니 장사지내려면 상여 메고 나
갈 사람이 있어야 할 것 같아 할머니가 그 계에 들어갔다. "시어
머니 돌아가시면 우리가 알아서 상여 메줄 텐데 여자가 여기 왜
들어와요?" 그러길래, "참 그 말도 맞네요. 그럼 내가 콩나물 같
은 거 씻으면 안 돼요?" 했다. 이 말 끝에 "내가 남자 성격 같았거
든"이라고 덧붙이며 또 씨~익 웃으신다. 서른다섯 명이 회원으
로 있는 장례계에 들어가 눈이 오나 비가 오나 장례식 때마다 산
에 가서 떡국도 끓여 먹이고 국도 끓이곤 했다. 콩나물만 다듬겠
다던 그녀였지만 남자 몫 이상을 했다. 시어머니 돌아가셨을 때
"장화 한 켤레씩, 담배 한 갑씩, 수건 하나씩" 사서 나눠주었다.
잘 치른 장례였다. 돈도 많이 나갔다. 서울에서 내려온 남편도
감탄했다. "저그 엄마 초상 치르고 나서 그러더라고. 야, 마누라
는 다 똑같은 마누라인 줄 알았더니 우리 마누라 똑똑하네. 죽기
전에 그 소리 한번 들어봤네." 남자 성격인 할머니는 의지도 강
하고 독립심도 강했다. 남자 없는 집에서 남자 노릇하면서 살았
지만 큰 불평불만 없이 아이들 키우고 시부모 장례까지 번듯하
게 치른 할머니는 그 남자같이 강한 의지로 송전탑 건설 반대 투
쟁에 몸을 던졌다.

할머니는 특히 춤추는 걸 좋아했다

가평에서 금은방을 운영하고 있을 때 할머니는 친구들과 놀러 다니는 걸 즐겨했다. 친구들하고 놀 때면 술도 한잔씩 걸치곤 했다. 사십 몇이던 그때 올린 머리에 하얀 한복을 입고 나가면 연애하자는 남자들이 많았다. 그럴 때면 "니 여편네하고 해라, 왜 나하고 하자냐" 했다. 친구들이 "언니야 연애 좀 해봐라" 하면 "내가 미쳤나?"라고 대꾸했다. 연애 한번 못해본 것이 후회가 된다면서도 그녀는 또 "남자를 많이 상대해서 그런가 남자가 싫더라구요" 라거나 "남편이 있는데 연애해서 쫓겨나면 어떡해"라고 말한다. 그녀가 72세 되던 해 남편이 세상을 떠났는데 그때 아들이 "우리 엄마 바람피우면 신작로 지나가도 말 안 한다"고 했단다. 남편이 죽었을 때 할머니는 울지 않았다. 할머니는 관광버스 타고 놀러 다녔다. "남자들 있으면 진짜 힘들어요. 늙으면 냄새도 나잖아요. 맨날 이불 빨래 해줘야지, 옷 빨아줘야지, 잘못하면 성질내지." 절을 좋아하던 그녀는 1년 동안 관광버스 타고 봉정암도 가고 오세암에도 갔다. 그녀는 자유가 좋았다.

할머니는 특히 춤추는 걸 좋아했다. 친구들과 춘천에 있는 나이트클럽에 가서 새벽 4시까지 춤추다 돌아오곤 했다. 거기 갔을 때 여럿이 함께 갔어도 어떤 남자가 그녀에게만 손을 잡고 춤추자고 해서 같이 간 사람들이 "웃겨 죽었다". 관광버스로 설악산에 놀러 갔을 때의 일이다. "저녁밥 먹고 나니 이년들이 다 나가서 뱅글뱅글 춤을 추는 거야, 그런 거 처음 보니까 그럼 우리도 배울까 했지." 그렇게 해서 정식으로 하루에 한 시간씩 한 달간 친구와 둘이서 춤을 배웠다. 춤 배우고 나면 앉아서 맥주 한잔씩을 마시고 헤어졌다. 당시 춤추다 바람나서 남편과 헤어지는 여자들이 많았다. 할머니가 춤추러 다닌다는 소문을 듣고 남편이 "너 춤추지?" 하고 묻기에 "왜 이제 간섭을 하니? 진작 간섭하지?"라고 대꾸했다고 한다. 뭐니 뭐니 해도 할머니가 가장 쳐주는 춤은 지르박이다. "브루스는 남자랑 붙어 춰야 하니까 상스럽고 차차차는 잔 스텝만 밟으면 되니까 구태여 따로 배울 필요 없고 고고는 지르박 추기 싫어졌을 때 판 돌려서 추면 된다." 춤에 대해 이처럼 관점이 명확한 할머니는 지금도 고고를 잘 춘다. 집회하러 서울 갔을 때 사람들이 많은 곳에서 고고를 추었다. 거기엔 수녀님들도 많았는데, 기타 치는 사람이 노래를 잘하길래 춤 한번 춰줘야 되겠다, 싶었다. 춤추니까 사람들이 박수 치고 난리였다. 철탑 들어온다고 서울에서 학생들이 내려와 돼지고기랑 닭도리탕으로 회식을 마련했을 때도 할머니는 가서 춤추고 놀았다. 어디서건 음식과 놀이터가 마련되면 할머니는 "자알" 논다. "얼마나 재미있다구요" 말씀하시는데 또 입가에 웃음이 번진다. "그때 춤 배울 땐 행복했죠."

밀양에서 이웃이 되다

김사례 할머니는 15년 전 밀양으로 왔다. 서울에서 옷 도매상을 하던 아들이 사업을 모두 정리하고 물 맑고 가격 괜찮은 곳을 찾아 전국을 돌아다니다 밀양을 발견했다. 밀양 시내에 살던 자치회 회장님 댁이 이곳 평밭마을에 보기 좋게 커다란 집을 짓고 사신 지 3년째 되는 해였다. 회장님 사모님, 즉 박후덕 할머니가 터를 소개해주었다. 회장님 집이 내려다보이는 뒤쪽 언덕배기였다. 곧 넉넉한 기와집이 지어졌고, 이렇게 해서 3년 터울로 회장님 댁과 김사례 할머니 댁이 앞뒤로 나란히 이웃이 되었다. 8년 전만해도 부북면 평밭에는 집이 그다지 많지 않았다. 다섯 채 정도 있었는데 거의 모두 슬레이트 지붕 집이었다. 7~8년 전부터 여기저기 집들이 생기기 시작했다. 그러니까 한전에서는 이미 송전탑 건설을 추진하기 시작하는데도 정작 마을 사람들은 사정을 정확히 알지 못했고 외지에서는 계속 사람들이 들어왔던 것이다. 그 15년 전 봄에 아들 따라 밀양에 처음 왔는데 길도 아주 험하고 나무들은 잎새 하나 없이 앙상해서 차가 구르면 죽겠구나, 싶었다. 그러던 곳에 이런 정 많은 마을이 형성되는 데는 회장님 댁이 큰 공헌을 했다. 금전적으로 풍부한 회장님 댁에서 이런저런 지원을 아끼지 않았던 것이다. 김사례 할머니는 회장님을 '할아버지'라고 부른다. 하남면 수산상고 교장선생님이었던 회장님이 퇴직하자 자녀들이 이곳에 집을 지어드렸다. 처음에는 한 5년만 살다가 다시 시내로 내려갈 생각이었던 회장님 내외는 살아보니 이곳이 너무 좋아 가끔 한 번씩 관리한다고 내려가곤 하던 시내 집을 정리했다. 몸이 좀 안 좋거나 기침을 하던 사람도 이곳 집에 놀러오면 몸이 "깨꼰하니" 맑아진다고 좋아들 했다. 손주들은 집 앞 도랑에 가서 가재 잡는 재미에 시간 가는 줄 몰랐다. 친구들과 자녀들이 자주 드나들던 그때는 정말 즐거웠다. 지금은 자녀들도 더이상 오지 못하고 가정생활도 다 파괴되었다.

김사례 할머니가 처음에 밀양에 기와집 짓고 이사했을 때는 아들 며느리와 함께 살았다. 그러나 아들 며느리가 밀양을 떠난 뒤 혼자 살게 된 할머니는 거의 3년간 무서워서 5시만 넘으면 문 밖에도 못 나갔다. 아랫집 회장님 댁을 제외하고는 주변에 집이라고는 한 채도 없었다. 회장님 사모님은 손녀를 밀양 시내에 있는 유치원에 데려다주느라 새벽같이 밥해먹고 집을 나가면 저녁에나 들어왔다. 가을에 회장님 댁에서 김장을 할 때도 "김치 한 쪼가리" 못 얻어먹었다. 리어카에다 배추를 뽑아 밤새 절였다가 아침에 후다닥 김치를 해놓곤 손녀 손잡고 내려가셨기 때문이다. 그 손녀가 부산 자기 집으로 돌아간 후에야 할머니는 회장님 댁과 이웃다운 이웃이 될 수 있었다.

　　"할머니하고 나하고 친하게 되고 새벽 되면 풀도 같이 뽑으러 나가고, 이러니까 진짜 그리 좋을 수가 없더라고. 할머니하고 나하고 풀 뽑으면 할아버지가 밥해놓고. 또 칼국수도 사주고. 할아버지 혼자 계시면 놀러 가지요. 놀러 가면 심심하니까 할아버지는 소파에 앉아서 그냥 주무시고, 나는 여기 그냥 앉아 있고. 형제간도 자식도 그렇게는 못해요. 그냥 봄 되니까 취나물 나오지, 고사리 나오지. 또 가을 되면요 별의 별것 다 나온다. 어름 나오지 도토리 나오지. 도토리를 나하고 할아버지하고 보름 동안 주스러 댕겨. 무척 많이 주었다. 이 할머니는 그 도토리로 날마다 묵 쑤어서 사람들 주고. 도토리묵을 몇 다라씩 했다."

　　약초니 취나물이니 이웃 할머니들이 일러주면 일러준 대로 캐는 재미도 보통이 넘었다. 산에 가면 취나물이 군락을 이루고 있다. 조금만 캐도 금세 한 봇짐이다. 산딸기도 "다홍치마 걸어놓

은 것"처럼 널려 있었다. 아침 식전에 나가면 양동이에 하나 가득 산딸기를 따오곤 했다. 가져간 그릇으로는 모자라 창고를 들락날락했다. 계절 따라 그렇게 캐고 딸 게 많아 심심할 틈이 없었다. "가을 되면 곶감 먹지, 봄 되면 나물 캐지, 딸기 따지. 바빠요. 여름 되면 손님 찾아오지. 공기 좋고 물 좋으니까. 찾아온 손님들한테 친정 온 것처럼 한 보따리씩 싸주고. 온 산을 시간 가는 줄도 모르고 다니다보면 길을 잃어버리고 난리예요."

그렇게 할머니는 아랫집 회장님 댁과 또 다른 이웃들과 "형제보다 가깝고 자식보다 살가운" 사이가 되었다. 박후덕 할머니가 유치원에 데려다주곤 하던 그 손녀는 올해 대학에 들어갔다. 회장님 댁 도토리묵과 묵은 김치를 실컷 먹곤 하던 손님들과 자녀들도 이제는 더 이상 오지 않는다. 회장님 댁 자녀들은 부모님 다치면 안 된다고, 나가서 싸우는 일 하시지 말라고 하면서도 그러나 움막 운영을 위해 돈을 내놓는다.

투쟁의 나날, "죽게 되면 죽어야지"

"순경 놈이 오더니, 우리가 노인네 둘이니까, '도대체 노인네들 둘이 어떻게 지키려고 여기 와 섰는 거지?' 그러대. 지키는 대로 지켜봐야지. 그런데 경찰만 없으면 그 인부 새끼들 폭발해요. 아주 뭐 하이바를 쓰고 죽방으로 두들겨 패고. 이런 솔나무를 베요. 몇 십 년 된 큰 소나무를. 우리가 안고 있으면 저리로 가요. 그러면 우리도 이 소나무 놔두고 그리로 쫓아가잖아요. 쫓아가다가

미끄러지면 '저놈의 늙은이 불 싸질러서 화장시켜버려' 이래요. 얼마나 독한 줄 압니까, 그놈들이. 그래도 기계통을 몇 개나 뺏어서 이 할머니가 깔고 앉아 있구, 또 나중에 전기톱 가져오면 몇 개나 뺏어다 저기 읍 쪽에 던져버리고. 여기 소나무 벨 적에는 얼마나 속을 끓였는지. 나는 철탑 이야기만 하면 눈에서 열이 나서 막 미치겠어요."

그때는 1월이었다. 추운데 눈은 펄펄 내리고 한전 인부들은 산 아래에서 회의하는데 할머니들이 오면 방해된다고 8시까지 내려 보내지 않았다. 그래서 할머니들은 막는 인부들을 피해 이쪽저쪽으로 길을 찾아 나섰지만 그때마다 그들은 막아서서 욕을 퍼붓곤 했다. 결국 택시를 불러 타고 몰래 기다시피 내려왔다. 3년 동안 그 고생이었다. "그래서 어쩐가 다리가 별안간에 아픈 거예요." 할머니는 3년 동안 억척스레 산을 오르내리며 송전탑 127번, 128번 공사장을 지켰다. "저기 비면 저기로 따라 가고, 여기 비면 여기로 오고…… 저리 가고 이리 가고 그 말 다 몬한다." 지금 할머니는 다리가 성치 않다. 입원해야 하는 일이 잦다. "아이고 춥기는 진짜 얼마나 춥던지. 할머니 이쪽으로 오세요, 저쪽으로 오세요. 그러면 다리를 쩔룩거리면서 이쪽으로 왔다 저쪽으로 갔다…… 그놈들이 전기톱 갖고 또 후래쉬 갖고 다니면서 비추면 정신이 하나도 없어요."

당시 아들이 큼지막한 잠바를 하나 사주었다. 할머니가 그 잠바를 입고 한옥순 할머니와 함께 부북면에 있는 126번 송전탑 쪽을 향해 가다가 포클레인과 마주치게 되었다. 김사례 할머니는 한옥순 할머니와 함께 포클레인 '바가지' 안으로 들어갔다. 포클레인이 움직일 때마다 '바가지'가 올라갔다 내려갔다 했다. 나중에 보니 옷에 본드가 잔뜩 묻었다. 한전 사람들이 들어오지 못하게 하려고 바가지 안에 본드를 여기저기 발라놓았던 것이다. 박후덕 할머니가 무슨 약인가를 칠해서 빨아주었다. 포클레인 바가지 안에서 들어 올려졌다 내려졌다 할 때에도 김사례 할머니는 무섭지 않았다. 평생 시부모 시누이 모시며 아이 둘을 혼자 키우다시피 한 그 억척스러움에 송전탑 투쟁은 담대함과 결기를 덧붙여주었다.

"죽으면 죽고 살면 사는 거죠. 누가 죽던지 하나는 죽을 거예요. 인자는 겁도 없어요. 죽으면, 사람 하나 죽어버리면 해결 나잖아." 물도 좋고 공기도 좋고 도둑도 없는 이곳에서 할머니는 낮이고 밤이고 죽음을 가슴에 품고 산다. "병원에서 살려놓으면 어떡해요? 그게 걱정돼요. 딱 죽어버려야지. 내가 안 죽으면 옆에 사람이 나를 죽여야 돼요." 할머니가 웃는다. 그녀가 웃을 때면 입가 한쪽이 약간 위로 당겨 올라간다. 그러면서 곧 입매에 결기가 맺힌다. 여전히 눈가에는 장난기 섞인 웃음의 흔적이 남아있는데도.

"우리 아들하고 며느리는 내가 죽는다 한다고 우는 거야. 엄마 죽을래? 진짜 죽을래? 하면서. 죽게 되면 죽어야지. 내가 죽고 그래서 여기 해결이 딱 난다면 죽어야지. 나만 죽으면 해결 나요. 몸뚱이에다 불만 지르면 죽어요. 나는 맨날 그 생각하고 살아요. 젊은 사람들한테 이런 고생을 시키고. 내가 죽어서 해결만 되면, 그러면 자식들도 좋은 집에 살게 되고 내 분도 풀어줄 거고. 이(치우) 어른 돌아가실 때도 시청 마당에 하여튼 스님들이 열 명이나

와서 49제를 얼마나 잘 지내줬는지 몰라요. 사람이 500명도 더 왔어요. 그 사람들 떡국 다 해먹이고. 우리 동네서도 500명 먹을 소고기국 끓여갖고 가서 거기서 날새기하고 그랬잖아요." 이치우 어른 돌아가셨을 때 살아남은 마을 주민들이 정성껏 추모를 해드리는 걸 보면서 큰 감동을 받은 김사례 할머니는 그런 추모를 받는다면 죽어도 명예롭고 행복하다고 생각한다.

"싸웠기에 후회가 없다"

7년간 이어져온 투쟁이다. 그녀는 이곳 부북면 움막을 지키며 다른 할머니들과 최선을 다해 싸워왔다. "이렇게 최선을 다했는데도 결국 송전탑이 들어온다면." 송전탑이 하나둘 세워지기 시작하면서 이 질문이 늘 이마에 걸려 있다. 그래도 앞으로는 어디서든 송전탑을 세우는 게 쉽지는 않을 것이다. 7년 동안 투쟁을 해오면서 그녀들은 지칠 대로 지쳤다. 그리고 '저들'이 원하는 것도 바로 이것이다. 송전탑이 자고 나면 떡 보이고 자고 나면 떡 보이고…… 맥이 하나도 없다. 살맛이 안 난다. "이게 들어오면 우리가 생명을 보존하고 살 수 있을까. 눈만 뜨면 시야를 가로막고 괴물같이 서 있을 텐데." 그녀들의 한숨이 깊어진다. 송전탑은 그녀들의 집에서 멀지 않은 곳에 세워지고 있다. 바람 불면 소리가 휘휘 난다. 철탑만 들어오겠나, 싶다. "나중에는 완전 거미줄처럼 새끼를 칠 거다." 시야를 가로막는 송전탑을 보며 막막한 심정으로 기도하듯 읊조린다. "이래서 우리가 그렇게 목숨 걸고 싸웠던 거구나. 내가 싸우지 않다가 이걸 봤으면 얼마나 후회했겠나. 송전탑 안 들어오게 하려고 그리도 오래 싸웠는데 그래도 들어왔구나. 그러나 역시 싸웠으니까. 이제 어쩔 수 없다. 내 힘으로는 되지 않는가 보다. 더 이상 무슨 할 말이 있겠나. 우리 정말 많이 싸웠다. 밤낮없이." 송전탑 건설을 막는 싸움은 이렇게 자기 자신과의 싸움이 되었다. 싸웠기에 후회가 없다.

우리, 움막 식구

투쟁을 하면서 네 것 내 것 없이 모두 한 집이 되어 산다. 뭔가가 없으면 이 사람이 도와주고 저 사람이 도와준다. 이것도 살아가는 큰 힘이고 이유다. 그래서 "늙어서 죽는갑다. 인생이 별거 아닌갑다. 여기서 더 바라면 사치다 싶다." 철탑이 들어오지 않기를 바라지만, 결정적으로 들어온다 안 들어온다, 말할 수 있는 건 하나도 없다. 모든 게 미지수다. 그러나 '한 집이 되어 사는' 이 상태는 다른 어디에서도 누리지 못하는 기쁨이다. 김사례 할머니에게 이 움막은 유사 가족이다. 이 유사 가족 간의 '우리' 의식은 현재 할머니에게 가장 중요한 것이다. 할머니는 이 '우리 식구'에 대한 자부심이 대단하다. "나도요, 지금 다리가 아파서 그렇지, 3년 동안 새벽 3시면 일어나서 4시면 저기 바드리 나가서 지켰어요. 남자들하고 같이 지켰어요. 저 사람하고 이 사람하고. 먹을 것도 천지였어요. 부산에서 밥하고 떡도 해오고 과일도 사오고. 거기서 얻어먹고 또 남으면 여기도 보내주고. 우리요, 식구는 적어도요,

바드리 가서 지키구요. 여기도 지키구요. 쫓아다니면서 텐트 치
고 자면서요. 우리는요, 식구는 적어도 단결이 딱 잘되거든요. 몇
시에 나오는 거다 그러면 몇 시에 딱 나오고 그러죠. 흐지부지 안
해요. 그리고요 이 할머니들이 내가 죽었다 그러면 분풀이를 잘
해줄 거예요. 어떻게든지 내가 죽어서 해결을 딱 봐야 나를 장사
지내주지. 내가 유서까지 다 썼어요. 갖고 다녀요."

　이 움막에서 함께 먹고 생활하며 투쟁하는 다른 여성들은 할
머니에게 딸이고 동생이다. "내가 늦게까지 아이 낳았으면 이런
딸이 있을 거잖아" 말씀하시며 그녀는 움막 안 여기저기 앉아 있
는 양무진, 박경숙, 장재분, 젊은 아지매들과 박후덕 할머니를 손
으로 가리킨다. "애들이요, 나한테 잘해요." 71세에 혼자되어 밀
양에 내려와 이웃과 마을을 이루며 사는 재미에 푹 빠졌던 김사
례 할머니는 지난 3년 전부터는 바로 이 움막에서 끈끈하고 살갑
고 믿음직한 식구들과 함께 사는 재미에 빠져 있다.

　유서까지 써서 갖고 다니는 용맹한 이 할머니는 송전탑 투쟁
이 승리로 끝나고 나면 "오목조목 살림"하며 살고 싶은 게 남은
소망이라고 말한다. 여섯 칸짜리 기와집은 할머니가 혼자 하루에
다 청소하기에는 너무 크다. 그래서 한 번에 다 못하고 하루에 세
칸씩 나눠 해야 한다. 그러니 집 청소하고 "문살에 때 낀 거 전부
걸레로 닦아내는 일"이 만만치 않다. 송전탑 이후의 할머니의 삶
은 걸레로 집 이곳저곳을 깨끗이 닦아내는 일로 시작할 것이다.
그리고 봄이 되면 투쟁 때 와서 힘이 되어준 사람들을 맞이해 잠
도 재워주고 도토리묵도 먹여줄 것이다.

후기

○

김사례 할머니는 부북면 전체에서 '인기 짱'이시다. 그래서 가끔은 송전탑 127번 공사장 움막의 '초청'을 받아서 그곳을 지키기도 하신단다. 그럴 때면 그곳에서 주무시기도 하는데, 그곳 할머니들이 모두 홀로이신 분들이라 '셋이서 서로 안고' 주무셨단다. 우리는 하루 종일 움막에서 할머니들과 함께 지냈다. 이야기 나누다 점심 먹고, 또 이야기 나누다 저녁 먹고 다시 이야기를 나누었다. 다섯 분이 거의 계속 움막에 함께 계셔서 말씀은 주로 김사례 할머니가 하셨지만 가끔씩 다른 분들도 이야기에 가담하시기도 했다. 인터뷰 내용은 3인칭으로 재구성했다. 이야기는 김사례 할머니의 개인사와 투쟁의 면모를 중심으로 구성되었지만 다른 '움막 식구들'의 의견도 자연스레 조금씩 섞여 들어갔다.

"소인으로 태어나 이만하면 됐다"

애초 거론됐던 인터뷰어가 인터뷰를 사양하면서 무작정 도곡리 마을회관을 찾았다. 서울서 밀양 인터뷰를 하러 왔단 소리에 도곡리 마을회관에 모인 할매들이 원통함을 쏟아냈다. 유한숙 어르신이 그리 가시고, 새해 정초를 넘긴 지도 며칠 안 됐건만 막무가내로 공사를 강행하는 한전의 행보에 할매들은 처음으로 이 싸움이 잘 안 될 것 같다는 불안과 두려움에 애달파하고 있었다. "우야면 좋노"를 연신 내뱉었지만 그럼에도 그들은 "우짜겠노, 또 해봐야제"로 스스로를, 서로를 다독였다.

그 와중에 조계순 님을 만났다. 여든여덟의 삶을 온전히 밀양 상동에 묻은 그는 한국 근현대사와 함께 흘러왔지만 다행히 그 소용돌이 현장에서 늘 한 발자국 떨어져 있었다. 6·25전쟁도 피난민들 행렬을 보고 알았을 만큼 깊은 산골짜기에서 평생을 정주하며 살아온 그에게 삶은 여성으로서 주어진 일상을 순리대로 살아내는 것이었다. 욕심낸다고 해서 더 될 수도, 더 가질 수도 없는 것임을 알기에 그는 부지런히 씨를 뿌렸고, 세상만사 울력으로 되는 것이기에 늘 고마운 마음으로 주변에 정성을 다했다. 휘어진 손가락과 어찌 저리 굵을까 싶은 손마디는 그

가 감내해야 했던 고된 노동을 증언하고 있었다. ●

"얼굴은 첨 봤는데, 우찌 하면 정이 들고 사노"

내가 크기는 밀양 상남면 은혜마실에서 컸거든요. 그때가 딸자식은 집 밖으로도 못 나오게 했던 시댄데, 왜정시대라 노니 까니 어른들이 처녀 빼간다는 소릴 듣고 날로 시집을 상동면 도곡으로 보냈어요. 가정도 좋고 성도 양반이라고. 그래 열여덟 살 먹을 적에 결혼을 했어요. 그때 내가 신랑 맞췄다 하면 그냥 신랑을 맞췄는가 보다, 신랑이 어떻게 사는고, 어떤 사람인고 그런 신경도 안 써봤어요. 시간도 없고 열일곱, 열여덟 살 먹은 게 뭐 아나? 뭐 어디 유식한 것도 아니고 무식하게 컸고. (결혼한 날) 얼굴은 첨 봤는데, 저런 사람이랑 우찌 하면 정이 들고 사노 생각이 들지, 그런 말은 못하고. 3월 달에 결혼을 해가지고 10월 달에 시집을 왔는데, 그럼 한번은 못(모내기) 챙기놓고 (울 집에) 오고, 가래해놓고 오고, 인자 명절이라고 한 번씩 오면 부끄러워가지고 얼굴도 안 봤어요. 밥을 해도 문 닫아놓고 하고, 물을 넣어도 신랑 자고 나면 어두울 적에 물 넣어놓고, 시댁에 가면 가나보다 하고 몰래 숨어서 보고 그랬는데, 요새 같으면 잘 가라 하고 못 가라 하곤 인사나 안 하겠나? 신랑도 그냥 가고 나도 그냥 있고 그래도 살짝 밖에 나갔다 하면, 인제 길 모퉁이 담에서도 가는 길이 보이거든요. 저까지 넘겨다봐요. 넘겨다보면, 아고야 내가 너무 부실했다고 어른들하고 흉보면 우짜겠노 그게 걱정이 되고 그러더라고요. 그런 걱정했지, 보고 싶고 그런 건 없었어요. 그래 살았는데, 시집을 와서 어떻게 사는 긴고 하고 살았는데, 여기 와보니까 그 집 따라, 형편 따라 살게 되더라고요. 친정 형제간도 곳곳에 가 살림을 사니 보고 싶어도 못 보고, 친정에도 어른들이 가라 케야 부모님 생신날에나 그럴 적에 한 번 가지 보통 못 댕겼어요. 그캐도 시집와 이 집에 못 살겠다, 어디 가고 싶다, 어디 가 살았으면 좋겠다 그런 마음은 없었어요. 옛날에 클 때 부모가 여자는 한평생 나 가지고 넘의 가문에 출가를 하면 정확하게 귀신이 돼도 그 집 귀신이 돼야 친정에 와도 대우를 받고 취급을 잘 받지, 거서 사니 못 사니, 잘 컸니 못 컸니, 상놈이니 양반이니 이카면 자식이 아니라 원수라고 절대로 친정 생각은 하지 말고 시부모만 생각하고 살라 했거든요. 그게 머리에 배겨가지고예 어떻게 하면 잘사는 긴고, 어떻게 하면 시어른 눈에 드는 긴고만 생각하고 살았기 때문에 여기 못 살겠다, 우리 친정은 좋은데 여긴 골짝이라 못 살겠다, 어디 우리끼리 단순하게 나가 살면 좋겠다, 그런 생각 쪼매라도 해 본 적이 없었어요.

시집와가지고 보니 위에 어른 양의분 계시지요, 조상 모시지요, 시동상, 시누부 다 있지요. 우리 안시어른(시어머님)은 내 시집 올 때 서른아홉이고, 우리 밖시어른(시아버님)은 마흔 몇 살 자셨더래요. 우리 영감이 스물한 살이고. 그때 우리 막내 시동상이 첫 돌 지났더랬어요. 우리 시가집도 시어른이 삼형제로 살았었는데 위로 두 형제분은 만주 가버리시고 우리 시어른 한 집만 그래 살 대예. 옛날에 우리 조부님 계실 때는 참말로 이 동네 부자라고 살았답니다. 우리 백부님이 그 살림을 이어받았는데 무슨 도 닦다가 살림을 다 잃어버렸답니다. 살림을 파산시켜버리고 너무 남 보기도 초라하고, 농사 안 짓던 사람이 농사를 어찌 짓겠어요. 능력이 없어 못살게 되니까네 만주까지 갔답니다. 남은 재산은 백부님 밑에 놓고 이전을 안 해노이까네 시어른 밑에 아무것도 없었답니더. 그래서 그렇게 고생을 했었어요.

우리 백부님이 만주로 가도 조상은 모시고 갔었는가 봐요, 맏이라고. 옛날에는 그랬거든요. 백부 집에 조상이 있으니까네 우리 집은 조상에 대해서는 신경을 안 쓰는 줄 알았어요. 근데 인자 조부님 제사가 닥쳐오니까네 어른이 밀양 장보러 가야 한다 카이. 아버지, 엄마, 할아버지 제사는 만주에서 모셔도, 제사가 닥치면 밥은 안 짓고, 떡하고 조기 사고, 과일 사고, 술 받고 그래 항상. 보통 새벽 1시에 모시는데 제사는 만주서 모시니까네 여기는 저녁 8시 이 정도에는 자리 펴고 술하고 모두 채려놔요. 평소에 먼 데 가실라 카면 다 같은 자식인데 작은아들 집에 안 들렀다 가시겠나. 그래 술 한잔 드시고 가시라고 그래 지낸다 하시대요. 아고 그때 생각해도 정성이 지극하다 싶은 마음이 들대요.

그리 살았는데, 해방이 돼버리니까네 큰집, 작은집이 고향으로 다 들어왔어예. 백부하고 시숙하고는 만주서 돌아가셨는데 해골로 모셔와 우리 집 와 다 장례 지내고. 다 들어와 살 적에 식구가 열아홉도 되고 열여덟도 되고 그랬어예. 왜정시대는 공출로 집에 곡식도 안 놔두고 그래 욕을 봤지마는 해방이 됐으이 이자 먹는 기고 뭣이고 좀 푸졌어요. 김치도 더 담고, 메주도 더 띄우고, 장도 더 담고 이래가지고, 아침 먹고 치우니까네 점심 해야 되겠고, 점심 먹고 치우니까네 저녁 해야 되겠고. 그래 한 반년 있다가 큰집에도 살림 내주고 작은집에도 살림 내주고 나니까네 우리 집만 남았어요. 우리 식구만 있어도 시동상들 있지요, 시누부 있죠, 어른들 양의분하고 참 살 식구가 많았습니다.

"부자간에 그래 고생만 하다 가셨지요"

옛날에 시집오고 할 때에는 집도 자그만 오두막집에 식구는 많고, 집에 하도 능력이 없어가지고, 우리 밖시어른은 집짓는 나무, 서까래 하고 기둥 하는 거를 한 짐씩 해가지고 지게에 지고서 5일 장마다 밀양장을 가셨습니다. 그때 뭐 차가 있는교? 걸어서 가야해요. 왕복해 100리거든요. 가면 50리, 오면 50리. 그래 시어른이 밀양장을 갈라 카면 우리 안시어른이 동지섣달 밤 길 적에 닭 울기 전에 밥을 해야 한다 하시거든요. 그러면 밤에 잠도 못 잡니다. 전기밥솥이 있는교, 가스렌지가 있나, 난로, 풍로 그런 게 있나. 맨날 밥을 할라 카면 그래 밥 자실 것하고 점심하고 두 그릇을 해야 하는데 두 그릇도 이만 한 솥에 해야 되거든. 밥을 하려고 불을 넣을라 카면 어찌나 잠이 오는지, 눈을 감고 불을 넣었다 카이. 그래 내가 불을 넣다가 아이고 마당에 태산같이 쟁겨논 저 짐을 지고, 그 100리 길을 가시는데 내가 무슨 정신인고 정성대로 해야지, 깜짝 놀라고. 그래 하면 밥을 잡수고 (점심은) 지게에 달아놓고 캄캄한데 그 짐을 지고 가신다. 나무 지고 가는 게 사람이 할 일입니껴? 그칸데 우리 시어른이 환갑 넘게까지 그 나뭇짐을 지셨습니다. 우리 영감도 산에 나무해가지고 등에 지고 유치장(밀양에서는 5일장 중 하나)에 내다팔았지마는, 유치장 이거는 한 20리밖에 안 되거든요. 우리 영감님은 여든한 살에 돌아가셨지마는 그래도 우리 시어른만큼은 고생 덜 했다 그런 생각이 들어요.

(시집와보니) 그때 참말로 우리 집안에 청년들이 숱했어요. 한 집안에 청년이 6~7명은 넘었을 기다. 우리 문중에 똑똑한 양반

이 계셨는데, 그 양반이 청년들 앉혀놓고 1~2시간씩 글을 가르쳤어요. 우리 영감 총기가 많아갖고 그중 제일 잘하는 기라. 그래 그 양반이 너무 총명했다고 칭찬 많이 하더랬습니다. 근데 우리 영감만 공부를 못했어요, 일하느라고. 우리 시동상들 고등학교 가고 대학교 가 회비 때가 닥치면 부자간에 밀양장을 하루 장, 두 장 다니고 담날 또 유치장을 또 지고 갑디다. 부자간에 '아무 개가 회비 가지로 올 텐데' 하고 그리고 지냈습니다. 그래 (영감도 학교 다니고 싶은) 마음에 있기는 있었지마는 "그래도 동생들은 댕기는데" 그런 소린 안 했어요. 안 했지만 우리 영감은 서른 될 때까지 술을 안 자셨는데 늦게 술을 배워가지고 술을 그래 좋아하는데, 술을 자시고 하면 말이 많지 않은교, 암만케도. 우리 영감은 평소에도 하던 말이 내가 초등학교만 나왔으면 이 골짝에서 평생을 안 늙었을 텐데, 초등학교도 못 나와 아무 희망도 없이 산다 이런 소리를 종종 했거든요. 술 한잔 자시면 말이 많아 (그 소릴) 인자 어른한테 했사면 우리 안시어른이 "내가 놔두고 안 시켰나 없어서 못 시킨 걸 우예 할 끼고" 바로 뭐라 카시거든요. 우리 안시어른은 엊저녁에 아들이 그리 했다고 삐져가지고 안 일납디다. 그카면 나는 부아가 나는 기라. 세상에 그런 말을 참고 안 했으면 어른이 화를 안 낼 긴데 뭐 할라고 그런 소리를 해가지고 저래 안 일어나시도록 만드는교. 그럴 적엔 영감이 미워요. 그래 어른이 밥을 안 자시면 내가 우예 밥을 먹는교, 며느리가. 아이들 줄줄이 젖도 먹이고 일도 해야 하는데.

그래도 시집을 오니까네 우리 영감님밖에 제일 좋은 사람이 없고 그렇대예. 너무 연약하고 너무 자상스럽고 정도 많고, 내 할 일도 도와주고, 일도 열심히 하고. 몸뚱이가 저렇게 부지런할까 싶으고. 저게 생기네 뭐네 해도 입댈 데 없이 어른한테도 잘하고 색시한테도 잘하고. 영감님이 하도 할아버지 때부터 자식들을 성 가시킨다고 나무 져서 돈 사고, 소먹이고 돈 사고, 그 땅 파가지고 농사져서 돈 사고. 아이고야 여름에 농사 쉴 적에 틈 있으면 전부 새끼도 꼬아놓고, 지푸라기도 맨들어놓고, 봉투도 맨들어놓고. 새끼를 몇 뭉텡이를 비볐는지 모른다. 그런 것을 생각하면 너무 너무 가슴 아프다 카이. 그래도 시대가 그러니 우야겠노. 이 골짝 에서 (자식들) 서울 공부시킬라 했으니 얼마나 힘들었겠습니껴? 그래도 근본이 야무져 노이까네 넘의 집에 가서 "돈 해주소" 그 런 소리는 안 하고 지냈어요. 그래 우리 아이들도 우리 아부지는 일만 하다 가셨다 카이.

참 부자간에 그래 고생만 하다 돌아가신 생각만 하면…… 항 상 무슨 행사가 있으면 일만 그렇게 하시고 요새매로 과일이 있 었나, 양식이 넉넉해가지고 때가 안 되어도 무슨 참을 드렸나, 참 고생만 하시고 가셨단 생각맨키로 맨날 마음 아프고 그렇습니다. 그칸데 우리 밖시어른은 저 상남에 철탑(송전탑) 세우는 산에 모 셔놨는데 내 생각에 참 혼백이 있다 카면 저런 거 무서워 우예 다 니겠나 싶은 생각이 든다, 솔직한 말로. 참말로 내 속을 썩이고, 아들도 요새 전화하면 철탑 하는 데 할아버지 산소를 모셔놓은 게 그게 참말로 마음이 안 좋다고. 그래도 우야겠노 산소를. 마음 아파도 우얄 수 없제.

"참말로 일 많이 했심더"

시집와가 내가 아들, 딸 8남매를 낳았어요. 스물둘에 큰 거 낳고 막내아를 마흔둘에 낳았으니 그래 20년간 참 많이도 낳았다. 그 때는 뭐 몇 낳으면 그만 놓는 풍습도 없고 생긴 대로 낳는 게 8남 맨데, 그때 우리 막내이 낳을 시절에 산아제한 한다고 그런 소리 드문드문 들었거든. 들었지만 사람이 부끄러워 우에 그러겠노 해서 입을 못 뗐어요. 내가 딸 둘을 낳고 서이째 큰아들을 낳았어요. 또 (딸) 너이 낳고 막내(아들) 하나 낳고. 옛날 사람은 욕심이 많아 가지고 아들 나면 좋다 카고 딸 나면 그리 지천을 많이 했어요. 어떤 사람은 둘만 낳아도 질색한답니다. 그칸데 딸을 여섯이나 낳 아도 할아버지나 할머니나 영감도 '이 가시나야', '저 가시나야', '쓸데없는 기다' 그 소리 한 번도 입에 담은 일 없어요. 그때 아 날 때 병원에 갈 줄 알았는교? 다 집에서 낳지. "어머니요, 뭣입니 껴?" 하면 "아무래도 괜찮다. 명 길고 복 많으면 되지. 지 먹을 거 다 타고 난다" 이카지. 그게 어른들에게 너무너무너무 고마워가 지고, 요새도 명절이 있음동, 제사가 있음동 참말로 너무 감사한 게 눈에 선합니다. 그게 그래 감사해가지고 내가 지금이라도 죽 으면 딴 사람 만날 거 없이 내 대대로 또 만나고 싶어요. 그캤어도 눈치가 뵈 누가 왔다 카면 '저 집에는 가시나도 엔간하다' 싶을까 봐 "너그는 바깥에 나오면 안 된다, 욕 듣는다, 가만히 들어앉거 라, 다른 손님이 흉본다" 카면 (딸들이) 귓속말도 없이 방 안에 요 래 숨어 있고……

　한평생 참말로 일 많이 했심니더, 많이 했어예. 요새 생각하면 그렇게 꿈적이고 내가 우예 살아냈는고 싶어요. 식구들 밥 한 번 식은 때 준 적도 없고, 방아 찧제, 길쌈하제, 농사짓제, 살림 살제. 잠도 제대로 못 잤는데, 아마 일찍 자도 10시 전에 잘 수 없고, 5시 돼도 어둡거든요, 어두울 적에 인나야 된다. 그전에는 작은방 부찌개는 국 끓이고, 큰방 부찌개는 밥하고 이러거든요. 얼마나 바쁘겠어요. 우리 큰딸 그게 좀 크니까네 그거 일곱 살, 여덟 살 먹어도 부엌에서 도와줬어요, 하도 식구가 많으니까네. 그게 상에 숟가락도 놔주고 밥도 놔주고 그랬는데 그게 마 지금 육십여섯인가 그렇다. 그라고 물도 여(길어)와야 되지. 빨래도 그땐 다 손 가지고 안 했는교? 어른들 옷은 낮에 하고 우리 식구 옷은 밤에 하고, 잠잘 새가 어딨는교. 그러고 겨울 내 지내다가 봄 올라면 두루마기 꿰매다 집어넣고, 버선 꿰매다 집어넣고, 토시 해다 집어넣고, 차곡차곡 넣어가지고 그럼 이제사 우리 옷을 해요. 그리 해놔야 내 마음이 깰끔해요. 또 봄 오고 여름 오고 가을 가면 또 안 해야 되겠는교. 삼시 밥 챙겨가며 두루마기 한 채 꿰맬라 카면 하루 걸린다. 어쩔 때는 하루도 더 걸린다.

　우리 영감님 술 좋아한다 안 했는교. 그래 좋아하는데, 어른은 술을 안 잡쉈거든요. 일도 안 하고 놈팽이질하면 내 술 해줄 일도 없지만은 일도 그렇게 하는데 술 좋아하는 걸 돈 주고 받아 먹을라 카면 돈도 많이 들고, 안 해줄 수가 없어요. 그래가 누룩을 밀로 서 말로 갈아가지고 사랑방에 짚을 한데 펴놓고 요래 누룩을 펴서 밟아가 널면, 서 말이라 카면 한 방에 50장도 넘는다. 그래가지고 널어놓고, 술 담아가 먹고. 한 해 먹을 술을 걸를라 카면 한 일곱 되씩 걸러놔야 한다. 그래 술 걸러놓고 낮에 소주 끓여놓고 점심 챙겨놓고 참 놓고 뭐 여유도 없다. 없는데, 술을 할라 카면 어른 눈치가 뻬가지고 어른들이 뭐라 칼까 싶으고. 에고 마 내 애 태운 걸로 치면 그건 말도 다 못한다.

내 손도, 내 농사짓다가도 호미자루, 낫자루 안 줜 게 몇 달 안 되거든요. 일 년 내 밭 가르고, 논 가르고, 꼴 비고 다 하니 그렇지요. 우리도 어른 계시고, 영감님 정정할 때는 나락을 60석은 했다. 여기도 곡식, 저기도 곡식, 많이 했어요. 그러니 손가락이 버틸 재간이 있는교? 이래(오른쪽 중지가 심하게 뒤틀려 있다) 돼버렸제.

그래 고생을 많이 하고 자식들 또 여덟을 키워야 하니 또 얼마나 힘듭니꺼. 학교 보내놓고 소풍 같은 거 갈라 카면 선생님 밥도 좀 싸가야 되거든요. 새벽에 일찍 일어나가지고 벤또를 수없이 총총총총 이렇게 쌌습니더. 그래가지고 벤또를 싸가지고 보내고 그래 했는데, 내가 8남매 키웠어도 초등학교 교문 한 번 못 갔습니더. 항상 시어른이 가시지, 내가 갈 여유가 있어야 가지. 그러보로 지내고 다 키워가지고 공부시키고 참…… 조상님들 덕분에. 어른들 따라가며 나는 수고했지마는 요새도 학교 들어가면 돈 많이 들지마는 그때는 돈이 안 귀했습니껴? 소 한 마리 팔고 나락 내고 보리 내고 콩 내고 해가지고 회비 보내고, 또 회비 보내고. 그런 걸을 생각하면 참 내 자신을 참 많이 써먹었다. 그만치 꿈직이고도 우예 이만치 넘겨 살아 있노, 햇수가 얼만치 갔노?

"사람은 다 울력으로 삽니더"

그래 욕보고 이 산골에서 자식들 그 많은 거 키우고 성가시키고, 땅 사고 얼마나 힘들었겠는교? 아이들도 참 공부하려고 힘을 쓰고 그랬기 때문에 서울 공부까진 시켰지요. 반은 대학을 시키고 그 밑에는 중학생인 것도 있고, 고등학생인 것도 있고. 인자 자식들도 다 심성도 옳고 경우도 바르고 하니까네 다 직장도 괜찮고 먹고살 만큼 잘살아요. 영감님이 가신 지가 한 5~6년 되는데 우리 아들이 엄마가 너무 고생했다고 서울 지그한테로 옴 좀 편하게 지낸다고, 가자 했사도 내가 여기 처진 이유는 고향에 논도 있고 밭도 있고 다 이래 있으이 내 힘으로 그걸 다 농사 사용은 못해도 선산 지키고 있으니 니그나 가서 살아라 하고 내가 큰소릴 하고 살았어요. 조상님들 욕보고 살은 살림살이 흐트러지지 않고 묘자리도 내가 보고 한다 카고. 예전에 논 한 마지기 사고, 밭 한 마지기 살 적에 하도 어른들이 욕보고…… 살림살이 살아나가지, 자식들 키우지, 밀양장에고 유치장에고 나무도 팔고, 송아지 한 마리씩 내다팔고, 감 내고, 콩 내고, 쌀 내고, 그래 쪼금 모아가지고 그 한 마지기 사면 그걸 그리 좋아했거든요. 한 해에 정확히 한 마지기씩, 한 마지기씩 샀습니더. 오만 것 다 해가지고 그리 힘들게 샀는데, 그냥 둘 수 있는교? 그래 인자 요새는 힘이 없어 눈에 안 보이는 데는 좀 놔두고 내 눈에 뵈는 데는 나 살 때까지 다른 농사는 못 지어도 밭 조금 합니더. 힘은 없어가 내 손수 갈고 이런 거는 못해도 하는 이치는 아니까네 우리 사위가 (땅을) 갈아주면요, 씨앗들은 내가 뿌리고 그래 합니더. 그래가지고 이래 살다 죽으면 조상님들한테도 할 말이 있다, 이래 살았는데 인자는 송전탑이 들어와 다 헛게 됐어요. 논도 팔고 싶어도 못 팔지요, 밭도 안 팔리지요, 짐승도 저것 때문에 병들어가지고 안 된다 카고, 사람도 병든다 하지요. 그게 너무 폭 얹혀가지고 내가 이제 헛살았다 싶은 생각이 듭니더.

인자 영감님 가시고 돈도 다 써버리고 아무것도 없고. 할마씨도 밥만 먹고 지낸다 싶어도 돈은 조금씩 씁니더. 쓰는데 인자 저게 아무 지장이 없다 케야 땅금도 있다 카고 부동산도 들어오고 할 텐데 저게 아무것도 없다 카면 내 밑으로는 아무것도 없다, 아무것도 못 써먹는다. 못 써먹고 자식들, 사위 여섯, 며느리 둘 보태면 열여섯 명 아닙니껴. 그게 직장 댕겨봐야 칠십 안 되어도 끝나는데 뭐, 그러니까네 집이 든든해야 여기 오면 지그 시간 보내기 좋고 얼마나 좋습니껴? 그칸데 사람도 안 좋다 카고 그럴 기를 생각하니 너무 억울해 죽겠다.

전기 저건 없으면 안 되지. 지발 쪼매 그리 하거들랑 안 에롭게들(어렵게들) 가던지, 아니면 돈이 조금 들더라도 땅 밑으로 가든지, 그리 아니면 보상을 남잡게(넉넉히) 해주던지, 시간이 뭐하지 해도 한 가지도 뜻대로 안 되어주니 아무 힘없는 백성이지만 어찌 가만있노? 우리는 사람의 운신에 심정만 상했지. 사람 죽고 이런 건 없지만, 사람 죽고 이런 사람들은 어떻겠는교? 지그도 사람인데 왜 그거를 모르는교? 경찰 놈들이 하도 왔다 갔다 해가지고 "경찰 너그는 숫자도 많은데 한전에서 저리 하마 백성한테 그러면 안 된단 소리를 왜 못하노? 이놈의 새끼들, 지발 좀 그렇게 해봐라" 카면 "할머니 지그도 못합니다". 시방 지그도 먹고살기 위해서 그러는데 죄는 없을지 알지마는 한전 놈 일하는 데는 못 들어가고 그러는데 액이 나서 지그한테 욕이 안 갈 수가 있어야 지요. 지그도 추운데 보초 서고 그런데 얼마나 그럴까 애처로워 요, 우리도. 그리 하루하루 지내는데 내일 지나면 또 데모 나가야 될 기다. 젊은 사람은 산에 올라가 데모를 하는데 나는 나이가 있 어가지고, 설 쇠면 팔십여덟이거든요. 그래 산에는 못 가고 마실 에서 이래 하니까네 마실에 와서 인원이라도 채워야겠다, 숫자가 얼마 안 되이. 이제 그래 하고 안 있소.

그캐도 내가 힘이 없으니 우얄 끼고. 내가 좀 (경찰을) 밀라 카 면 나를 붙들어버리는데 우야노. 안 되면 누워버리거든요. 누워 있으면 대로 한복판에 할매 누워 있으면 안 된다고 이리 밀어내 가지고. 경찰이 요래 다 치고 손톱도 못 들어가게 합니더. 그때 치 받쳐 밟히면 죽습니더. 그간 밀치고 그러긴 해도 크게 상하진 않 아서 병원에 가는 일은 없어도 어찌나 보골(화)이 나는지 (한번은) 젊은 아그(경찰)들한테 (구정)물을 한 바가지 퍼서 똥물이라고 그 러고 퍼붰는 기라. 그날 여서 제일 큰 난리가 나 그때 다 (한전 사람 들이 산에) 올라가버렸다. (경찰들이랑) 두 줄로 들어와 (마을 사람들) 다 들어내버리고 들어가버리는데, 그때 (내 퍼부은) 똥물 뒤집어쓴 놈이 우두머리 경찰이라고 경찰서에 가야 한다는 기다. 내가 큰 죄도 없는데 가 죄를 다스리면 되겠지마는 경찰서가 뭐꼬? 평생 경찰 놈들과는 말도 한마디 안 해봤는데, 참 데모가 큰일은 큰일 인가 보다 해 기분이 안 좋아. 가니 이름도 묻고, 누가 시키더냐고 묻고, 할매 몇 번째냐고 여러 가지 물어쌌더라. 한 두 시간 머물다 왔어요. 나는 경찰서라고는 처음이고 순사들하고 말해본 적도 없고, 하도 이래 번잡스레 하니까네 힘은 없지마는 하도 애가 쓰려서 나왔다 하고, 그래 한 번 갔다 왔지. 그래 내 생각에 아유 드러워라, 이렇게 살다 경찰서가 뭐꼬 내가. 속이 상하고 그렇대요. 경찰서 갔다 온 사람 많다, 이 마을에도. 지그보고 욕한다고도 데꼬가고. 조금 젊은 사람은 악이 나가지고 욕을 만방에다 퍼부어도 분이 남나?

(경찰들은) 겁 안 나요. 내 재산이 없어져서 애가 쓰려 갔지. 내 뭐 도둑질했나, 거짓말을 했나? 그런 거 걱정하는 건 없었습니다. 또 내가 너무 억울하고 이래가 그 뭐꼬 희망버스가, 손님이 그리 많이 왔을 적에 아무것도 말할지도 모르고 글자도 모르는 내가, 하도 어찌 원통한지 사람들이 저래 저렇게 참 도와주로 오니 얼마나 감사한 마음인동 그래가 내가 고맙다 하는 말을 거서 했어요, 마이크 들고. 그래 하고 나니 속이 좀 후련하더만.

사람이 아무리 부자라도예 남의 도움 없이는 못 삽니더. 꼭 돈 가지고 집에만 들어앉아 사나? 그 돈을 활용을 해야 되는데 돈 쓰는 것도 서로 의지를 해가지고 쓰는 것도 있고, 모을 적에도 그 집이 참 그만큼 노력해가지고 그만큼 잘살아야지, 그 마음이 안 큽니껴? 그렇기 때문에 나도 마실에서 혼자 이렇게 살면 이놈의 전기가 우예 된다, 싱크대가 우예 된다, 보일러가 우예 된다, 그걸 돈 주고 할라 캐도 여기 기술자가 있노, 뭣이 있노? 다 이 주위에서 봐줘가지고 그리 잘 삽니더. 사람이 다 울력으로 삽니더, 울력으로예. 참말로 정답게 잘 지내는 동넵니더, 여가. 어른들을 한 집 부모같이 생각하고 언제든지 한 명 한 명 할머니들 목욕 가시자고 다 준비해 데꼬 가지요, 또 관광시켜주지요, 또 회관에 무엇이 없으니 전부 지그 어매한테 사다주듯이 다 사다주고 합니더. 그래 이 마실 사람들이 인정스레 잘하고 재미나게 사는 동네를 저놈의 송전탑이 마실도 다 버리고, 사람 심경도 다 버리고 했습니더. 송전탑 그게 들어와 저것 신경 쓴다고 딴 데 신경 쓸 일 어딨겠습니껴? 없지. 없고, 도장 찍어준 사람 안 찍어준 사람 그기 사단이 돼가지고 동네 사람 인심을 다 배려났습니더. 해도 같이하고, 찍어줘도 같이 찍어줬다 하면 단합이 돼서 좋다 할 낀데 하기 싫은 사람은 하기 싫어 끝끝내 해보자 하는데, 경찰 놈들이 와가 꼬시사이까네 뭣도 모르고 도장 찍어주고, 돈 받은 사람도 더러 있고 그렇습니더. 어떤 사람은 취소시킨 사람도 있고. 지그가 다 잃어버린다 카이. 돈 몇 백만 원 준다 하니까네 참 그거라도 받아 써야 하니까 그랬지. 그랬지마는 어른도 없이 느그 마음대로 찍어주노, 그 마음으로 생각을 한다 카이. 그게 너무 애달프다. 애달프지마는 이것도 세월이 가고 시간이 가면 마실에서 다 허비가 되겠지요, 사람 죽인 것도 아니고……

"가는 거 뭐 겁나노, 가면 되지"

요새 생각하니 아이들 결혼시키고 공부시키고 할 때가 가장 좋았어요. 돈 벌어가지고 아들 회비 가지러 오면 회비 주고, 또 딸 하나 치우면 힘은 들지마는 깰끔하고. 소 먹여가지고 송아지 팔고, 나락 내고, 보리 내고, 감 내고. 그때는 암만 일해도 또 이래 자고 일어나면 아픈 데 없이 지냈거든요. 맨날 조합에 돈 묻어났다가 결혼시키고 나면 털고. 또 한 3년 모아놨다가 또 하나 결혼시키고, 시키고. 넘한테 돈 빌려달라고 안 하고 살았어요. 아들도 치워놓으니 잘사는 것 같고, 사위도 봐놓으니 좋고. 우얀동 자식이 제일 큰 농삽니더, 제일 큰 농사라. 돈은 있으면 써불믄 그만인데 자식은 키워놓으면 잘 지내고 있으니까네 좋지, 좋고말고. 여덟 자식들이 참 부모라고 소중하게 여기고, 자식도 며느리도 칭찬을 하면 했지 나무랄 게 없으이, 여한이 없습니더, 나 못나고 이래도.

다음 생에 나면 옛날 영감 만나가지고 공부도 좀 많이 하고 그리 살았으면 좋겠어요. 참말로, 진실로. 내가 너무 아는 게 없으니까네 못하는 게 쎘지. 그래 (배우면) 면에를 가도 똑똑코 군에를 가도 똑똑코. 나름 얼마나 활발했겠어요. 그게 내가 죄지 다른 게 없습니더.

그래 인자 한평생 시집 살고 어른 가시고 나니 내가 힘이 없어지니까네 살도 다 찌그러져뿌리고 꼿꼿한 허리도 다 꼬꾸러지고 내 형편없어요. 밥 먹는 것도 젊을 적에 한때 먹는 거 요새 하루 먹어도 남는다. 그래 인자 마, 시일이 가니 먹성도 줄어드니까네 더 힘도 없지 뭐. 농사짓던 것도 영감 죽고 다 넘 내줄 건 다 내줘버리고 인제 몸뗑이는 가버리면 그만이제. 내가 부자 돼가지고 잘 한번 살아봤으면, 넘만치 특수한 일 해가지고 이칸 생각도 없고, 내가 대인도 아니고 소인으로 타고나가지고 이만하면 되지, 내가 욕심낸다고 될 일도 아니고. 욕심내도 되나 안 되지? 마음먹어서 되는 거면 누가 못 살아요? 사람이 사는 것도 한도가 있지, 지가 더 되고 싶다고 더 되는 것도 아니거든요. 우얀동 내 갈 때는 남한테 흉이나 안 보이고 한 군데로 가면 그게 되는 거고, 죽으면 아무 여한도 없는데, 그래 나는 아무 걱정도 안 하고 내가 갈 길만 가버리고 나면 끝장인데, 송전탑 저거 하는 데 산도 많고, 전답도 속하니 그게 속상코, 자식들이 여기 오면 집 있겠다, 농사 있겠다, 공기 좋고, 되는 대로 해가지고 살면 얼마나 좋겠나 싶은데 그기 안 되이 그게 제일 마음이 아파가지고 죽어도 끝나는 거 보고 죽어야 할 낀데 그 맘뿐이다. 내 가는 거 뭐 겁나노? 가면 되지.

후기

○

송전탑은 그에게 일생일대의 사건으로 기록된다. 왜정시대와
전쟁은 이 나라 국민 모두가 겪어야 했던 일이었다면 송전탑은
힘없고 무지한 이들만 골라 찾아온 사건이기 때문이다. 경찰의
비호 속에 앞산에 하나씩 모습을 드러낸 송전탑은 그가 평생
믿어온 순리를 거스르고, 욕보며 차곡차곡 걸어온 조상과 자신의
인생을 한순간에 헛것으로 만들어버렸다. 막으면 될 거라는 여문
마음보다는 "차마 보고 있을 수만은 없어" 나선 싸움. 시간이
갈수록 야속함과 답답함만 켜켜이 쌓여간다. 그래도 그는 다시
마을 어귀에 세워진 천막으로 향한다. "힘도 없고 무식해가 아무
짝에도 쓸모는 없겠지마는", 죽 한 사발 후루룩 마시고 꼬꾸라진
허리를 지팡이에 의지해 한 시간여 되는 길을 나선다. "구중궁궐에
들어앉았으니 누가 안 알켜줘서 모르는가, 알고도 가만있는교."
도통 모르겠지만 내 힘대로 욕보는 거, 그게 그가 살았고 남은
시간 살아내야 할 삶이기 때문이다. 부고 전에 승전보를 듣게 되길,
인연으로 이어진 다음 만남을 기약하며 나는 그의 선산에 그리
기원했다.

"바다처럼
너불이가
있더라구"

세례명 사라로 불리길 좋아하는 할머니는 올해 83세로 주민등록은 실제 나이보다 한 살 적다. 그중 30년 가까이를 이곳 밀양 화악산 평밭에서 보냈으니 인생의 거의 절반을 보냈다고 해도 과언이 아니다. 할머니에게 이곳 밀양은 제2의 삶을 준 곳이다. 화악산은 남편에게 기대지 않고 생계를 비롯한 모든 삶을 홀로 보내면서 자립한 장소이자, 생전 처음 농사를 지으며 자연의 신비로움과 아름다움을 깨닫게 해준 곳이기에 특별하다. 할머니 말씀처럼 뜻하지 않은 남편의 죽음과 잇따른 할머니의 병이 아니었다면, 할머니는 이곳까지 오지도 않았을 거고 이런 좋은 재미들도 알지 못했을 것이기 때문이다. ●

기록 ○ 명숙 　　　　　　　93

부산 남자에게 시집가다

젊은 나이에 이곳에 왔으니 30년은 됐을까. 내가 시집을 왔을 때 한전에 다니는 남자하고 결혼을 했어, 스물두 살에. 나는 충청남도에 바흘리라는 마을이 있어. 거기에 오빠랑 이렇게 사는데, 부산 남자가 논산훈련소에 훈련을 왔는데, 오빠가 보기에 착실하고 착하니까 자기 동생이 나이가 들으니까 동생하고 결혼시켰으면 해서 결혼을 했어. 왜 부산 남자에게 시집을 보냈냐면 6·25사변 났을 때, 대동아전쟁 때도 부산은 거의 전쟁을 안 겪었어. 부산은 의외로 전쟁을 많이 안 끼치더라고. 오빠가 그래서 부산 남자 만나게 한 게 아닌가 싶어. 그때는 한전이라고 많이 그렇게(좀 좋게) 보였어. 한전 다니는 사람이라고 했는데, 뭐라고 할까, 사무실에서 일하는 사람이 아니었고 기술자라, 전차가 다니고 하니까 운전도 하고 고장이 나면 뭐도 하고. 그러니까 오빠가 기술은 좋은 거라면서 뽕 가가지고 그렇게 했어. 우리 친정이 못사니까 부산에서 안 하려고 하는데 남자가 엄청 좋아하니까, 남자가 좋으니까 해지더라고. 그런데 나 (결혼 전에) 연애편지도 많이 받았는데 꼼짝을 못했어. 큰오빠가 집안 망친다고 해서. 우리가 전주이씨였거든. 그때는 (부산이나 일본에) 나가 사는 사람이나 그런 사람은 공부를 했어. 그때 일본 놈이 있었을 때. 가갸거겨 할 때, 남들은 공부를 했어. 여자들도 남자들도. 그런데 대충은 공부를 못했어. 할 여가가 없었어. 일본 놈들이 공부를 가르치는데 잘못하면 회초리도 맞고 공부도 가기 싫은 차에 오빠가 공부하면 연애나 한다고 하도 저러니까. 애들한테 그런 게 있잖아. 애들한테 내가 맨날 지고 살아, 이런 마음이 있잖아. 몰래 학교 다니고. 내가 글은 잘 배웠지. 3학년까지 다녔으니까. '아에이오우 가게기고구' 할 적에 8·15 해방이 돼놓으니까, 가게거겨 배웠잖아. 다시 초등 학교 3학년에 들어가 배웠는데, 6·25사변이 났잖아. 그래가 보따 리 막 이고 들고. 그때부터 내도록 보따리. 전북 이리, 외가에 갔 어. 거기로 가고 나서 고향이 멀어졌어.

암튼 (결혼해서) 아를 넷을 낳어. 애를 낳기 전에 전차가 부산 에 못 다니게 됐어. 안 다니기로 됐어. 애가 하나일 때, 우리 신랑 이 해당화라는 호가 엄청 큰 배, 호주도 가고 뉴질랜드, 미국에도 가야 하는 거야. 그 배를 태워야 하는 거야. 그게 포항에 물품을 싣고 가야 하는 거야. 스물아홉 명 모범들만 싣고 다녀야 하는 거 야. 우리 남편이 내밖에 모르는 남자야, 내가 입만 뻥긋하면 다 해 주고. 남편이 일찍 갔어도 힘든 일을 안 했어, 나를 엄청 잘해주는 거야, 엄청 좋은 거 갖다주고.

내 나이 마흔여덟에, 남자가 한 살 위라 마흔아홉에 그 배가 없어져버렸어. 어찌케 된 게 아니고 없어져버렸어. 요즘처럼 기 술이 있으면 금방 찾는데…… 해적들에게 잡혀 들어갔는지, 풍랑 에 휩쓸려갔는지 알 수 없어, 당시에는 기술이 없어서. 회사가 대 한해운이라고 엄청 큰 회사야. 엄청 큰 짐을 들고 가는 회사니. 어 쩌면 나, 나라에서 공로를 받아도 돼. 모범들만 스물아홉 명만 싣 고 가. 배가 없어져버렸지만 찾을 길 없어. (그 후에) 내가 말은 하 고 사는데, 정신을 잃어버렸는가, 그랬어. 차츰차츰 마음이 아팠 어. 남자가 없어보니까 아는 거야. 애기들하고 사는데. '나에게 하늘 아래 너밖에 없는 걸 몰랐다.' 너무 애기 짓만 하고 어린애처럼 그런 게 못이 박혀가지고…… 내가 얼른 따라서 죽어야 가깝게 갈 텐데, 저 남자 가는 데 갈 텐데. 1년 동안 마음이 맺혀가지고 마음으로 병이 나버렸어. 수족을 못 쓰는 거야. 애들이 업어 다니고 업어가 침 맞으러 다니고 그러는데 나을 길이 없는 거야. 우리 딸이 그때 간호대학 대동병원 대학을 다녔어, 4년짜리. 딸이 대학에서 그런 공부를 배우니까 나를 병원을 안 데리고 가는 거야. 엄마 이러다가 죽으면 안 된다고. 병원 치료를 못하게 하고 기를 받게 하는 거야, 부산에서 기 치료를 3개월을 받았어. 100일을.

그런데 어떤 이웃에 놀러갔는데 그 집 나무 밑에서 싹이 나 막 크는 거야. 그 가지가 죽을까봐 자르지도 못하는 거야. 저 나무 하나가 엄청나게 가지가 많은 거야. '아, 맞네. 나무가 우리 영감이더라구.' 예를 들어서, 가지는 내 새끼들이더라고. '맞아, 내가 죽으면 우리 애기들은 어찌 사나?' 그때부터 살아야겠다는 생각이 드는 거야. 빨리 갈라고 이 생각 저 생각 했는데, 그 애기들 때문에 살아야겠다는 생각을 했어. 다른 아줌마는 이 장사도 하고 저 장사도 하면 되고. 나는 전주이가라고, 촌에서 양반집이라고, 장사도 할 수 있는데 우리 오빠들이 택도 없어. "네가 시집가, 한전 집에 시집가 다 부러워하는데 잘산다고, 동생 잘 여의었다고 하는데, 그런 거(장사)는 상놈들이 하는 거"라고, 오빠가 네가 장사하면 동네 애들이 인사도 안 한다고 하도 못하게 했어.

그런데 나를 낫게 해준 원장이 "사라 아주머니는 이 병이 도질 수도 있다, 도지면 당신이 내를 100일 동안 얼마나 고생을 시켰는데, 자신이 없다" 하는 거야. 사라 아주머니는 첫째는 몸을 도와라. 이렇게 녹색이 가득한 데, 이렇게 산기슭에 흙을 밟고 등

산을 살살 다녀라. 아들이 돈 벌어 동생들 공부 뒷바라지하고 엄마 치료도 해주고, 그렇게 다니는 거야. 그런데 여기에 연고자가 있어, 지금 밀양에 살아. 이웃집에 사례 형님처럼 (나하고) 형님 동생하는 사람이 있는데, 그 할머니가 부산에 있으면 머리가 깨지는 거처럼 확 도는 거야. 병원에 가도 못 낫고. 그분이 여기를 알려줘서 오솔길로 등산을 다녀서 머리가 나았어. 그래가지고 여기에 와 집을 짓고 살았어. 등산만 몇 년 (부산에서) 왔다 갔다 다니다 하는데, 내가 이렇게는 안 되겠어. 돈도 많이 들고 힘도 드는 거야, 자꾸. 아들을 장가보내야, 애들을 맡겨놓고 와야겠는 거야. 애들이 말이 아니더라고. 학교도 지각하고. 그래 큰아들보고 장가를 가라고 하니까 안 가는 거야. (큰아들이) 집이 이 지경인데 마누라가 가운데 끼여서 못 산다고 안 가는 거야. 작은아들이 그래서 먼저 장가를 간 거야. 그 며느리한테 집을 맡기고 여기 집을 지어 이사를 왔어. 혼자 이사를 왔어. 그래 여기서 정착해 살게 된 게 나이 60이 다 됐을 때였어. 지금 같은 그런 집은 아니고. 어찌케 말해야 하나? 텔레비전 보면 〈전설의 고향〉에 나오는 집 같아. 그때는 오솔길이니까 소가 나락도 짚고 다니고 그러니까.

"남편하고 호의호식하고 살 때는 몰랐어"

그때부터 밤에 미사를 다녀. 왜? 낮에 일이 많으니까. 여기는 일을 해야 살아. 밤에 일을 못하잖아. 밤에 7시 밀양 성당에 미사를 드려. 밑에 내려가면 차 다니는 데 있지? 거기까지 오솔길로 걸어가 버스를 타. 바빠 죽겠는 거야. 농사를 그전에는 안 지어봤지. 나이가 한 오십댓 되었나.

여기 들어와 애들 먹일 것도 해야 하고 나도 먹을 것을 해야 하니까, 고추도 강냉이도 심고. 그러려면 밭을 내 파야 하지. 여기 같이 풀 많은 곳이 없어. 무공해라 약도 안 치고, 애들도 애들이지만 내가 자꾸 하루하루가 건강해지는 거야. 나날이. 막 진짜 날라다니고 엄청 소라도 잡는 정도야. 그러니까 천주교(성당)도 그래다니지. 나무를 산에서 톱으로 잘라가지고, 밤에 밭에 앉아 달이 밝으면 이만큼 자르고, 쌓으면 막 마음이 뿌듯해가지고. 내일이고 모레고 산에 나무를 이렇게 죽은 나무를 갖다 밤에 잘라놓고 그랬는데. (여기에서) 쌀 같은 거는 생산이 안 돼도 인자 말하자면, 밥 먹을 때 (채소가) 식탁에 이렇게 올라오듯이 고추 심고 그랬어. 농사진 거로 태양고추장 담아가지고 (자식들에게) 보내고, (농사지은 것들을) 머리에 이고 등허리에 지고 양쪽 손에 들고 그렇게 (버스 타는 데까지) 다녔어. 그러니까 얼마나 건강했겠어? 그러니까 이곳이 그렇게 좋은 곳이야. 말로는 표현을 못해. 아무리 하늘 아래서 어느 병원이 좋다 좋다 해도 이렇게 화악산처럼 좋은 병원이 없는 것 같애. 나는 약(농약)을 안 쓰잖아. 나는 순 그런 거만 해먹고. 산에 올라 다니고 내려 다니고 성당에 다니고. 메주를 쒀서 간장, 된장 담아 내보내고. 하다못해 무 한 포기 뽑아도 배추 한 포기 뽑아도 그렇게 맛있는 음식은 여기밖에 없어. 시장에 가봐. 돈 몇 푼 줘도 이렇게 맛있는 음식은 없어. 부산에 아는 사람들이 여기 한번 와보면 무공해라고 염소도 데려가 밀양에서 잡아서 돈을 주고 가고, 닭도 기르면 돈을 주고 가고, 밑에 애들보다 떵떵거려.

돈이 마구 들어오는 거야.

(농사는) 사람들 하는 거 봐가지고 어깨 너머로 배워 지었어. 하니까 되더라고. (농사를 지으면서) 내가 엄청 큰 공부를 했더라구. 농촌 사람들한테, 농촌 할아버지 할머니한테 내가 잘못해서 이렇게 앉아가지고 펑펑 빈 적이 있어. 괭이로 땅을 파야 뭐를 심지. 삽으로 막 이렇게 하는데, 땀이 머리에서 옷으로 내 잠지까지 땀이 막 젖어. 어어, 젖고 힘이 겨워. '그때 내가 참 잘못 살았습니다. 내가 왜 청와대에 들락거리는 사람들만이 신사라고 했을까? 그게 아니었네. 그 사람들하고 이 사람들하고 바뀌어야 하네, 농촌 사람들이 청와대 들락거리는 사람들이었네. 와, 이 사람들이 진짜 신사였네. 내가 왜 이렇게 철이 없고 어리석었어. 내가 와 그렇게 그런 생각을 못했을까.' 내가 앉아가지고 울고, 막 내가 내 자신이 원망스러운 거야. 그때부터 생전 모르는 사람한테도 "안녕하십니까?", "어데 가십니까?" 했어. 기쁘게 해주려고. 내가 낮아지더라고. 그런 적이 있었어.

그런데 사람이 꾸준히 사는 게 아니더라구. 내가 이만큼 사니까 밤낮 이렇게 살 거라고 생각하지만 그게 아니더라구. 나불(너울)이가 있더라구. 바다에 가면 그 잔잔한 바다가 고요하고 좋잖아. 저렇게 보기가 좋잖아. 그런데 막 나불이가 치잖아. 그게 사람 사는 거더라고. 그럴 때가 오더라고. 그러는데 또 잔잔한 바다가 있을 때가 사람이다. 그래서 모든 만물만상들이 사람하고 사는 이치가 똑같구나 하는 게 알아지더라고.

염소 기른 얘기 할게. 내가 이런 거 해가지고 돈 벌어야지가 아니고, 그거 한 마리 팔아가 얼마인지 안 해봐 모르잖아. 내가 호

의호식하고 알각달락하고(알콩달콩하고) 살 때는 몰랐어. (농사나 동물 기르는 게) 재밌는지 몰랐어. 그렇게 살면 재미가 없겠더라구. 남편 있을 때 호의호식하고 살 때보다 너무너무 좋아. 개를 기르니까 누가 나를 그렇게 반가워해. 아무리 새끼라도, 내가 잘못하면 싫다고 하잖아. 그런데 이것들은 잘못할 때도 없고, 맨날 맨날 날 좋아해. 밥 주고. 맛있는 거 주니까. 암평아리, 수평아리 기르니까 자기한테 도리를 하더라고, 알 낳아주고. 그런데 그 알이 그렇게 맛있을 수가 없어. 그 알 주어다 애들한테 갖다주고. 그 재미가 돈 쓰는 재미보다 더 있더라고. 그래서 내가, 내가 염소를 한번 길러볼까? 화초처럼 염소를 하나 길러볼까 했어. 염소를 암놈 한 마리 샀어. 그런데 암놈은 수놈이 없으면 안 되겠더라구. 그래서 암놈을 세 마리 사고 수놈을 두 마리 사서 길렀어. 길렀는데 그것들이 새끼를 낳아. 새끼를 낳는데. 내가 염소를 기르면 무럭무럭 길러서 재미가 있는 게 아니고, 새끼 그게 태어나가 그것들이 그렇게 예쁘고 사랑스럽고. 아, 진짜 그건 해봐야 안다. 그래가지고 인자 어느 놈이 새끼를 뱄는데 배가 이만 해가, 이제 새끼를 나겠구나 했는데, 어느 날 밤 나가가지고 안 들어와. 걱정을 했지. 아침에 산에 데려다놓았는데 다른 놈들은 들어왔는데, 그 배부른 놈이 안 들어와. 찾아도 없어. 밤에 잠이 왔겠어? 그 염소를 잊어버려 화가 나기보다는 배가 부른데 사냥을 해갔는가, 어떤 짐승이 데려갔는가, 그 생각을 하니까 너무 안됐어. 밤에 잠이 안 와. 그날이 일요일이었는데 성당에도 못 가. 아침에 훤히, 날 샐라고 하잖아. 워마, 그 배부른 놈이 새끼 두 마리를 해가지고 들어오는 거야. 어제 내가 데려갔을 때 배가 불렀는데, 어떻게 새끼를 낳아들어오냐. 염소가 들어왔을 때 그 기쁨. 눈물이 나대. 하, 참. 내가 참, 너희가 내가 똑같구나, 기쁘고 반갑고, 와서 참 잘했다.

그 담부터는 내가 기르는 거, 부산서 (친구들이) 와가지고 어떻게 지내는지 보는 사람들이 한 마리 먹자고 해도 안 주고 그랬는데, 닭은 삶아서 먹고 가고 그랬는데, 염소는 안 그랬는데. 그 닭도 먹어보면 진짜 맛있다. 찹쌀 넣어가지고 삶아 그런 맛있는 고기는 없다. 진짜 없다, 없어. 밑에서 사먹는 그런 맛이 아냐. 그랬는데 염소를 그러코롬 길렀는데. 그 얘기를 하면…… 염소가 한 50마리 정도 돼. 그러니 얼마나 건강했겠어? 그렇게 산이 좋은 데야. 이 산은 진짜, 철탑이 서면 안 돼. 증말로 안 돼. 어떻게 이렇게 좋은 산에. (사람들이) 정년퇴직을 하고 오고, 휠체어를 타고 와가지고 걸어 다니고, 걸어를 가도 눈으로 안 보이는 보약을 섭취하면서 다녀. 향기, 녹색이 우리를 얼마나 좋게 하는데. 어디를 가면 솔 냄새가 푹신푹신하니. 어디만 가면 향이 바뀌어. 여름에 가봐, 칡넝쿨 냄새, 쿵쿵 그러고 다녀.

그런데 옛날에 산 사람들은 알아, 나를. 옛날에 산 사람은 두 집밖에 안 남았어. 80, 70 몇 되니까 다 죽어버리대. 그래가 울기도 많이 울었어. 친군데, 형님처럼 또 엄마처럼 때로는 남편처럼 그렇게 잘해줘. 그런 형님이 돌아가셨다. 김사라라고. 저기서 장재분 씨 옆에 그 집에 (사는데) 그 형님이 돌아가시고 너무너무 억울하고 서러워서. 얼마나 땅을 치고 울고 울었어. 그런데 죽을 때는 내가 그 형님을 못 봤어. 내가 마음수련 공부를 한다고 갔는데 돌아가셨다고.

호의호식하고 살을 때에는, 그럴 적에는 몰랐는데. 인자 성당에 갔다 오면 나무 옆에 길이 있어. 달이 없어도 하늘이 청색이잖아, 하늘이 코발트 색깔이잖아. 하늘이 빛을 줘가 길이 막 보여. 길가로 나뭇잎이 그렇게 예쁠 수가 없어. 이뻐. 그런 나뭇잎들이 나를 붙잡아. 왜? 붙잡는다라는 것은 그것들을 보니까 좋아가지고. 이렇게 좋다 하니까, 니(나뭇잎)하고 내가 이야기가 되는 거야. 이렇게 가면서 길을 걸으면서 시어머니도 만나보고 신랑도 만나보고. 밤에는 성당을 가면 노루 같은 것도 보이고 멧돼지 같은 것도 보이고. 짐승들은 사람이 안 건드리니까 괜찮더라고. 나를 해치지 않더라고. '아, 너희들 지나가면 내가 다닐게' 하는 마음으로 다녔어. 그런데 (사람들이) 막 딱 입을 벌리더라구. 아낙네가 어찌 이 산길을 걸어 다니냐고. 내가 묵주가 있어, 지금도. (묵주를 들어 보이며) 이 묵주를 이렇게 들고 다녀. '아버지', 이렇게 기도를 하고. 나는 무섭다기보다는 살기가 바쁘잖아. 남편 일찍 죽으니까 나날이 성공해가며 살았다니까, 고생은 했지만. 이런 일상생활을 살아가지고 진리하고 가깝게 된 게 아닌가 싶어. 요즘 이 할매가 주책을 떨어. 다음에 태어나면 진짜 진짜로 사람을 즐겁게 해줄 수 있는 글을 써봤으면, 그렇게 태어났으면 하는 그런 생각을 해요.

"그 나무 이파리가 나를 품어주더라니까"

저 동네 가면 허씨라고, 나하고 한 살인가 두 살 차이가 나. 작년에 돌아가셨어. 부인이 알아. 허 선생은 나하고 비등비등하니까.

내가 안 좋으면 가서 얘기를 해. 무슨 일이 있으면 허 선생한테 가 일러. 부부가 나한테 엄청 잘해. 잘 지냈거든. 앞뒷집에 살았어. 그 집에 일하러 오는 사람들이 있었어. 그런데 저 동네 밑에 권씨 라는 아저씨가 있었어. 그 사람도 죽었어. 그 사람이 산길이니까 나를 자전거에다 태워가지고 내려간 적이 있었어. 그런데 자전 거 한번 태워주고 뭐라고 하는 줄 알아? "내가 이 여사하고 데이 트 한번 해야 하는데, 언제 한번 시간 낼 수 없냐"고 하는 거야. 내 가 속으로 '허 참 우스꽝스럽네, 쯔쯧. 내가 니 같은 놈들한테 호 부하려고 산골짝에 사는 게 아닌데. 사람 우습게보지 마라. 내가, 우리 애들 아빠가 어떤 아빤지 니가 알고나 말하나?' 이래가 싶 어가지고 아무 말 않고. "뭣이 어째요, 데이트가 뭔데요? 난 그런 거 몰라요." 그날이 일요일이었나 봐, 성당 간 거 같아. 그런데 그 다음날, 허씨 내외하고 있는 거야. "저게요. 나더러 데이트하자고 그래요, 내가 얼마나 부아가 나서." 서러워서 세상에.

그러고 남편이 없는 사람은 사람들이 우습게보더라. 시골에 서. 꼴불견이라도 남편이 있는 여자는 안 그래. 아니 남편이 우습 은 남자하고 살아도 안 그래. 그게 참 억울했어. 저 밑에 버스를 타려면 할아버지가 그래. 내가 남편하고 다니는 거도 안 보이고, 혼자 사는 거 아닌가 하고. 아 그가가, "아줌마, 커피 한잔 하시렵 니까?" 그러는 거야. 그래서 내가 아이고 꼴값하네. 코에서 입에 서 냄새가 풀풀 나는 게 어디서. 내가 사람을 무시하는 게 아닌데 화가 나니까 이렇게 이상하게 생각이 들더라고. 그래가지고 하 자고, 거긴 사람이 많으니까. 내가 말을 잘못하면 영감쟁이 때문 에 나도 창피하겠더라고. 그래 다방에 들어갔어. 커피를 엽차 잔에 다 부었어, 커피를 입으로 마셔야 하는데, 엽차 잔에 부으면서 "앞으로 커피 하자고 말하지 마. 사람을 우스꽝스럽게 봐도, 입에서 코에서 냄새 나는데 내가 누구하고 커피를 마실 거 같아서 함부로 하냐!"고 하고 나와버렸어. 또 나와가지고 허 선생님더러 "오늘 어떤 영감쟁이가 나더러 이러구저러구 그러는데 허 선생님은 어디 가 누구한테 주책 떨고 살지 말아요" 했어. 그 집 할머니가 우습다고 배꼽을 잡고 그랬어. 지그들이 무시할 짓을 했으니까 나도 무시를 하지. 그래도 성당에 가면 신부님한테 (그 일에 대해) 고백성사를 해. 영성체를 해야 하니까, 웃으면서. 신부님도 웃고. "그건 고백거리도 안 됩니다. 그건 잘했습니다" 그래. 그러는데 요즘에 성당에 못 다녀. (한전 직원과 경찰들에게) 너무너무 욕을 하고. 나 욕 잘해. 옛날에 욕 안 했는데.

혼자 살아도 일단은 우리 애들한테 대우를 받고, 우리 영감이 그렇게 갔기에 그런 것만이(자녀들만이) 나에게 치우치지. 그리고 일단은 자연, 화악산에 이렇게 뽕 간 게 아닌가 싶어. 나 진짜야. 사람들이 나한테 이 집에서 무섭지 않냐고 그래. 왜 무서워? 내가 개 두 마리를 기르니까 무서워서 그런 줄 알아. 내가 없을 때도 이것들은 집을 지켜줘. 여기서 왕왕 짖으면 이웃집 사람들이 저기에 누가 왔는가 하지.

도시에서는 혼자 사는 사람 무시를 안 해. 농촌이 그렇더라고, 농촌이. 도시 가면 오히려 재밌는 게 없어. 여기 오면 무진장 나를 사랑하게 되고 나를 기쁘게 하고 좋게 해. 자연 사랑해봐. 어떤 사람이 나를 그렇게 좋아하겠나. 나를 저렇게 기쁘게 해주겠나. 내가 또 놀랜 거 하나 얘기해볼게. 가을에, 가을이라면 추울 때 있잖

아. 10월 달, 왜 저 낙엽지면서 노랗고 빨갛고 너무 이쁜 게 지잖아. 너무 빨갛고 너무 보기 좋은데, 저 빨간 잎이 무엇이길래 나를 이렇게 흔들어놓나. 너무 좋아서 그 산이 아무리 높아도 그걸 찾아서 갔어. 저게 어떤 이파린가 보러 갔는데, 이파리 중에 최고로 하찮고, 최고로 별 볼일 없는 이파리가 나를 그렇게 행복하게 해주더라고. 그 나무가 무슨 나무냐 하면, 옻나무 있잖아. 옻나무인데, 참옻나무하고 개옻나무가 있어. 그런데 참나무는 사랑이라도 받아. 아프면 약도 해먹고, 닭에다가 옻닭이라고 해먹는데, 그리고 참옻은 비싸. 개옻나무는 땔거리도 안 되고. 아무 쓸데도 없는 그 나무 이파리가 나를 그렇게 품어주더라니까.

"엄청 재밌게 사는데 송전탑이 들어온다는 거야"

이렇게 10년을 엄청 재밌게 사는데 무슨 송전탑이 들어온다는 거야, 그런 지가 한 10년이 됐어. 송전탑이 들어오니 돈을 뭐 내야 한다고 뭐 어찌 해야 한다고 하는 거야. 동네 사람들한테 들었어. 그래서 "오긴 뭘 와. 이 좋은 동네에 들어오면 벼락 맞는다. 누군가는 몰라도 벼락 맞는다" 했지. 왜? 거야, 생명도 연장시켜주고 몸도 회복시켜주고. 이 산에 내가 뭘 갚는다면 갚을 길이 없어. 어떻게 갚겠어. 마음으로 갚지. 산을 아껴야 한다는 것밖에 몰라. 여기 와가 한 해 가고 두 해 가고 송전탑이 온다고 징탕징탕 4년 전에 나무도 막 자르고. 그때는 집을 팔아가지고 아직 집을 안 지었을 때야, 땅만 사놓고. 이 동네에 사람이 없으니까 사람들이 창고라도 하나 지어가 들어오라고 했는데, 허가를 내야 집을 짓는 거야. 200평 허가를 내야 25평을 지을 수 있는 허가를 주는 거야. 처음에는 창고처럼 조그만 거 지으려고 했는데 허가가 안 나가지고 그렇게 집이 크게 난 거야. 그래서 모르는 사람은 철탑이 들어온다 했는데 집을 저렇게 크게 지었냐 하고 비웃는 사람들도 있었어. 그 사람들은 모르니까, 내가 아는 거지. 집을 지으려면 대지를 100평에 집 몇 평이니까. 어찌다보니까 그렇게 된 거지. 우리는 보상 이런 거 생각지 않고. 여기서 생명을 연장시켜놓고 병을 낫게 해준 이 산을 내가 뒤돌아버리고 피양(피난) 가고 보상이나 바라고, 택도 없는 말이라. 집을 지어도 하느님이 하시고 부처님도 다 하시는 거니까, 될 대로 되라. 마, 지키면 안 들어오겠지. 지금도 지키면 안 들어오겠지 하는 생각이야.

예전에 성당 갔다 10리 길을 걸어서 오면 다 만난다. 우리 남편도 만나고 우리 시어머니도 만나고. "와, 어머니, 지금까지 어머니가 살았더라면 이렇게 맛있는 음식을 해주고. 어머니한테 불효했어요, 엄마 지금 계시면 업어주겠다" 하면서 오고. 이곳이 그런 곳이야. 산이 다 사람을 만들어주더라고. 그런데 여기 어디 철탑이 들어온다 말이고. 안 돼, 진짜 안 돼.

그런데 한전 사람들이 진짜 잘못을 했어. 한전 사람 너희는 안된다. 사람은 이치에 맞게 살아야 해. 순리를 어기면 안 돼. 순리를 어기면 그 집 꼬라지가 어떻게 되겠어? 순리를 어기면 안 돼, 그런 마음이야. 너희는 구데기만도 못하다, 어떻게 재산을. 이렇게 재산을 강탈해가면서. 지금 온 사람은 어쩐지 몰라도 내가 어찌케 살았는데…… 그러코롬 할 줄 모르는 호미로 풀 뽑고 할 줄 모르

는 짐승들 기르고 살아왔는데. 이 땅을 네놈에게 준다 말이고. 안
돼, 안 돼. 보상? 보상을 1억 천만 원을 준다 쳐도 우리 농사하는
사람들 못 산다, 이거야. 살 수가 없어. 사람들 보면 반갑고, 이 사
람들이 얼마나 고생을 하고 사랑을 하는데, 그러고 내만 살고 끝
나? 2세들도 여기 와서 어머니 살게 하고 좋은 거 진짜 아는데. 그
리고 손자 손녀가 있잖아. 그놈들한테 물려주어야 하는데. 내 손
녀들만 물려주나? 그게 아니고, 이 나라 이 땅에 젊은이들, 후손들
한테 썩은 땅을 줄 수가 없구나. 그런 아픔을 가진 내가 네놈들 오
면 내 몸을 고스란히 던지더라도 이 땅은 못 뺏어간다. 못 준다라
는 거야. 그러니 내가 유난히 더 욕하고 더 소리 지르고 하지.

옛날에는, 이거 농성 안 할 때는, 나는 나대로 누구는 누구대
로 문을 딱딱 닫고 사니까, 이웃을 못 보고 얼굴도 모르고 누구누
고 모르고 그랬는데, 이거 하니까 전부 하나가 되고 평화스레 살
아. 서로 너 먹으라고 주고 지는 못 먹어도 줄라 하고, 사랑받고.
그리고 또 내 재산 내가 해야(지켜야) 하니까. 움막에 오면 (내가)
말짓만 해, 젊은이들한테 미안해서 오지 못해. 젊은 사람들 편케
해줘야. (젊은이들이) 군불도 때고 청소도 하고 새벽같이 와 여
기 낙엽 치우고 그러는데. 앞장을 안 서면 안 되는 것이, 젊은 사
람들은 힘이 있으니까 멱살도 잡고 힘도 쓰고 악도 쓰고 그러는
데, 그게 도가 지나치면 공권력한테 걸려. 걸리면 끌려가게 되면
안 되잖아. 그럴 때 할매들이 가운데 끼어들어가 "네가 내 입장이
돼봤나, 돼봤나?" 흔들고 하면 젊은 사람들은 떨어지고 할매하고
싸움이 되니까 끝나버려. 젊은 놈하고 시비 붙어가지고 요거 할
매들 때문에 안 돼. (할매들이) 쳐들어가지고 "네가 우리 입장이 돼

봤나, 돼봤나?" 하면 그 사람은 떨어지고 경찰도 싱거워 가버리고. 그래서 나는 앞장은 가도 우두커니 있을 때가 많아. 눈치껏 보고 안 되겠다 싶을 때 튀어 들어가야 해. 젊은 놈들은 공권력이 되잖아. 공권력이 세잖아. 하나를 꺾어내야 싸움이 깨지더라고. 할매들 조심해라, 젊은 놈들 당하게 될 때 해라. 죽듯이 해라, 그래. 사실 그놈들이 내 입장이 안 됐으니 저렇게 하지.

그래도 열심히 엄청 열심히 했어. (2013년) 5월 20일 날 공사 들어왔을 때 의경들, 알 수도 없는 놈들이 왔어. (한전 직원들이) 나무 자르고 이럴 적에 인력들이 왔었어. 그래서 인분을 막 지끌렸어, 인분을. 요즘은 수세식이라 똥을 어디서 퍼. 집에서 내가 오줌을 눴어. 깡통에다 내 받았어. 거기다 된장 같은 거 섞어서, 병에다 가지고 와서 한전 놈들, 인력들 오면 지끄려야지 하고 가지고 왔어. 졸도를 해서 세 시간 만에 깼는데, 이 꼬라지가 됐어. 입이 돌아가고. 딸이 놀랬어. 엄마는 혈압이 낮은데 내리는 약을 주면 안 된다고. 그래가지고 여기 병원에 두면 안 된다고 해서, 데려가 기 치료를 한 달 10일간을 했어. 돈이 말이 아니었어. 둘이 빌었어. 내가 딸한테 빌고, 딸은 나한테 빌고. "엄마, 내가 둘도 더도 안 바란다. 몸만 건강해라." 내 인자 다 살았는데, 여기 와 할 거 다하고 아들들도 다 장가가고 공부들도 다하고, 즈그들도 잘살고. 이만하면 됐다. 엄청 이 할매가 비싼 할매더라고. 우리 애들한테 상처를 얼마나 크게 줄 뻔했어. 만약에 내 몸을 던졌다 하면 자식들이 상처가 너무 클 것 같고, 이거는 진짜 너무너무 막연해. 그러기는 해도 이건 막아야지. (딸) 몰래 잘 와. 오늘은 이래서 저래서 가야한다 얘기하고 오고.

"이 산을 위해서 어떻게 보람된 일을 해야 하는데"

제일로 안타까운 것은 그렇게 애리고 그렇게 많은 사랑을 저버린 다는 내 이 마음을, 밀양 시내 사람들이 몰라주는 거. 대항에 버스 타고 가다가 버스 안에서 내가 돌아버렸어. 여자들이 희망차를 욕하는 거야. "우리나라 전기가 모자라가지고 세우는 건데, 그건 세우게 놔두지 왜 저 지랄해" 말할 때, (그 사람 머리를) 꽉 찍고 싶 었어. "저 사람들 불쌍해 죽겠다, 전경들이 새벽까지 나와서 아침 도 못 먹고 불쌍하다"고. 우리는 새끼들 안 길러봤나. 왜 안쓰럽 지 않겠어? 정부가 저 지랄을 하는 거지, 왜 우리더러 그러는 건 지. 희망차보고 뭐라고 하는 거야. 나 홀딱 뛰고 싶더라고. 꾹 참 고 있다가 터트렸어. "몰라도 정말 모르네. 늙지도 젊지도 않은 데, 나보다 늙지도 않은데. 희망차가 왜 오는지 모르나? 우리 도 와주려고 오는 거 아니냐. 그것도 모르나? 이 765(765kV 송전탑)가 들어오면 대항, 퇴로 요 근래, 밀양 시내까지 재산이 몰락하고 다 망하는데. 그리고 전경들이 새벽까지 오는 거, 정치를 잘못해와 그 미친 사람이 서라고 해서 섰지!" 그날은 장날이었는지 사람이 꽉 찼어. 말이 끝나고 (버스 안이 조용해지자) 기사 아저씨가 "왜 이 리 차 안이 조용해?" 했어.

그래도 할머니들이 내 마음을 짚어가지고 헤아릴 때가 많아. 너희도 참 억울하겠다. 할마씨 억울하겠다. 왜? 시집왔을 때부터 이날까지 평생 호미자루, 그냥 막, 논두렁 밭두렁에 살면서 겨우 아들네를 공부시켜가, 이제 편할 때가 왔는데, (송전탑 때문에) 와 글보글하니 그 할매들도 내 맘 같겠구나. 내가 그만치는 안 했어도 억울한데. 그런 사람들은 존경스럽지.

그런데 나는 이 화악산이 밀양 전체를 살린다고 보거든. 왜? 북풍이 세잖아. 북에서 오는 바람이 세잖아. 밀양에 하우스고 농사를 많이 하잖아. 산이 없으면 농사를 못해. 그런데 어떻게 그런 산을 함부로 할 수 있어? (나한테는) 생명도 연장이 됐고 건강도 주고, 돈도 뭐 아쉬워하지 않게 다 도와주고 온갖 맛있는 거 다 주고. 30년 동안 그 아름다운 것을 배우고 살았고, 진짜진짜. 어떻게 그걸 말로 다 하겠어. 한 번도 갚지도 못하고…… 이 산을 위해서 어떻게 보람된 일을 해야 하는데, 이 맘밖에 없어.

후기

○

"외롭지 않냐구? 무섭지 않냐구? 난 마음 공부해서 외롭지 않아."
두 번째 인터뷰를 하러 간 만남에서 할매는 여러 차례 묻지도
않은 질문과 답을 하셨다. 50대 후반에 도시에서 낯선 시골인
화악산 기슭으로 와 홀로 살면서 얼마나 많은 사람들에게 받았을
질문이겠는가. 여자 혼자 살면서 받았을 눈초리들, 사건들,
마음다짐들.

그럼에도 사라 할매를 만난 사람이라면 억척스러운 고집보다는
감수성 넘치는 표현과 흥을 기억하리라. 소녀감성이라고 하기에는
부족한, 부드러운 것 안에 우아하게 서 있는 굳은 심지. 자연에
공감하며 사유하는 능력이 그 심지를 이루는 것이 아닐까.

이곳 산길을 오르락내리락하면서 꽃과 구름과, 때로는 먼저 하늘로
간 사람들과 이야기하면서 인생, 삼라만상의 순리를 알게 되었다고
하셨다. 그래서 이 아름다운 이미지를 버릴 수가 없고 후대에게도
이곳을 넘겨주고 싶어서 765kV 송전탑 건설은 막아야 한다고
하셨다. 할매가 살아온 삶의 방식을 깨는 고압 송전탑 건설은
삶을 송두리째 부정하는 일이다. 할매의 말씀처럼 '삶이란 꾸준히
살아지는 게 아니'라고 하지만 이번 송전탑 반대 투쟁의 고비는
너무 길고 질기다.

일제 시절도, 살육이 넘치던 한국전쟁의 여파도 넘겼던 것처럼,
송전탑 건설도 할매가 가진 흥의 힘으로 파도를 넘듯이 넘기를
빌어본다. 그래서 할매가 당신 생을 소설로 쓰면 '풍년'이라는
제목으로 하고 싶다던 말씀처럼 풍년을 일굴 수 있기를……

"아버님예, 너무너무 힘들어 죽겠심니더"

밀양 송전탑 싸움터엔 그리 굵지도 않은 나무들이 하나같이 비스듬하게 두 계단 씩 지어 잘려나간 모습으로 남아 있다. 그런 모양을 하고 있는 것들은 모두 벌목 을 막기 위해 할매들이 안고 있던 나무들이다. 인부들은 나무를 반쯤 베고 이리 저리 옮겨 다니면서 온종일 할매들을 '끌고' 다녔다. 특별히, 생명이나 환경에 대 해 어떠하다는 이야기를 하려 함이 아니다. 거동조차 자유롭지 않은 고령의 할매 들이 산에서 저항할 수 있는 유일한 일은 가슴 가득 손과 발로 나무를 끌어안는 것밖에는 없었고, 밀양 송전탑 싸움은 그런 시간들을 지나며 8년을 넘겨왔다. ●

경남 밀양시 부북면 위양리 산 50번지. 해발 450미터. 화악산 한 줄기의 정상 능선이 코앞인 산꼭대기, 그곳이 127번 송전탑 예정지다. 처음 공권력이 투입되던 2013년 5월, 기계톱 소리와 나무 쓰러지는 소리, 굴삭기 작업 소리와 주민들의 고함소리가 가득했던 곳. 작업 인부들과 경찰, 주민들로 범벅이 되었던 곳이다. 2013년 5월과 10월 두 번의 전쟁과도 같았던 저항 후에 바로 그 송전탑 예정지에 진지를 구축한 것이 이 움막이다. 사람들은 움막이라고 부르지만 희경에게는 집을 떠나 매일의 일상을 살아가고 있는 '집'이다. 2013년 10월부터 꼬박 살았으니 4월이면 일곱 달이 훌쩍 넘는다.

워낙은 희경 대신 택호(시집을 오면 고향마을 이름을 본떠서 호칭할 택호를 하나씩 지어주었다고 했다)를 붙여 '덕촌댁'이라 부른다. 올해로 79세이며 산 너머 덕촌마을 밀성손씨 대종손 집안의 5남매 중 막내딸로 태어났다. 안동권씨가 500년을 터 잡고 산 위양리에 가마 타고 두 고개를 넘어 열일곱 살에 시집을 왔다. 우리 세대에서는 익숙하지 않은 높낮이 말과 어려운 촌수를 가려 쓴다. 소복을 입고 조석으로 상식을 올리고 곡을 하며 시부모는 3년상, 남편은 1년상을 치러냈다. "서로 참 양반이고…… 양반이라 참 좋고"와 같이 양반에 대한 자부심이 있고, 말과 성품, 처세가 흐트러짐 없이 꼿꼿하기로 유명하다.

친정, 시집 양반 사는 이야기

"안동권씨가 잡은 자리가 지금 이 마을이고. 안동권씨 6대를 내가 받아낸 기다. 친정이 대종손이고, 우리 여기는 파종손. 서로 참 양반이고. 딸을 어떤 집에 들이나 했는데 여기에 시집을 오고 살았지.

친정은 우리 옛날 할아버지 대는 참 잘살았어요. 우리 증조할아버지 대고 우리 할아버지 대고, 다 참…… 우리 친정에는 옛날에 다 종을 대놓고 살았어요. 우리 할아버지 대까지도 참, 마 풍악 울리면서 잘살았지. 그러고는 자꾸만 운이 없어 그러는지 우예 그러는지…… 그때 옛날에는 사람이 세상을 뜨면 다 3년상을 냈어요. 그러니 우리 친정 부모는 그 부모 3년상을 치르면서 각처에서 손이 모두 오기 때문에, 매달 초하루하고 보름에는 소 한 마리씩 안 잡으면 상식(3년상을 치르면서 아침저녁으로 올리는 제사상)을 못 올려. 재산 없다고 몬하지 안 하거든, 대종부 집이 돼노니 안 할 수 없거든. 그래 시부모 두 분 다 3년상을 내고 나니까 재산이 아무것도 남는 게 없었는 기야.

우리 때만 해도 우리 시아버지 시어머니 3년상 냈어요. 우리 시아버지도 돌아가시고 여드레 만에 장사를 했어요. 우리 영감님도 1년상을 내고. 참 그리 보내고 했는데. 참 뭐 살아 계시는 거 겉지. 조석으로 상식 올리고…… 나가면 나간다, 들어오면 들어왔다 가서 절하고. 탈상하고 나면, 돌아가시고 산에 가는 것처럼 서운하지. 상 내고 나면 아무 하는 일이 없는 거 같지 뭐.

그래 친정에서 어렸을 때는 잘살았어도 철들었을 때는 아무것도 없었지 뭐. 바닥나가지고. 우리 친정아버지가 나이 쉰에 돌아가셨어요. 쉰에 돌아가셔도 수염이 이렇게 길어가지고, 참 뭐 갓 쓰고. 지금매로 그냥 안 다니셨지. 우리 엄마도 종녀고, 대종손 집에 시집을 오고 하니 고생 참…… 뭐 밥하고, 지금은 식모라 안 합니까. 그때는 종이라 합니다. 그 식모를 두 사람씩 대고 살아도 고생만 쎄빠지게 하고. 참 뭐 부자라 캐도 종손 집에 시집와서 고생 마이 했습니다. 엄마는 아들딸 5남매 뒀지예.

내가 열일곱 살 먹어서 시집왔는데, 그 뭐 알라보다 저거하지 뭐. 오니까 스물두 식구거든. 그래 인자 셋째 되는 동서가 애기 다섯을 내비두고 죽고, 그 상처한 셋째 아주벰은 지금 치면 암이지, 부산 백병원에 누워 계시고. 그 애들 다 거둬 간수해야 하고. 우리 맏시아주버님 여 와 있지. 또 넷째 동서가 서울서 사는 기 딱해서 애기 배가지고 만삭으로 애기 하나 델코 와 있지, 머슴 들였지. 그래 스물두 식구라.

시집오니 논 서너 마지기 가지고 머슴 둘 대놓고 농사짓고 살대. 참 부자라 하대. 그때는 이런 기계가 없으니 사람 손 가지고 뭐든 해야 했거든. 시집와서도 보릿고개, 큰 흉년을 또 한 번 넘겼어요. 보릿고개 안 넘겨도 우리는 밥 구경을 못했어요. 바깥사람들하고 어른들하고만 밥 드리고. 밥은 그래도 쌀밥을 먹대. 그래 인자, 가을 되면 무시채 썰어 밑에다 깔고 밥을 해요. 우리 시집이 5형제인데, 우리가 제일 막내야. 막내가 막내한테 시집왔지. 그래 참 무시밥 해가지고 먹고, 안 그러면 시래기 썰어가지고 그래 또 밥하고. 보리싹이 요만큼씩 올라오면 그거 겨우 두들겨가지고 빻아요. 빻으면 인자 거기다가 쑥풀 넣고 죽 끓이고. 보리죽이지. 안식구가 삼 동서, 시누 둘, 질녀 하나 해서 여섯인 기라. 여섯이서 이만 한 다라에다가 그 무시밥을 한 그릇 비비예. 된장 넣고. 무시뿐이지. 쌀도 없어예. 비비가지고 먹고. 봄 되면 쑥 뜯어가고. 나는 그래 무시나물을 잘 안 먹어요. 시래기밥하고 쑥밥하고는 괜찮아. 무시밥을 왜 안 먹냐 하면은 그때 내가 애기를 가졌거든. 그래 하도 물리가 나 아직까지 무시나물 잘 안 먹어요. 양반집이라 하는 그기, 아버님도 각상, 어머님도 각상, 맏시아주버님도 각상. 상을 세 개 치르고는 그 아래로 형제분들은 겸상을 주거든. 세 분 물 떠다 나르고 심부름하다보면 내 먹을 밥 없어요.

양반으로 사는 거 그기 힘든 거는 손님 치는 거. 마 시도 때도 없이 오는 기라. 매일 두 번 세 번 사랑방에 손님 안 떨어지던구로. 낮에 닥쳐 손님상, 밤에 닥쳐 손님상. 꼴랑 밤새워가면서는 술상이며 밤참 해대는 기. 한밤중에 닭 잡아야 하고. 고을 손님 오시면 밤새도록 골패를 치거든. 그 양반들 앞앞이 독상을 차려내야 하는 기라. 그때께 뭐 냉장고가 있나 뭐가 있나, 불 때고 숯 피우면시로…… 시장이 가까운가. 각자 앞에 독상을 차려야 하는데 그기 제일로 힘들었지. 한 상에서 함께 자시면 얼매나 좋았겠노? 날마다 그러니 미리미리 장봐다 놓아야 하고 참말로 힘들었지. 양반 참 뭐 갓 씨고 수염 이래 해서 뒷짐 지고, 참 좋아 보이지예? 그래도 여자들 사는 거는 매양 같애요. 보통 울력으로는 어데 댈기도 아닌 기라.

시집을 오니 동갑내기 시누가 있었거든. 스물둘인가 셋에 황씨 집에 시할아버지 중매로 시집갔지. 그래도 글도 배우고 공부도 시켜주고 했지 시어른들이. 그때 시절에 참으로 선머스매에,

그런 왈패가 없는 기라. 어른들 몰래 술도 퍼가고 고스톱도 치고. 그래 시아버지한테 종아리에 피가 맺히도록 맞으면서도 기어이 자유롭게 살았거든. 항시 시아버님한테 혼날까봐 감싸준다고 내 얼매나 힘이 들었노? 그래도 그래 놀고, 다른 것보다도 공부하는 거, 그기 그리 부러워 보이더라고. 시집가서 초장에 그 성격 탓에 고생했지. 그래 종아리 치고 엄히 했어도 그 딸한테 우리 시아버 님이 편지를 이만큼씩 두루마리로 써서 보내곤 했거든. 서서히 맘 가다듬고 아들 딸 낳고 잘살다가 3년 전인가 갔지.

내 다시 태어나면 절대 사람으로도 안 태어나고, 양반집으로 절대로 시집 안 가지. 그 일을 또 하라꼬? 가도 내 영감 같은 사람 하고는 안 살지. 말없는 호랭이 영감…… 응성시럽다!"

시아버지의 유언, 싸움의 시작과 끝

희경은 작고 굽은데다 몸무게는 겨우 34킬로그램이다. 골다공증 으로 "온몸이 바스라진" 적이 있고, 8년 전 녹내장으로 실명을 겨 우 면했다. 최근 눈물이 많아지다보니 눈에 자꾸 '돌'이 생긴다. 수많은 말들과 관심, 갈등의 한가운데서도 늘 의연했던 할매가 최근 속앓이로 눈물 바람하는 날이 많고 병원을 찾는 날도 잦아 졌다.

8년에 걸친 희경의 흐트러짐 없는 투쟁 이면에는 고향을 맡아 달라는 시아버지의 유언이 있다. 희경의 구술에서 여러 번 반복 되는 살아생전 "예뻐라" 해주었던, 막내며느리임에도 그녀를 인정하고 고향을 맡긴 시아버지에 대한 약속과 의리를 끝내 지키겠다는 의지는 평생 남편과의 불화의 구실이 되기도 했고 송전탑 싸움 한가운데에 그녀를 우뚝 서 있게도 했다. 귀신과 영혼이 있음을 믿는 그녀가 생을 마치고 가는 자리 역시 그 시아버지의 앞이라고 스스로 말한다. 대종손의 종가에서 태어나 안동권씨 양반 집안의 며느리로 살아온 그녀 삶의 모진 역사는 그렇게 당대에서 내세로 자연스레 이어지고 있었다.

시아버지의 유언을 구술하는 희경은 마치 그 시아버지가 앞에 있어 말을 주고받기라도 하는 듯 몸을 굽히고 나지막한 소리로 그날의 모습을 재현했다. 송전탑을 못 막고 가면 저승에서도 그 '쩡쩡한' 시아버지에게 소박을 당해 쫓겨나올 거라는 대목에서 그녀의 목소리는 여러 번 떨렸다.

"내 송전탑을 이리 말길라 드는 거는 다 우리 할아버지(시아버지) 하신 말씀, 받아놓은 그 말이 있어노니. 천지개벽하고 여기 위양리에 터 잡은 얘기며 다 해주셨거든, 할아버지가. 일제 때고 6·25사변 때고 그래 사람이 많이 잽혀가고 죽고 했어도 여기는 뭐 팔다리 잘린 사람도 없고 죽은 사람 하나 없는 그래 좋은 터인 기라, 밀양이. 부북면 위양 거는 참 명산이다 하셨지.

그랬는데, 그 집에 내가 지금 살지. 400평짜리 집인 기야. 그 집이 벌을 많이 먹여 온 집안이 뺑 돌아가며 토종벌을 천지에 맥였어요. 그래도 그 꿀 한 숟갈을 맘대로 입에 안 여코 살았지. 한 날은 시아버지가 저녁상 치르고 하시는 말이, 있다가 밤에 오면서는 물 한 그릇 들고 오너라 하는 기야. 자꾸 심부름하다보니 나는 늦게 밥을 먹지. 근데 혼이 날까 싶어 밥숟갈이 안 올라가더라고. 참 무서운 어른입니더. 목소리 짜랑짜랑 해가지고. 내가 한 번도 아버님한테 꾸중을 안 당했는데 겁이 나가지고 밥숟갈이 안 올라가드라고. 그래 가서는 '아버님예, 저를 꾸중하시면 꾸중을 듣고 매를 가지고 등을 쳐도 달게 받을 게예 아버님예' 하고 무릎을 꿇었지. 우리 바깥양반 아무 소리 안 하고 앉아 있고. '아버님, 왜 불렀습니꺼? 저를 왜 불렀습니꺼?' 하니 꿀 한 공기씩을 타주시맨서로, 이거 먹어라 다 먹고 나면 말할게 하시는 기야. 근데 그게 안 맥히더라고 겁이 나서. 그래 '아버님 저 와 부르셨습니꺼?' 하니 니한테, 큰 짐을 맽길게 이러시는 기라. '예 아버님이 무슨 짐을 주시든 달게 받을게예.' 아들은 아무 말도 안 하고 앉았고. '인자 이거를 내가 아무리 곰곰이 생각해도 고향을 누구한테 맽기고 갈 데가 없다. 나는 인제 가야 된다, 난 갈 때가 되었다.' 그때 칠십만 해도 아주 노인이던구로. '내가 갈 때가 됐는데 이 짐을 누구를 맽겨주고 가나 싶어서 내가 그기 고민이다' 하시는 기야. 이상하지예? 내 막둥이인데도. '예, 제가 맽을게예. 아버님도 잘 맽아 나오셨는데. 아버님이 이리도 잘 맽아 나와 저를 농가주시는데 저 맽을게예. 아버님매로 저도 잘 지켜가지고 또 밑에 물려주고 갈게예' 그랬지. 왜 그때 막둥이가 그래 대뜸 대답을 했는지…… 왜, 나도 모르겠어요. 와 그랬는지. 겁이 나서 떨려싸서 그랬든노. 그래 하시는 말이 '아, 인자 한숨 놨다. 이거를 어떻게 해야 싶어서. 누구를 줘야 하고 싶어서. 아무리 돌아봐도 줄 사람이 없어서 고민했는데 니 맽으면 됐다. 니 맽아라' 하시대. 동짓달에 그 말씀하시고 그 이듬해 3월에 돌아가셨거든.

우리 영감은 내가 막내인데 와 고향을 맡아야 되냐고. 자기는 끝까지 대답 안 했다 하는 기야. 그래도 이상하니 겁이 안 나더라고. 그래 봄에 가셨는데, 마침 배를 타던 종질이, 그니는 용접기술이 있고 우리 영감은 손재주가 있어놓으니 함께 부산에 나가 살자고 한 기야. 그래 뭐 신나서 밤새 이야기하고 궁리하고 그라대. 물려받은 논 서 마지기 팔아서 장사하든 자식 공부시키고 참 잘살 수 있다고 그래 하더라고. 그카거나 말거나 '작은집 아제는 못 나간다. 작은집 할아버지한테 그만큼 큰 무거운 짐을 맡아서 못 나간다. 안 된다. 작은집 아재한테 바람 넣지 마라' 했지. 딱 갈라고 뭐 단도리하는 기야. 나도 화가 나서 '가소. 가도 논은 몬 판다. 나도 있어야 뭐 어예 지어먹어도 지어먹고 땅이 있어야 되지. 못 판다, 가소. 당신 부모지, 와 내 부모가? 어떻게 내가 내 부모 말을 안 듣는데, 애들은 어떻게 아버지 뽄을 보고 경영하겠노? 너도 지금 자슥 안 키우나? 가소. 내사 마 죽건 살건, 하다하다 안 되면 죽어삐리면 끝이고' 떠밀었거든. 간다고 딱 단도리해. 가라고 떠밀었더니, 안 가대. 주저앉대. 그래 살면서로 평생을 그 탓 하는 기야. 농사짓는 거 힘들 때마다 그 옛날 소리 하는 기야. 사람이 참 무서봐요. 호래이도 호래이도 그리 무서분 호랭이 없다. 말소리도 크도 안 하고 거실리는 거 있으면 꽁해서 밖으로 내지도 않고 먹지도 않고. 사나흘은 뭐 일도 아이라. 한 이레 곡기를 끊더라고. 차라리 욕하고 밥상을 뒤엎었으면 좋겠더라고. 뒤끝이 마, 화 풀릴 때까지 눈길에 고래 독기 품고. 그래 그 성격이 그래노니 맘 고상하고 살았지. 그래 내 살면서는 내 잘해도 잘못했다, 내 못해도 잘못했다, 그래뿔면 편치. 자기도 쉰아홉에 가셨다. 60도 못 살고.

마산 고려병원서 운명했거든. 한날은 병원에 누버 있으믄서 오라 카대. 곁에 앉으라 하대. 그래 사랑 한번 받아봤다. 손목을 잡으면서 '모든 것이 임자한테…… 내가 잘못했다. 오해를 하면서는 부산 가서 자식들 키웠으면 힘 안 들 건데 하는 생각 때문에…… 내 생각이 짧았다…… 참 맘 풀어라' 하는 기야. 풀고 달고 할 기 어딨노? 내 말이. '내 맺힌 맘도 없고, 풀 마음도 없다. 난 아무런 그런 생각 안 난다.' 그리고 이튿날 아침에 이 양반은 갔다. 60도 몬살고 간 기 불쌍해서 내 1년상을 내고 보냈지. 그걸가지고…… 시아버지한테 지키라 하는 걸 내가 못 지켜서. 이 철탑 들어온다고 생각도 안 한 기야.

"영혼이 없다 캐도예 없진 안 합니다"

산소가, 버스 타고 오면 저 도로 있지예, 거 돌아서 삥 돌아가면 권씨네 종산이요. 우리 아주뱀도 여 다 살거든. 거는 찬성으로 다 돌아섰거든. 국가에서 하는 일인데 안 된다 하는 기라. '아주뱀요, 그 철탑 서는 밑에 할아버진가, 할머닌가 나는 모릅니더. 조상님 두 분 누워 안 있는교? 두 분이 누워 계시는데 철탑이 당합니꺼?' '될 거 같아야 하지' 그카더라고. 그래 '들어서더라도 못 지키면 단 하루라도 미뤄야 될 거 아입니꺼. 나는 손가요. 손가고, 아주베는 권씨 지손 아이요. 권씨 지손이 어째 그래 만대를 이어온 이 고향을 내버려둡니까. 말겨볼 때까지 말겨봐야지. 되고 안되고는 끝을 대봐야 안 합니꺼? 나는 붙임이 권가라도 내 고향 안 팔아먹을라고 이래 날뛰는데 아주벰은 선조 조상 피를 타고난 지손인데, 와 지손이 할아버지 이뤄논 고향을 몬 지키고 팔아먹을라 하노? 니 뭐 먹고 사람 됐노? 뭐를 자시고 사람 됐는교?' 하고 달겨들었지.

우리 애들도 조카들한테도 다 뭐라 하거든. 너 할 일을 내가 한다. 할아버지 그러 하고 가셨는데 그만둬? 나 그만 안 둔다. 내 할 때까지 할 거야. '정부에서 하는 일이 돼요?' 하더라고. 내가 '된다!' 아즈매 몸 힘들다 뭐 그런 위하는 소리는 안 하고, 젊은 사람 말 들어주소 하는 기야. 그래싸서 내 하는 말이, '그래 젊은 놈은 그러하지? 늙은 느그 숙모 말 들어봐라. 다 옳다매? 이놈 보상받아가지고 마을도 잘하고 목욕탕도 여코 뭣도 여코. 마을에 또 뭐를 연다 하더라? 니는 그 할아버지 그 아버지 핏줄이고 혈이다. 나는 성을 좇아서 너그 집에 왔다. 와 내가 이렇게 해야 하노? 너는 그 모욕간 치르고 뭐 하고 뭐 하고 그게 소원이가? 돈이 그렇게 중하나?' 우리 아들한테도 그카거든. 우리 애들은 인자는 안 말리요. 참 뜨신 옷 사다주고 보약 지다주고. 엄마 힘이 나야 된다 하면서는.

그러니 이 선산 밑에 선조 조상님 다 누버 계신 여게 철탑이 들어선다면 말도 아이거든. 그러니 나는 참 시아버지한테 받은 말이 있어서, 그래서 내가 어예 해도 막아야 하는데 못 막고 가면은 시아버지가 나를 안 봐요. 귀신은 영혼이 없다 캐도예 없진 안 합니다. 영혼이 다 있으요. 내가 가서 '아버님예 저는 말리다 말리다 못 말리고 왔십니다. 우예 어떻게 할까예. 저 왔십니다' 하면 쫓갈 분이지. '아, 니도 많이 힘들었제?' 하시면서 다독일 어른이 아입니다. 그러니 나는 어떻게 말겨도…… 안 되면 그리 가는 수밖에 없지 뭐."

인터뷰 하루 전날인 2014년 1월 10일에 완공된 126번 송전탑이 127번 움막에서 한눈에 보였다. 할매는 분한 마음에 한잠도 이루지 못했다 했고, 인터뷰를 마치고 우리가 떠나온 다음날 막연하게 버텨왔던 마음이 와르르 무너졌던지 그 밤에 희경과 현풍 두 할매는 절망감에 서로를 부둥켜안고 한참 동안 통곡을 했다고 했다. 어느 새벽녘엔가 별안간 할매는, 마음이 흩어진 사람들에 대한 원망을 쏟아내기도 했고, 다음날 아침에는 동동이(움막을 지키는 흰색 개. 마을 입구에서부터 사람이나 차가 올라오는 기미를 미리 알려준다)가 한참을 짖어대는 통에 놈들이 들어오는가 하고 그 자리에 풀썩 주저앉으셨다가 그만 바지를 적시기도 했다. 그녀가 지탱하고 있는 무게감에 눌려 유서를 품에 넣고 싸운 지난 시월 이야기를 차마 묻지 못하고 있을 때, 자신의 유언과 같은 이야기를 자식들과의 이야기로 풀어내며 희경은 한참을 울었다.

"아휴…… 나도 심정이 흐트러지지. 와 이렇게 살아야 되노? 나가 와 이렇게 살아야 되노? 아휴…… 비행기가 안 다니이까 살겠다. 저 빌어먹을 놈들은 와 점심도 안 쳐먹고 참도 안 쳐먹노 하거든 내가. 자꾸 가는 기야 신나게. 점심 먹고 참 먹으면 시간을 좀 둔다 아이가. 어느새 저게 126번 탑이 우뚝 서분 기야. 어우 답답해라. 내 공사는 이제 무너져뿟다. 내는 헛살았고 내 공사는 저거같이 무너져뿟다 하면서 울면서 앉았었지. 저거 우뚝 서고 완공되고 나니께 뭐 살맛도 없고. 우야건 내가 참 마치고 간다는 게 원인데. 어느 순간에 여 닥칠라는지. 세상에…… 이런 일이 들어 올 줄은 내 꿈에도 생각 안 했으요. 이런 일이 들어올 줄 알았으면 그 당시에 쫓겨났으면 쫓겨났지 (시아버지에게) 내 답 안 했지. 내가 참 소박을 당해 쫓겨나왔으면 나왔지……

지금은 이런 사진이 있지마는 돌아가셨는데 청소를 하니 증명사진이 나오더라고. 할아버지가 보고 싶더라고. 그래 막내아한테 크게 확대해달라고 해서 액자에 여어놨지. 이놈 싸움하면서 3년을 머리맡에 놔놓고, '아버님예, 오늘 저는 또 전투 싸우러 갑니더' 했지. 전에는 아침 6시 그놈들 오면 싸워가지고 저녁 5시면 또 내려가거든. 내려가면 '아버님예, 저는 오늘 잘 싸우고 왔습니더'이라고. 서울 가면은 '아버님예, 저는 오늘 서울 갑니다' 하고, 갔다 오면 '갔다 왔습니다' 하고. 참 영감님 사진도 방에 걸려 있는데 거기는 말이 안 가예. 참 내가 할아버지한테 받은 그게 있어노니, 항상 할아버지한테만. 지난 5월 달에 얼매나 힘들었노? 내가 말이 '아버님예 너무너무 힘들어 죽겠습니더. 제가 너무너무 힘들어 죽겠습니더. 오늘도 전투 가서 너무너무 힘들어…… 아버님 너무너무 힘들어 죽겠고, 이걸 어떻게 해야 되겠습니까. 저로서는 못 막겠습니다' 하면서 내가 사진을 안고 통곡을 했어예. 그 어른한테 막둥이인데 대답한 그게 죄책감이 돼가지고.

지난 5월 달 치고 또 이 앞에도 한번 들어온다 했거든. 5,000명이 점령한다 소리를 우리 큰아가 들었는 기야. 하루는 큰아가 왔대. '엄마 엄마, 5,000명이 들어온다 카는데, 점령군이 들어온다 하는데. 5월에는 그래 넘어갔고. 어떻게 막아낼랍니꺼?' 하는 기야. 그래 내 말이 5,000명이 들어오면 나는 밟혀 죽는다 그랬지.

　내가 이래 살아도 저거한테 돈 달라 소리 안 하거든. 땅이 있어 농사를 지으니 처음에 지을 때는 1년에 1,500만 원은 되거든. 인자 자꾸자꾸 헐어가지고 인자는 비싸게 돌라 카면은 농사지을 사람이 없어서 한 500만 원밖에 안 들어오거든. 내 말이, 내 통장은 아무 데 아무 데 있다. 큰 통장은 지레 줬지, 줘뿔고. 내 1년 쓸 돈은 아무 데 있다고 알려줬지. 우리 영감님 간 자리 옆에 묘를 해 놨거든. 거 내 죽으면 들어가는 묘가 있거든. 내 죽거든 화장해라, 화장해가지고 묻지도 말고 할아버지 산소에 거 뿌려뿌라 하면서, 가라 괜안타 하면서는 떠밀어냈지. 그랬더니 '와 그런 소리 합니꺼? 우리 엄마 소원대로 됐네. 울 엄마 하고 싶은 대로 됐네. 엄마, 엄마 저 갑니더' 카면서는 우는 기야. 무엇이 지 맴에 걸렸는지 강원도에 지 동상이랑 지 누나 있고 하니 연락을 했는지 9시가 넘은 밤에 쑥 들어오는 기라. '어, 우리 막내 오나, 막내 오나?' 하는데, '엄마 내한테로 갑시다' 하는 기야. '아이다. 여가 참 좋다, 여가. 이리 좋은 자리가 어딨노? 여 있는 사람들이 나를 부축해서 데니고, 저녁에는 요강 들라주고. 너거가 날 이리 호강시켜주겠나? 여가 좋다. 집에 가만 앉아 있으면 뭐 하겠노?'

　그래 10시 반이 돼서 바로 강원도로 돌아갔지. 가다가는 돌아서서 내 손을 잡고, '어릴 때는 우리가 엄마 애를 맥였는데 왜 인자 와서는 엄마가 우리보고 이렇게 애를 터지고 심장을 말리우노' 하믄서 우는 기야. '어릴 때도 니들 에미 애 안 먹였고, 지금은 에미가 너들 애를 맥인다. 미안하다, 미안하구마. 여기가 좋은데 어쩌노. 괜안타.' 내가 미안합니더. 너무 말을 안 들어줘서. 저거는 저렇게 애가 타고 숨통이 나는데. 큰아가 '엄마, 엄마 얼굴이 너무 축이 많이 났습니더' 하고 자꾸 우는 걸 보이…… '괜안타, 괜안타.' 내가 자슥들한테 미안해, 미안하고…… 왜 내가 저 자슥들한테 저리 가슴을 아프게 만드나 싶어서 너무너무 내가 죄송해요. 에미가 돼가지고 자슥 편안한 거 못하고. 내가 죄송합니다.

내 소원이, 요거를 못 막고 가면은 한이 맺히고. 막고 가면은 세상 천지에 이런 게 어됐노? 춤을 얼마나 출지도 모리겠고. 요걸 못 막고 갈까봐 그게 탁 가슴에 언치지 뭐. 이걸 막고 가야만 우리 아버님한테 안 쫓겨나오는데. 우리 아버님요, 참 깐깐하고 무섭습니다. 아버님 때문에 이 철탑 말기지 아니면 뭐 그냥 남들 하는 대로 따라가면 되지.

그때는 무슨 뜻인지, 그래 내 생각에 철탑이 들어오는지 아셨구나. 고향을 지키라 하는 그기, 그때는 무슨 뜻인지…… 그래 이제 와서야 아, 철탑이 들어오는지 아셨구나, 이 양반께서 아셨구나."

그녀는 종종 이렇게 힘든 일인지 미리 알았더라면 시아버지에게 대답하지 않았을 거라고 했다. 8년간의 전쟁 같은 긴긴 싸움을 이어가는 이유가 고향을 지키겠다는 시아버지와의 약속과 의리를 끝내 지키고자 함일까? 아니면 평생의 삶을 지배하고 심지어 저승에까지 이어져 있는 억압의 어떤 굴레 속에서 죽음을 각오하고 버텨내야 하는 이승에서의 마지막 과업일까? 때로 힘들어 죽겠다 통곡하면서도 싸움에서 한 치도 비켜서는 법이 없는 그녀다.

최근 마을대책위는 공사 재개에 대비해 움막을 빙 두르는 깊은 웅덩이를 파고 가시 철망을 설치했다. 구덩이를 파고 철망이 쳐지던 날, 사람들 앞에서 좋다 싫다 내색하지 않던 희경은 몰래 울었다고 했다.

"박근혜 대통령 들어설 때 그카대? 나는 국민들 한 사람 한 사람을 행복하게 해줄라 칸다고 하대. 그 말 듣고 기자회견을 나가서 한전하고 경찰은 거짓말해도, 우리나라 임금님은 한 입으로 두말 안 하겠지 했어요. 자슥은 부모한테 거짓말해요, 부모는 자슥한테 거짓말 몬합니더. 임금이 백성한테는 어머니, 아버지 된다 아입니꺼. 우리나라 임금이 하는 소리 같으면 여게 철탑 못 들어서지예. 밀양 시민 전체가 피눈물을 흘리는데.

이러다보이 내 한이라 카면 글 많이 못 배운 거. 그기 천추의 한이라면 한이지. 와 내가 그때 엄마 졸라서 나도 공부시켜도라고 말을 못했는지 그기 한이라. 이제 와서는 답답한 것도 서러운 것도 짜다리 없는데, 많이 배우지를 못해 놔노니 말로도 안 되고. 글로 이 속내를 모다 써뿔면 얼매나 좋겠노. 말로 다 못한 게, 억울한 게 너무 많지. 글로 써서 청와대 마당에 국회 마당에 던지놓으면 대통령이나 국회의원 아이라도 누구든지 보면 속내가 쪼매 해소 안 되겠나? 그래 대학 나오고, 배우고 이래 댕기는 여자들 보면 그기 참 부러운 기라. 글을 배웠으면 어디든 나서서 내 더하면 더했지. 지금 이런 꼴을 세상에 알렸을 긴데.

내가 부엉이, 부엉이를 좋아하거든. 밤에 요래 눈이 말게가지고, 밤이면 밤마다 얼매나 열심히 공부를 하겠노 싶은 기야. 내는 꼭 부엉이가 공부하는 것 같애요. 그래 내 부엉이 좋다 했더니 이래 부엉이 그림 그려다 걸어놓고, 뭐 요래 쪼맨한 거 인형 사오고. 그래 여게 부엉이 천지라. 하하하."

인터뷰를 마친 후 얼마 지나지 않아 127번 움막에서 훈훈한 소식이 전해져왔다. '127번 꽃동산 프로젝트.' 움막이 자리하고 있는 127번 송전탑 벌목 부지를 꽃동산으로 만들자는 것이었다. 부산의 한 반핵 단체와 127번 지킴이들이 '희망 꽃나무 발주자'를 모으고 있었다. 구덩이와 움막, 가시철망 대신 희경은 진달래와 철쭉, 연산홍이 가득 핀 127번 꽃동산을 상상하며 즐거워한다고 했다.

후기

○

할매들을 처음 만난 건 2년 전 겨울 천주교 인권위원회의 한
인권상 수상식에서였다. 송전탑 건설에 맞서 8년을 싸워온 억척
할매들, 대안적 운동의 주체…… 그녀들을 재현하는 수많은 수사가
넘쳐났지만, 바싹 마르고 구부러진 삭정이 같은 모습의 '늙은
여자들'은 이렇다 할 수상 소감을 말하는 대신 객석을 향해 조용히
깊은 절을 올렸다. 담담한 모습이었고, 묵직한 결기가 전해져왔다.
오열할 것처럼 속에서 뜨거운 것이 올라왔던 그때의 느낌을 나의
짧은 글로는 전할 수 없다.

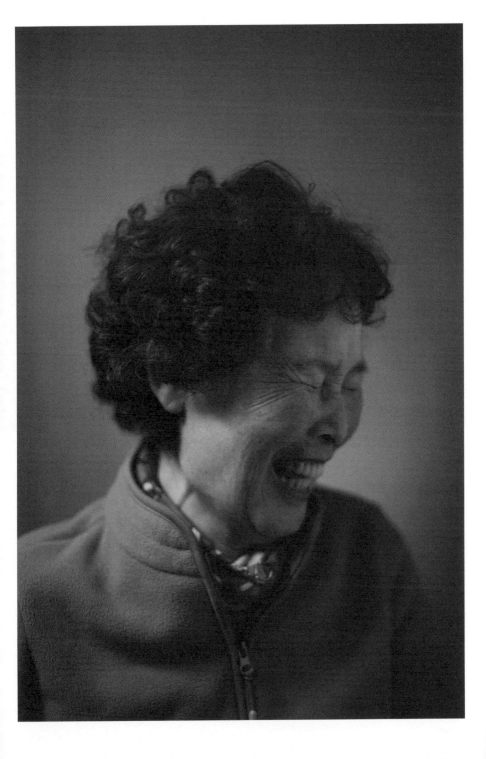

"해보고 싶어,
승리의 만세를 부르던,
안 부르던"

밀양 시내를 벗어나 10여 분, 저만치에 평밭마을에 도착했음을 알리는 표지석이 보인다. 산불이 났을 때 급하게 소방차를 올려 보내려고 만든 길인 줄 알았는데 알고 보니 송전탑 공사를 위해 만든 길이었다던 바로 그 비포장도로를 따라 다시 구불구불 5분을 넘게 차를 타고 산을 올랐다. '밀양 송전탑 반대 1번 초소'라 불리는 움막 입구에 도착했다. 평밭마을 입구를 지나 행정상 위양마을인 500미터 고지의 127번 움막, 뒤로는 화악산이 움막을 단단히 보듬어 안고 있다.

마른 겨울바람이 잠시 숨을 멈추고 따스한 햇볕이 쬐는 12월 22일 오후, 현풍댁이 움막에 불을 때는데 자꾸 그을음이 생긴다면서 여기저기 수리할 곳을 살피며 바삐 몸을 움직이고 있었다. ●

돼지(띠). 설 시면은 여덟이고. 예순일곱. 태어난 거는 여기가 아니고 밀양은 밀양이라도 산내면, 산내면에서 태어났지. 거기서 태어나가 초등학교 겨우 나오고 스물넷까지 살았지. 그래가 중매로 결혼해가 부산으로 갔어요. 글쎄 나는 이 시골이 좋지 도시에 가는 기 싫더라고. 그래도 어짜다보이 마 그래 됐어. 중매가 돼가꼬. 사는 거는 넉넉지는 안 해도 우리 밥 먹고살 정도로 그래 살았는데, 아버지가 좀 부지런하시니까 우리를 밥을 안 굶기고. 그 당시에도 밥 굶기는 사람 많았거든. 이래 보리밥 안 먹고 쌀밥도 먹고살았어. 그래 없는 사람 보면 이상하다 왜 저렇게 힘들게 살까 이래 할 정도로 살았어. 거기는 곽가들만 많이 살았어. 현풍 곽가거든예.

교육을 올케 못 시켰지. 딸네들은 학교 다니면 안 된다고 초등학교만 겨우 그래 했지예. 그러니까 지금 글도, 올케 바로 못 써. 내가 그 당시에 애로가 많았어. 그때 우리 부모님이 굉장히 무서웠어. 풀 뜯으로 오라 카는데 우리는 도랑물이 참 좋아요, 냇물이. 냇물이 좋은데 풀 뜯으로 오라 해서 갔는데 이래 넘어져서 여게 다쳤어. 다쳐가꼬 피가 철철 나는데 무서워서 말또 몬하고, 그래 있다가 결국 내가 다리를 못 옮겼어. 서지도 못하고 앉지도 못하고. 당시에는 병원도 없었고. 그래가 그대로 그거를 낫게 하는데 1학기를 학교를 못 갔어. 그래가 나는 기역 니은도 제대로 못 배와봤어. 학교 공부를 아예 못했어. 2학기 때 엄마한테 업히가 학교를 가이 나이가 많다고 2학년 2학기로 올리뿌는 거라. 그래 나노이 공부라 카는 거는 아예 마 뒷전이고 음악도 좋아 안 하면서 음악 선생 따라다니면서 음악만 하고 맨날 합창단하고 그랬어.

그카다가 학교 졸업하면서 구구단도 올케 외우도 못하고……

부산, "다시 말아묵고 다시 일어서고"

참 우짜다가 부산으로 가서 고생을 많이 했어. 글도 잘 모르고 배운 것도 짧고 장사를 하는 데 힘이 많이 들었어요. 우리는 딸이 많습니더. 딸이 많은데 딸 여섯, 아들 하나. 내가 막내거든. 친정 부친이 결혼시키면서 뭐라 캤노 하면, "니는 인자 부산 가면 먹고 자고 먹고 자고 하면 된다, 걱정 없다" 아부지가 그래 캤거든. 사실 도시라고 가보이끼네 그기 아이더라고. 너무너무 힘들어, 먹고사는기.

시가 어른들이 잘살고 하면 괜찮은데 제일 맏이로 가나노이 사는 게 너무 힘들더라고. 부모들 모아놓은 재산 없지. 거기서 내가 고생을 많이 했어요. 부산 가서 한 마 20년 넘게 살았어. 그래 살다가 우짜다가 여까지 왔어요. 가정형편이 쪼끔 어려워져가꼬 그래 밀양까지.

부산에서는 과자 도매상 크게 했지. 이래 주먹구구식으로 하니까 했다. 굉장히 힘들게 살았지. 그래도 마 다시 말아묵고 다시 일어서고. 우리는 도매상 하니까 너무 바빠가꼬 인자 안 될 때는 안 됐지마는, 새벽에 다섯 시에 일나믄 밤 열두 시가 넘어야 끝이 나. 쉬고 할 여게도 없고, 도매상이 그 이웃에 많이 있으니까 하루 쉬면 우리가 그만큼 손해를 보니까 도꾸이(단골손님)를 뺏기고 이러니까 못 쉬고 했지. 롯데, 해태 그런 데서 자기가 직접 만든 과

자도 갖다주고 굉장히 장사가 그때 잘됐어. 잘돼서 진짜 힘 많이 들었지. 내나 영도 동래동 시장. 중간에 또 안 되다가 다시 또 일어서고 그랬어요.

우리는 애기 낳았다고 하루도 누워 있지도 않았어. 우리 큰애 놓고도 그랬고, 작은애 놓고도 진작 일어나가 일로 하니까 돌 되기 전에 요기서 요기까지 팔을 못 썼습니더. 부어갖고 요래 올리지도 못하고, 감자 한 개 그거를 못 깎았고, 돈 만 원을 못 셌습니더. 남자들은 이래 같이 일해도 나는 애기꺼정 놓고 그마이 빙신이 되었는데도 내가 일을 못하고 한 번씩 누워 있고 하면 내한테 게을러졌다고 하더라고. 그럴 때 가장 힘이 들었다고. 그래 내가 뭐라 했나 하면 나는 다른 말 길게 안 해요. 그래 딱 "똑같이 일했지마는 당신은 애기 안 낳았다 아이가. 나는 애기를 낳았다". 딱 그 말 한마디만 하고 싸우지는 안 했어. 그때가 굉장히 힘이 많이 들었어.

내가 우리 아저씨랑 헤어질라고 많이 했는데 음식도 입에 안 넘어가고 했는데 누가 내 앞으로 돈을 좀 모으라고 하더라고. 만 원씩, 2만 원씩 모으니까 집 한 채 사겠더라고. 그러니까 힘도 좀 나고 그렇대. 내 때문에 그 정도 됐다. 그 정도 사니까 어른들이 좋게 봐주더라고.

가고 싶지 않았던 밀양으로

한 16년째, 여기 들어온 지가. 수퍼에서도 우리 집에 물건을 마이 떼가고 그랬어. 작은 수퍼 그런 데서. 그란데 큰 대형마트 이런 게 생기니까 우리가 마 안 되더라고. 진짜 장사 잘했거든. 우리 아저씨가 참 철두철미하거든. 그러니까 우리 집 사고 할 때도 보증 앉히라고 안 하고 글 한 자도 안 쓰고 그래 참 돈을 빌려줘서 집을 사고 했거든요. 그래 했으니까 부산 영도에 있으면서도 모든 사람들이 굉장히 우리를 믿음을 많이 주고, 우리 말만 하면 모두 우리한테 다 해주기 때문에. 그래 했는데 막 안 되더라고. 이게 막 큰 기 생기니까네 아무것도 안 되더라고.

장사 그만두고 집을 내놓고 팔아가 작은 집을 하나 살라고. 밑천이 없다 아이가. 그 집 팔아가지고 돈에 맞춰 집 하나, 다시 하나 살라니까 힘이 들더라고. 내 바로 위에 언니 집이 여기 있거든. 우리 아저씨가 내성적이라 말도 못하고 댕기다가 우리 작은아들이 여기 밀양에 혼자 와가 있었거든. 그래 작은애도 가가 있었고 한데 거 가가 쪼매 자리 잡히게 하면 안 되겠나. 언니가 그래 말하니까 너무 내성적이고 말해주는 사람 없고 하니까 그게 굉장히 마음에 그게 됐던 모양이라. 우리 아저씨가 마 갈란다 하는 거라. 그래 내가 "형제간 집에 가면 안 된다, 우리는 딴 데 셋방이라도 가야지 안 된다". 그란데 결국 거 갈라 하는 거라. 남편이 간다는데 내가 우야겠어요. 형제간에 마음 상하면 안 되니까. 우리 아저씨 말이 "만일에 쌀로 한 말씩 했으면 반 말씩 갈라 묵으면 된다" 이거라. 그래 내가 이사 날 받아놓고 오는 날까지도 물었어요. 안 가면 안 되겠냐고. 형제간에 마음 상하면 안 된다고. 그랬는데 결국 여 와갖고 우리 아저씨 1년 만에 사고로 돌아가싯뿌서. 그래도 나는 사고도, 하……

"딱 그때부터 나는 경찰을 좋아 안 해"

내가 이야기 한번 하게. 여기 이사 와가지고 우리 아저씨가 너무 너무 참 얌전해. 기계를 못 만지잖아, 농기계를. 그래 하는데 농 기계 고장이 나가 고칠라고 이웃에 잘하는 할배를 불러가꼬 같이 고장 난 거 좀 고치러 가자, 그날 그래 우리 아저씨가 다쳐가 돌 아가셨다 아이가. 이사 와 1년 만에. 내가 고 옆에서 딱 봤는데 (경 운기가) 넘어져. 거 경찰도 왔더라고, 조서할라고. 우리 집 앞에서 "아저씨 생전에 경운기 안 몰아본 사람이 몰겠습니껴. 우리 아저 씨는 안 몰았습니다. 바르게 말해주이소. 바른말만 해주이소. 모 든 경찰관 앞에서 바른말만 해주이소. 용서를 다 해줄 테니까 바 른말만 해주이소" 이래 캤는데 그 할배가 자기는 절대 안 그랬다 고. 경찰도 하는 말…… 나는 그때부터 경찰이 거짓말쟁이라는 걸 알았어예. 그 이우지에 오래 살았던 사람 말을 듣지 이사 온 사 람 말을 안 들어예. 딱 그때부터 나는 경찰을 좋아 안 해. 경찰이 올라오더마는 "아주머이요, 몇 십 년 몰은 사람이 잘 몰지 왜 사 고를 내겠습니껴" 딱 덮어씌아뿌더라고. 그래 내가 경찰한테 그 랬어, 그 할배 있는 데서. 돌아가신 사람 음해만 안 덮어씌우면 아 무것도 나는 죄를 안 묻겠다, 바른말만 해라 그래 캤거든. 내가 여 자지만 한 입에 두말 안 한다고 바른말만 하라고. 음해만 안 덮어 쓰고 가게 해달라고. 사일장이 나왔는데 초상도 못 치는 거야. 경 찰 조서가 안 나오니까. 그러고로 3일째 되는 날 우리 시삼촌이 올라오셔가지고 경찰서장을 바로 찔렀어. "너그가 이 자리에서 바로 안 밝히므는 목을 다 날릴 끼다. 생전에 몰아보지도 안 한 사람이 어떻게 그거를 몰고 내려가노." 그래도 밀양에 오래 산 사람이라고 그 편을 들면은 안 되잖아. 그래 딱 한마디 하니까 경찰서장이 바로 올라왔는 거야. 바로 전화를 해가지고.

경찰서장 올라오고 경찰차가 대여섯 대 올라오니까네 그 할배가 무서워서 바로 빈소 와서 빌더라고. 잘못했다고, 자기가 그랬다고. 그래 초상을 쳤다 아이가. 고래 해명을 딱 하고는 아침에 자고 일라니까 약 먹고 죽어뿟다고. 저지른 사람이 죽어뿟다. 그날이 바로 사월초파일이라. 부끄럽다 아이가. 여자가 그렇게 말했는데 자기가 안 밝혔으니까. 마 죽어뿌더라고.

지금도 그 집이 한 이웃에 살고 있다. 그래도 내 10원짜리 하나 안 받고. 디게 어려웠어 그 집에도. 어려운 사람한테 파봐야 뭐 하겠노. 그래 해도 그 할마이가 1년 넘게 말을 안 하더라고. 그 사람이 몰라줍디더. 몰라줘도 내 지금까지 안 묻습디더. 그때부터 내 마음이 옛날보다 많이 대담해지고 바른말 좀 잘하고 거기부터 내가 그래 됐습니다. 다른 거 없습니더. 그전에 진짜 내 말도 한마디 안 한 사람이거든. 디게 큰 거를 당하고 나니까 누구나 다 그렇게 될 껍니다. 마음이 좀 커지지. 굉장히 대담해졌지. 이사 와가 1년 있다가.

"나는 어떠한 일이 있어도 이기고 싶어"

이 움막은 5월 달 지나고 추석 전에 만들어졌고. 밑에 움막은 3년 전에, 농성장 중에 제일 먼저 지어졌지. 저 길거리에서 누워 자고 이슬 다 맞고. 여기 천막 지을 때는 "인제 안에 들어갈 수 있구나……" 그 추운 데서 비닐 덮어쓰고 있다가 들어오니까는 좋았지. 어쨌기나 이 싸움에서 이기야 된다고. 우리는 이 싸움하면서 한 번도 질 거라고 생각은 안 해봤어요. 항상 우리는 이긴다고 생각했지.

그 뭐 한전하고 싸우면서도 그 용역들 우리가 밥도 해주고 그랬습니다. 그날 하루라도 조금 편안하게 지나갈란가 싶어서. 우리가 라면 삶아줄라니까 떡국꺼정 넣어달라고. 우리한테는 아들 같고. 어린 아들 와서 하는 거 보니까 참 안됐더라고. 오리 그것도 국 끓여주고. 우리끼리 묵고, 또 춥다고 남았다고 챙겨주고. 내가 참 눈물도 많이 흘렸어요. 왜 많이 흘렸나 하면은 할매들이 너무 고생하고, 내 역시 따라다니니까 너무 힘들고. 그날 세 바퀴를 돌았다고…… 용역 저거는 풀풀 뛰어다니거든. 우리는 살살 기어 다니거든. 다니다가 너무 힘이 들어, 한 군데 너무 힘든 자리에 하루에 세 번 가면 눈물밖에 안 나온다. '왜 여기 따라댕기야 되나……' 그래 그카고 우리보고 부릅니다. 따라오라고. 그것들이 날로 고생시킬라고. 용역 저거 따라와가 막아달라고. 나무 베는 거 막으라고. 그래 부릅니다. 우리를 개 부르듯이. 그래 부르니까 세 번 네 번 따라댕기면은 저 언덕 밑으로 요 언덕 밑으로, 굉장히 상그랍습니더. 거기 한 서너 번 따라당기고 나면 앞이 캄캄합니더. 한 할매한테는 인제는 안 되겠다 싶어서 "나무 하나만 잡고 있으소" 이야기해주고. 그래 다니다가 다치머는 큰일 나거든. 그것들이 할매 한 분이 여기 바로 밑에서 넘어지가 뒤꼭지가 이래 넘어졌는데도 안 일으켜주는 기라. 요기서 하다가 저거가 안 되겠다 싶으면 다른 128호로 뛰간다 아이가. 뛰가면은 우리가 또 따라갔어예. 인자는 그래 못할 것 같아.

동네 사람들이 그래도 내 말하면 다 들어줘. 다 잘해줘. "이렇게 이렇게 하면 안 되겠습니꺼" 하면 잘 들어줬는데, 철탑 때문에 인자 요래 됐지. 저짝 넘어간 사람들 우리 가면 싫어하지. 철탑. 돈…… 그거 뭐 앞잡이 서서 하는 사람, 그 사람들하고 댕기고 우리 이야기 말하면 아예 안 들어주지. 돈 때문에 그래 되고, 우리 반대하고 나온 사람 싫어한다고. 자기들은 좋은데 왜 싫어하나 이기라. 몰라 나는…… 우리보고 동네 들어온 사람이 동네 팔아먹고 땅 팔아먹고 그런다고 욕을 하고. 그러니까 그게 굉장히 힘이 들어.

돈이 중요한가 봐. 그리고 한창 할 때 우리 100만 원 가처분신청 받아서 갔을 때 한전이 "소 한 마리에 30만 원 주께 가서 도장 받아온나" 이렇게 했어요. 소 한 마리 30만 원씩 주면 그건 철탑이 들어오면 반드시 해롭다는 것을, 소 한 마리 30만원씩 주면 해롭기 때문에 그렇게 주는 거 아이겠습니꺼. 가처분신청 받아가지고 법원에 갔는데 마지막에 할 말 있으면 하라 카대. 그래 내가 "여게 한전 놈들도 있지마는 생각해보이소. 소 한 마리 30만 원 주면 사람 한 마리는 얼마 주는교?" 물으니 대답도 안 합디다. 소 한 마리 30만 원 준다 카이 소 먹이는 사람들이 난리가 났는 기라, 좋아가지고. 아버지 죽고 나면 삼촌이 어른 아입니꺼. 설에 제사 지내러 가니까 대문을 딱 잠갔다 하더라 아입니꺼. 지금 다들 그라고 있어예. 전부 다. 삼촌하고 이야기도 안 하고. 그냥 쓱쓱 지나치지 모른 척하고.

그래도 나는 흔들리는 건 없었어. 같이하는 사람하고 이야기 많이 하지 누구 딴 사람하고 이야기할 수 있나. 우리 배반하고 나간 사람들한테는 해봐야 똑같지. 같이하는 사람하고는 우리가 이 싸움을 이겨서 해결을 봐야 되지 않겠나 이런 생각으로 하지 다른 게 있겠습니꺼. 우리 인자 할매들, 아랫마을에 오면 할매들 보면 요거를 끝을 내서는 안 되겠고 같이 우째끼나 같이해야겠구나 그 마음이 들고. 할매들 항상 보듬고 같이하자 캅니더.

내를 보듬어주는 사람은 집에 들어가면 우리 아들. 어쨌든 그래도 아들이 있고, 우리 형부가 옆에 있으니. 형부가 "처제 고생합니더" 하면 거기서 힘을 많이 얻지예. 우리 형제간들이 "나는 니가 그만큼 강하게 할 줄 몰랐다" 항상 그렇게 말해주지. 나는 어떠한 일이 있어도 이 싸움을 이기고 싶어. 이겨서 우리 반대하고 나간 사람들한테 고개 탁 들고 "너거 그렇게 해도 우린 이겨냈다" 그런 말 하고 싶어 내가.

언니하고 형부는 여게 찾아오지도 못했어. 형부가 작년, 재작년까지 같이했어요. 몸이 너무 많이 아프거든. 항암치료하고 여기 오지도 못했어. 힘들어서 담배도 많이 태우고. 그 집 땅이 굉장히 많거든. 옛날에 위양 땅에 그 집 땅 안 밟으면 걸어 다닐 수도 없었다는데. 지금은 많이 없어졌지마는 그 집에 신세 안 진 사람이 별로 없을 겁니더. 한 번씩 싸울 때, 힘들 때 "그 집 신세 조금이라도 안 진 사람 있으면 나와보라 해라. 그런데 어떻게 이렇게 하나" 그런 말도 한 번씩 하고 있거든. 참 많이 베풀고 살았으예, 그 웃대 어른들이.

움막 이야기

움막에 있으면은 좀 늦잠을 자지. 제일 처음 여 (움막에) 이사 와가 지고 누워 있으면 항상 몸이 공중에 떠가 있어요. '내가 이래 있 어가지고는 안 되는데……' 그라다가 요즘은 휴전이라 여기 누워 가꼬 덕촌 할매를 자꾸 잡는다. "쪼깨만 더 누버 있읍시더" 하고. 어째 될까 싶어 마음이 심란하다.

누버가 있으면 인자 헬기 다니고 그러잖아. 내가 콧구멍이 너 르잖아. 내가 콧구멍이 넓어서 이리 연기가 다 들어오잖아. 답답 해서 잘 때 옷도 벗어뿌고 그랬는데 내가 콧구멍 너른 거는 누가 봐도 아니까. 굴뚝 겉애. 연기가 자꾸 들어와. 그런데 그기 화병인 기라. 의사 선생님이 화병 얻었는갑다 하면서 침을 주고 가대. 그 래 침 맞고서는 괜찮더마는 요새 다시 열이 채이가 죽겠는 기라.

그라고 내 꿈 이야기 한번 하까. 자는데 꿈을 꾸도 희한한 꿈 을 다 꾼다. 여기 터미날에 가면 택시 골목이 있거든. 건너오니까 남자 여자가 빨가벗고 있더라고. 그래 뒤쪽에 가가지고 그래 나 도 벗어야지, 우리가 이길라면 벗어야지, 다 벗었어. 마지막에 요 기 한쪽 발목이 안 벗겨져. 그거 벗을라고 했는데 할머니가 깨워 뿌렀어. 그래 할매 끝나가는데 깨웠다고 막 뭐라 했거든. 다 되어 가는데 그래 꿈에 착 다 벗어뿌면 재수가 있다 하거든. 그런데 발 목을 다 못 벗었어. 또 그라고 얼마 있다가 꿈을 꾸는데 내가 한전 하고 싸우기를 열심히 싸웠는데 할매가 고마 싸우라고 손을 잡는 데 고마 할매 뺨을 쎄리뿌써. 그 정도로 우리가 심각합니다. 그래 할매가 기가 차서. 아무리 꿈에 맞았지만 할매가 너무너무 분하더래. 분해가지고 분을 못 참아가지고 밖에 한숨을 쉬고 돌아왔다 아이가. 참 여기서 풍상 다 겪고…… 할매를 다 때리고.

요새가 더 힘드는 것 같애. 여기 사람들끼리도 서로 쪼깨만 양보만 해주면 되는데 양보를 안 하는 기라. 마 거서 스트레스가 쌓여. 뵈기가 그래가지고 농성장 나가고 얼굴 안 보이는 사람도 있고. 우리가 여럿이 하다보면 말 많이 하는 사람도 있고, 말 안 하는 사람도 있고, 참 곰 같은 사람도 있다 아이가.

덕촌 할매랑 내랑 우리 둘이 누워 있으면은, 어떤 때는 요래 누워가 내내 소근소근 이야기하고 속에 들은 이야기하면 또 스트레스가 풀리더라고. 내 이야기도 하고. 할머니도 저래 강하게 하는 이유가 있더라고. 클 때도 다 어려웠다 아이가. 어렵게 살았는데 또 결혼했는데 남편이 굉장히 무서웠다 그러더라고. 그러니까 그런 고통을 다 당했기 때문에 이런 일도 할 수 있는 거야. 내가 딱 보니까 둘이 똑같더라고. 우리는 클 때는 고통을 안 당했지만도 클 때 복은 옛날부터 개복이라고 카더라고. 내가 결혼해가 굉장히 힘들게 살았어. 그러니 성질도 그렇겠지. 시작하면 끝을 봐야 된다는 그런 성질이겠지. 지금 내가 나가면은…… 우리 덕촌 할매 때문에 나갈 수가 없어요. 내가 나가면은 할매 우짤 낀데. 너무너무 힘들고, 후……

내가 덩치가 크니까 못 안아주자나. 할매가 등을 이래 톡톡 뚜드리미 "날 두고 가지 마래이……" 그기 요 몇 달 되다보이…… 싸움이 어떤 결말이 나던 간에 끝이 나뿌야 되지. 이 자리에서 죽겠어. 나도 모르게 한쪽에서 자꾸 저래 죽는다고 안 그라나. 소름이 끼쳐. (싸움을) 하기는 하는데 집에 가보면은 아…… 뒤죽박죽

해놓은 거 보면 그때는 속이 이래 올라오는 거야, 바로 마. 너무 깊이 들어왔다. 내가 남한테 거절 못해가지고, 3년 전에 싸우기 전에도 동네에서 제일 젊고 이랬거든. 쪼깨난 사람이 아웅작거리 면은 같이 가자는 소리도 안 한다고. 듬숙듬숙 일을 잘하니까 가 자 카면 '예' 하고.

한 번씩 테레비에 데모해싸면은 쪼끔씩 양보하지 왜 저래 하 나 그래 생각을 해도 막상 해보니까네 양보가 안 되고 나는 잃을 것도 없거든. 아무것도 없어. 잃는 거라 해봐야 내 집떠꺼리 그거. 땅도 내 땅 아니고 우리 형부 땅이고 나는 아무것도 없어. 그래 막 상 이래 해보니까 중간에 내려가면은 오만 소리 다 듣거든. 돈을 받았느니 안 받았니, 나 그 소리도 듣기 싫고 남한테 조금이라도 받았다는 소리 듣기 싫고 그러니까. 할매가 너무 힘이 들어. 할매 가 너무 안됐어.

진짜 우리가 나가뿌면 여기 연대자도 끊어지고 아무도 없어 지는 거야. 그래서러 나는 참 우째서 나갈 수 있겠노, 우리가. 나 가뿌리면 당장 문을 닫아야 되니까 버틸 때까지 함 버티보자 이 래 캤는 기라.

도시에 사는 것보다 좋은 시골 생활

나는 지금 생각에는 지금꺼정 내가 하던 일을 그만두면 안 될 거 같애. 탁 한 번 해보고 싶어. 끝까지 해가 승리의 만세를 부르던, 안 부르던 끝까지 해가꼬 반대를 하고 나갔던 사람들이, 내한테

누님이라 하고 그렇게 잘 대해주던 사람들이 나를 버리고 나가서 너무 힘들기 때문에 나는 그 사람들 때문에도 더 해야 될 꺼 겉애. 물러서지는 못할 거 같애. 안 그렇나. 그라고 동네에 나이 많은 사람들이 참 나를 좋아했거든. 동네 첨 와가지고 그래도 내가 앞에 서가 모든 거를 다 해줬거던. 해줬는데 반대하고 나갔기 때문에, 그만큼 나한테 잘해주던 사람들이 반대하고 나갔기 때문에 그 사람들을 봐서라도 내가 이 일을 끝내고 싶어. 진짜 좋게 끝내고 싶어.

진짜 밑에 아랫마을 할매들도 그라고 내가 이래 집에서 시장 가고 병원 간다고 내려오면은 내가 사탕을 한 개 안 사다드려도 그렇게 나를 좋아하더라고. 누구든지 "현풍댁이 내려왔는교" 그 카고. 할매들이 우리 며느리 했으면 좋겠다 카고 막 이래. 한번은 가깝게 지내는 할머니한테 "저 인상이 어떻습니꺼. 디게 못돼 보이지예" 물었더만 "아이고 어데 못돼 보여. 그래 좋을 수 없다. 며느리 있고 하면 며느리 삼았으면 좋겠다" 이래 하더라고. 저는 부산에 있을 때 저보고 디게 차갑고 그래 보인다 합디더. 성질이 더러워 보인다 합디더. 그란데 절대로 안 그렇다 하더라고. 사람들이 굉장히 많이 따르고 이라더라고. 내 말이라 카면 맞다 카고 전부 다 같이 이래 해주고, 내가 오늘 일 좀 더 합시더 카면 "아이고 마 시키면 해야지" 이라고. 그래 면사무소에 일할 때 우리 쓰레기 많이 줍고 그랬어요. 내가 그카면 다 해. 굉장히 사람이 많이 따래지더라고. 그래서 아 내가 그래 돈을 가지고 짜치는 것보다 여기서 돈이 없지만도 당장 돈을 누구한테 주야 된다는 압박감을 안 받으니까 성질이 누그러지는가 싶더라고. 나는 도시에 사는 것보다 시골 여기에 사는 게 없이 살아도 마음이 편해요. 하나하나 돈 따지고 시달리는 것보다 편해요.

　다시 좋은 시절로 한 번 돌아간다 하면…… 우리 애들 한참 초등학교, 중학교, 고등학교 다닐 때, 초등학교 갔을 때도 참 선생님 말도 잘 듣고, 아무렇게나 하고 소풍 따라가도 "너무 곱네요" 그카고. 그런 삶이 한 번 더 왔으면 좋겠다. 내가 인제 그런 삶이 오겠나. 우리 아들 학교 선생님도 내를 보고 많이 부러워했거든. "미장원에 다니십니꺼" 이런 말을 항상 해주거든, 선생님이. 내가 미인은 아닌데 피부가 희고 머리 색깔이 참 좋았어, 당시에. 염색한 거 맨키로 약간 노리하이 해가지고 색깔 참 좋았거든. 참 부러워하더라고. 내가 그 삶이 한 번 더 오면은 즐겁게 한 번 더 인생을 바까가 살아봤으면…… 우리는 돈도 없고 꾸미지도 못했는데 그런 소리를 들었으니까 인자 고런 삶이 한 번 왔으면 시프고. 지금은 안 돼. 지금은 될 수도 없고 나가 묵을 대로 묵었고. 여기 그냥 있으면 재밌어. 밥을 해먹여도 재밌고. 다른 사람 한 숟가락 더 먹는 기 그래 재밌고. 근데 그전부터 밥을 바닥에 차려 먹는 거는 싫어했어. 여기 와서 할 수 없이 그래 먹지. 그래 우리가 마 우리 마음을 다스리면 안 되겠나.

후기

○

움막 앞 산등성이 너머에는 126번 송전탑이 이미 솟았다. 하루
전 잠깐 들렀을 때만 하더라도 송전탑 몸뚱이만 있었는데 하룻밤
사이 송전탑 꼭대기 양옆으로 날개 모양의 구조물이 생겼다. 126번
송전탑을 바라보는 마음이 답답하다. 움막 위로 낮게 날아다니는
헬리콥터 굉음에 치미는 화를 넘어 입 사이로 낮은 탄식이
새어나온다.

어떻게든 대책위를 도와줘야겠다 싶어서 시작한 싸움이었다.
고향에 오는 사람들에게 고향 살리기 운동을 하자며 돈도 모아보고,
시내에 나가 전단지도 뿌리고, 대책위를 따라 서울도 갔다. 그사이
대책위도 바뀌고 마을 이장도 여러 번 바뀌었다.

벌목이 시작되면서 현장으로 들어가는 포클레인을 막아 눕고,
끌려나오고, 옹벽에서 굴렀다. 끌려가듯 병원에 입원을 하기도
했다.

"앞에 끌려간 사람하고 내가 그 이튿날 가고, 셋이서 3일을 병원에
있으면서 회의를 했다 아이가. 우리가 이래가 누버 있으면 안 된다
이라면서 병원복을 입고, 병원밥 나오는 거를 뿌리치고, 주사를
빼고 동네에 들어와가 회관에 방송을 해가 (사람들) 나오라고
했거든. 집집이 전화하고. 그래 사람이 많이 모였더라고. 그래
우리가 환자복 입고 오니 감동을 많이 받았어, 동네 사람들이. 그래
우리 이래 있으면 안 되겠다. 싸우야 된다. 그래가꼬 시작된 기 3년
동안 이래 싸우게 됐다고……"

"돈한테는
안 되는가봐요,
힘듭니다"

2014년 1월 12일, 보라마을 회관 앞에서 이종숙 이장(72세)님을 만났다. 마을회관의 이름과 나무현판에 새겨진 이름에는 흰 종이가 붙어 있었다. 이는 송전탑에 찬성하는 이들만 취재하면서 마을회관의 이름을 같이 찍어, 마치 마을 전체가 찬성하는 양 왜곡 보도하는 보수언론에 항의하는 의미로 그가 가려놓은 것이었다. 이종숙 이장은 회관의 미닫이문을 열어두고 맞은편에 보이는 삼거리의 보라교를 가리키며 말을 했다. 그 자리는 2012년 1월 16일 이치우(74세) 님이 분신 사망한 자리이기도 했다. 102번 송전탑은 고 이치우 님의 논 한가운데에 세워질 예정이었고 지금 그 자리에는 '밀양의 얼굴들'이라는 상징 조형물이 베일러로 만들어져 있었다. 그 다리에서, 논에서, 회관 안에서 어떤 일이 벌어졌는지 그이는 가리키며 구술했다. 기억은 장소 속에 생생히 살아 있었고 그의 눈앞에 여전히 반복되며, 또다시 지켜내야 하는 현실이 되었다. ●

이치우의 분신, 이장이 되다

○ 이장 일을 소개해주세요.

작년에 이치우가 분신한 다음, 전 이장에게 허물이 있어서 5개 면 단체서 '이 사람 이장 안 된다' 우우 해서 들어내고 나를 뽑았어요. 이장직을 해보니 이장 일은 10분의 1이고 10분의 9가 송전탑에 대한 거라 일이 많아 정신이 없었고 마음적으로 육신적으로 어려움이 있었습니다.

우리 밀양에 송전탑이 52개가 서는데 그중 여기 산외면에 서는 숫자가 7개입니다. 102번부터 108번 7개가 우리 소속이고, 그다음에 우리 것보다 앞의 것이 보이니 101번도 쳐서 8개, 109번은 상동면 일부를 거치니 그렇게 9개가 둘러쌉니다. 108번 자리가 마지막 번호라 여기서 머니까 우리가 설마 못 올라올 끼다 하고 한전에서 산 위에 일 시작해요. 우리가 거기 두 달 계속 올라갔어요. 사람 양이 많이 나가니까, 저들이 막아보니까 역부족이거든요. 그래서 "105번도 한다!", 그럼 그건 저 건너 박산마을 몫입니다. 또 "102번도 한다!", 그건 보라마을 몫입니다. 처음엔 박산마을 사람도 보라마을 사람도 골안마을 사람도 108번에 갔는데…… 두 달 지내고 나니 105번도 한다 하니 박산에 있던 사람들 떼어지고, 102번도 한다 하니 우리 마을 사람들이 102번 가게 돼 있어요. 나눠지니 약해지지요? 사과 열십자로 쪼가리 나듯이 이리 떼고.

○   이치우 어르신 분신 당시는 어땠나요?

(마을회관의 미닫이문을 열고) 우리는 저기 다리목에서 막았어요. 지금 현수막들 있는 데 있지요. 1월(2012년)에 얼마나 춥습니까. 바람이 불고 굉장히 추운데 한전 직원 7, 8명이 우리한테 와. 우리는 나갈 사람 3조를 짰어요. 3조 짜니까 조에 8명밖에 못 짜. 나이 많은 사람 빼고, 아픈 사람 빼고. 24명이죠. 원래 보라마을은 46가구이고, 인구는 90명입니다. 민원계에 그렇게 되어 있는데, 행정제도가 우리 쪽으로 전입 들어오는 사람은 도장을 받는데 빠져나가는 사람은 확인이 안 됩니다. 열흘 동안 막았는데 바람이 불고 굉장히 볼은 얼라 하고.

저 사람들이 여기 있으면서 보니 오늘 나온 사람이 3일 있으면 또 나오거든. 그러면 주민이 몇이라서 이렇게 막고 있다는 게 계산이 나와, 그렇지요? 송전탑하는 사람들은 그런 쪽을 잘 알지 않겠습니까? 인구가 90여 명 있어도 우리 쪽에 송전탑 막을 사람이 24명뿐이다 말입니다.

거기서 용역을 준비했어요. 배가 몽탕몽탕한 거, 허벅다리가 굵은 거. 하루 돈벌이하려고 대전, 구미, 온 데서 다 왔어. 그렇게 50여 명 준비하고. 그날이 1월 16일 새벽입니다. 저 밑에서 올라올까봐 우리가 차를 대놓고 막았는데 그거를 저 사람들이 들어내어버리고 쇠사슬을 절단기로 끊고 한전 측에서 포클레인 실은 차, 장비 실은 차, 크레인 그거 해가 모든 물건을 다 달고 일곱 대가 새벽에 들어왔어요.

내려가니 용역이 화이버 쓰고 까맣게 있어요. 허벅다리가 우리 허리만 해. 우리 쪽은 젊은 사람이 50대고 한데…… 그날 우리가 못 뚫었어요. 포클레인 기사 붙들어가 일 못하게 모가지라도 조르고 싶은데, 안 돼. 씨름선수 중급 같은 놈들이 우릴 잡으면 비쩍 마른 거 촌 영감쟁이 아이가? 옷뿐이지, 무게나 있습니까. 그래서 구르고. 그쪽에서 말은 참하게 하지. "어르신, 어르신" 카면서. 우리가 그놈들을 막겠다고 논에 물을 대놓으니 겨울이라 전신이 얼음이라요. 우리가 논에 들어가려고 하니 들어갈 수가 없어. 포클레인은 댕긴다 말입니다.

이치우란 사람이 저거 동생 논에 물을 대고 막으려고 해도 안 되니까 12시쯤 돼서 뭘 비닐 하나 들고 내려왔다고 해. 기름이야. 기름을 들고 내려와서 이렇게 할라 카이께네 우리 측에서 젊은 사람들이 뺏들었어. 젊은 사람들이 숨겼는데 좀 있다가 오후에 올라가서 또 비닐에 기름을 넣어가 그거는 누가 받아가지고 저 갈밭에 던졌다 아입니꺼. 그라고 시간이 끝났어. 이치우가 두 번 실패하고 들어갔는데 집에 들어가 옷 위에 잠바를 두 개 입고 기름을 말째로 부어 나왔어요. 기름칠해 저 삼거리에 나간 모양이야. 마을 청년 하나둘이 탄 차가 그쪽으로 오는데 이치우가 딱 쪼그리고 있더래. 뭔가 이래이래 쌓더래. 라이터야. 라이터 불 켜갖고 옷에 막…… 불이라는 건 수직 아닙니까. 좀 있다가 청년이 차를 대놓고 시동 끄고 문전을 살펴보니 이 사람이 불붙은 기야. 뜨거워 서니까 불꽃이 위로 올라가지. 전신이 기름옷 아닙니까. 우리 동네 쪽으로 불 뭉텅이가 오더래. 팔을 벌려 서 있으니 불이 넓어. "아아아……" 소리 약간 나면서, 그게 다야. 자빠지는데 불은 안 자빠진다, 연해 수직이야. 아무리 꺼도 안 꺼져. 왜 안 꺼지겠습니까? 그동안에 기름이 발에 다 내려왔다 말입니다. 사람은 벌써 끝났는데…… 차 탄 젊은 사람이 오고 소화기 가져온 사람이 마을 사람이, 또 한 사람은 형사야. 경찰 형사가 안 가고 100미터 너머에서 완전 끝나도록 있는 모양이야. 가서 끄니까 암만 꺼도 안 꺼져, 소화기 다 들어가도 안 꺼져. 결국 옷 벗어서 끄고 기름을 긁어내 끄고. 저기 보라고 가면 아직 발 탄 데는 하얗게 남아 있습니다. 말도 많았어요. 그거 안 썻는다고 뭐라 하고. 그 소리도 안 해야 하는데……

별세한 후에 동네 야단일 거 아닙니까. 차가 많아 계곡을 둘러 이래 내려왔어. 농로에 차뿐이야. 사람들이 깔리고. 이튿날 밤에 빈소 채리고 그다음에 경찰서장하고 경찰서 직원이 50~60명 오더라구. 한전 직원이 이걸 병원으로 옮겨야 한다고 시켰겠지. 옮기면 안 돼! 옮겨가지고 저거 법 밟아 처리 못하구로 해야지. 경찰서장 앞세워 왔는데, 인계 승낙받으려고 온 거야. 안 된다고 욕하고. (큰 목소리) 경찰서장 무슨 소용이야! 이녁 사람 아입니까? 우리한테 경찰서장 무슨 소용 있노? 죄 안 지으면 경찰서장 아무것도 아니요, 그죠? 7일인가 여기 있었어요.

1월 16일 별세했는데 3월 7일 날 장례식했고 그동안 말도 못할 일이 많았거든요. 결국 장례식을 하기로 했는데 3월 17일 날 희망버스가 와. 희망버스가 영남루 앞 둑에 2,000여 명 오기로 했는데 우리는 "3월 23일 장례식하자" 카고. 희망버스가 오는 건 이 치우 때문에 오는 건데 장례식했뿌면 아무 의미가 없다 아입니까. 한전에서 기어이 그거 전에 할라고 우리 마을 이장을 꼴쳐가지고 주민들 말을 안 듣고 그놈아 말만 듣고 결국 3월 7일 날 장례식 안 했습니까. 장례식 화장 질러 재 봉다리 만들어가 우리 마을 뒤에서 했다 아입니꺼. 하면 돈을 얼마 주겠다, 그랬겠지요.

우리 조카요, 죽은 기(고 이치우 님의 아버지와 이종숙 님의 아버지는 팔촌간이다). 죽은 사람이 경주이가요. '비 우(雨)'자 항렬이고 나는 '종'자 항렬이고. 이가는 종 자 밑에 우 자요. 그래서 내가 집 안이라도 "3월 7일 날 장례식하면 안 간다"고. 근데 장례식은 결국 3월 7일에 했어요. 장례식하는 날 각 4개 면에서 다 오고 저도 갔어요. 재 봉다리 묻는 데 화장하면 푸대에 2리터도 안 됩니더, 1 리터밖에 안 돼요. 바람 불면 뭐 있능교? 그거는 끝난 긴데 마음 이지요.

좀 있으니 방송 소리로 동네 사람 모이라고 해요. 회관 오니까 형사가 6명이 앉아 있어요. 사람들 여기 앉아 있고. "개새끼, 도둑 놈. 왜 7일 날 하냐! 돈 먹은 거 아니야! 그래 돈 묵었다, 개새끼야, 나가라, 니가 이장인데!……" 방송을 "이장 자리 내놓으소! 내놓 으소!" 하고. "나쁜 놈의 새끼" 이래 캐쌓고 때릴라 카고. 경찰들 은 스마트폰만 가지고 덜덜덜덜 떨어. "왔네, 이장 내놔라!" 하고. 저번 이장이 하는 말이 개발위원이 7명 같으면 4명만 도장 찍으 면 이장 덜어낸다 해요. 4명이 도장 찍으니 지는 앞에 가 이장 안 한다 하고 가고, 사람들이 나를 이장으로 만들어놨더라고. '모과 두 덩이도 못 세는' 내가 이장 됐다. 내가 그 정도밖에 안 된다, 이 장이 하고 싶겠습니까? 자연스럽게 해도 벌써 했고 나이도 있고 뭐할라고 하겠습니까?

○   이장 일 하면서 어려움은 어떤 것인지요?

그래가지고 이장을 맡아가 했는데, 한 달 지나도 면에서 임명을 안 해줍니다. 또 한 달 지나도 임명을 안 해줍니다. 동네를 위해서 가만히 있었지만, 기분 되게 나쁘더라구요. 일 많지, 면장 해봐야 아들 턱밖에 더 됩니꺼? 시장도 아들 턱밖에 더 됩니까? 임명장 안 줄 적에는, 시청에서 "보라 이장은 임명장 주지 말라" 압력을 주니 임명장을 주지 않는답니다. 얼마나 하기 어렵겠습니까? 그래도 했고. 임명장 없으면 월급 없습니다. 이전 사람한테 갑니다. 집에서 뭐라 하고 며느리하고 아들하고 전신에 전화 오고. 이장 못하도록 하고 자기들이 먹여 살려준다 하고. 그런 것도 있고.

평소에 공동 일을 하는 사람은 협조해주는데 평소에도 공동 일 안 하고 자기 것만 들받아보는 사람은 이익만 봅니다. 딴 거는 안 봅니다. 사람이 양심이 있으면 여름에 남을 위해 옷 가림도 있어야 하는데 단지 내 30원은 눈에 뵈고 남의 돈이나 노력하는 기는 아무리 해도 안 볼라 카면…… 내 사유 살림만 생각하면 잘하는 사람을 밉다 캐요, 그게 문젭니다. 우리 하는 거는 굉장히 힘들어요. 살다가 사람 속은 열두 번 바뀌고. 신우대(벼과에 속한 여러해 살이 식물) 옛날 담뱃대 구멍으로 내다보고 자기 거만 보고 자기 거는 스무 배, 서른 배 부지런하면서 공동 일은 아예 안 하고. 그라고 막말합니다. 사람을 무지르고 시끄럽다고 하고 나타나도 안 하고. 우리는 지금 너른마당(밀양 대책위가 있는 건물)에 가는 거하고 분향소 가는 거, 서울 가는 거하고 409 헬기장 우리가 맡아서 있습니다.

막는 경찰은 개중엔 경찰도 있지만 군복무하려고 전경에 들어와 군필하려고 온 애들이 대다수고. 그놈 아아들은 군복무 필

요해서 오지만 시키는 놈, 높은 놈, 경찰청장 오면 우리한테 두드
려 맞아요. 국무총리가 단장면 왔다 해서 우리가 단장면에 갔어
요. 우리가 거기 단장면에 모여 있는데 국무총리가 우리 마을에
몰래 와서 사진을 찍고 찬성파를 시킵니다. 찬성파를 앞세우고,
반대파는 때립니다. 국무총리 빨가벗겨놓으면 여느 남자고, 오륙
십 킬로 나가는 그거뿐입니다. 사람은 다 똑같아요. 그 옷을 입히
고 인정하고 훈장 붙이고 보호해줘야 사람이지, 똥 덩어리 취급
하면 아무것도 아입니다, 그지예?

몸뚱이 하나로 일군 재산, 나의 삶

○   개인적인 삶은 어떠셨는지요?

나는 원래 저 위 도로가에서 태어나 다섯 살 먹어 골안마을 올라
가가 열한 살 먹어 다시 이 동네에 내려와 60년을 살았어요. 군에
다녀온 거 빼고. 경주이가고 원래 못살았고 공부도 못했고 초등
학교도 안 나왔어요. 군에 가도 암기가 많아요. "좌로, 우로" 훈련
그걸 못했어요. "기준", "양팔 간격 벌려" 하더라고요. 그게 퍼뜩
안 움직였다 말입니다. 학교 가면 다 배웠을 낀데 모르는 기 군에
가서 얼마나 욕봤겠습니까? 암기도 해야 되제, 훈련도 받아야 하
지, 늘 뛰어야 하제. 하아……
　　월남도 갔어요. 좋은 일은 많이 했는데 성과가 없어요. 내가
훈장 상신 올라갔는데 중사가 자꾸 나보고 훈장을 반납하고 소대

장을 주라 하더라구요. 그 사람이 한 일인 양 만들어서 그쪽은 별자리 만들어서 행사했어요. 행군에서 조사 나와 나보고 훈장 받았냐고 묻길래 훈장을 췄다 하니 그럼 소용이 없다 하대. 다 내 액이야. 나 한평생에 나는 잘했는데 자꾸 그늘을 찌우더라고. 군대는 그래 갔다 온 그게 다고.

살아보니까 나는 아무것도 아니고 몸뗑이뿐이라. 다른 사람하고 비교를 안 해야 하는데 비교를 하니까 너무 그래. 글을 모르는 사람은 밭도 논도 있어야 하고 산도 있어야 하고 집도 좋은 거 있어야 되는데, 딴 사람 대면 나는 아무것도 아니야. 하다보니 결혼도 했고 아들도 서이 놓고 했는데 내 나이 치고 좀 늦어. 딴 사람은 스무 살 때 장가가는데, 그때 그랬어요. 장가를 일찍 가요.

누가 내 월급 많이 주겠습니까? 하는 게 일밖에 못하는데. 그래서 논 사서 농사짓고 산 사고 밤밭 심고. 내가 눈썰미 있어요. 월남 가서요, 아아들 집 다 지어줬어요. 아무것도 없어도, 뺀찌도 없고 망치도 없고 절단기 하나로 집을 다 지었어요. 포 껍데기, 포 알 두 알, 합판 두 개, 다 두 장 붙이고 몇 쪼가리씩 하고 궤짝같이 만들고, 그러면 남들이 잘 해놨다 했는데.

고향에 돌아와 토지 사고 아아도 낳고 키우고 살다가 이 마을에서 남들이 내가 제일 생활이 낫다고 했어요. 아들 서인데 둘은 객지에 있고 하나는 집에 있고. 토지 있고 산도 있고 집도 제일 좋은 거 있는데. 기와집 기왓장은 비둘기색 나는 게 제일 좋다 해서 그 색으로 하고 사서 있었어요.

모심는 기계 있어요, 20년 전에 천 몇 백만 원인가 주고 트랙터도 사고 타작하는 거도 있어요. 벼 타작하는 기계가 기둥이 둥

이곳은 2012년 1월 16일
보라마을 이치우
어르신께서 한국전력과
그들이 고용한 용역들의
폭력에 맞서 싸우시다
"내가 죽어야 이 문제가
해결되겠다"는
말씀을 남기시고
분신산화하신
장소입니다.

글어요. 그기이 논에서 타작한 거 통 안에 넣어가지고…… 모두 1 억치 사가지고 그거 갖고 우리 꺼 다하고 남의 꺼 다하고 15년에서 20년 했어요. 벌리거나 안 벌리거나 돈을 안 빌리고 기계 값도 갚고 저축도 하고 돈도 남도 주고…… 산 것이 농사짓고 기계 갖고 남의 거 임대해주고. 계속 이렇게 농사짓고 산 것뿐이지, 나 개인적으로는. 지금도 못살지는 않습니다.

농사를 지었어요. 보리농사, 논농사, 밤농사도 짓고. 저 뒤에 밤밭이 굉장히 커요. 내가 자가 생산했고 산도 군에 가가 8,000평 사가지고 했는데. 밤도 일흔 살 넘어가서는 안 올라가요. 내가 안 가니 아아들은 손 안 대고 그래 끝나고. 넓은데 밤 주우러 아무도 안 와. 헛일이야. 아아들이 밤 주울 생각을 안 해. 그 8월에 밤이 주로 나와요. 추석에 손님도 밤 주우러 오는데 우리 집에 나 혼자 주워. 그럼 마음이 안 편해. 한 끝이 구두 닦으면 빛이 나는 것처럼 해야 되는데 빛이 안 나니까 너무 안됐더라고. (낮은 목소리) 아이구, 이럴 게 아니라 내가 밤밭을 안 할란다, 하고 내버렸어요. 가만히 달려 있고, 밤밭에는 우야든동 안 올라갑니더.

○   어떤 생각으로 송전탑 반대를 하고 계시나요?

재작년에 집을 다 짓고 나니까 송전탑 들어온다고 이게 굉장히 소문이 더럽게 나더라고. 하아…… 딴 사람도 송전탑 옆에 재산 있는 사람이 있는데도 관심 없는 사람은 관심 없고 나는 막 막아야겠다, 그래서 안식구하고 막아요.

우리 아들이 사업하는데 더 크게 하려고 돈을 해달라 한 적이 있습니다. 큰돈이니까 그러려면 논을 담보로 잡혀야 해. 서류 전부 다 떼라 하는 거 제출하니까, 농협에서 와서 확인해보고는 4억 8,000만 원 대출 가능하다고 했어요. 그때 당장 대출하지는 않고 좀 있다 달려드니까 100원도 대출 못해준다 해요. "와 안 됩니까?" "송전탑 선답니다." 그러면 재산 끝났지요.

그게 요번에 상동면 유한숙 어르신이 약 먹고 죽은 거와 원인이 같다 이 말입니다. 재산이 있는데 보상을 안 해주니까 이거는 땅은 내뼈려뿌고 시설물도 내삐리고 돼지 먹일라고 영구적으로 해놓은 것들 다 버리고 거 돼지도 안 된다 그라고 송전탑 세운다 하고, 그 사람이 보상받으려고 암만 힘써도 말하자면 열외지역이라 해당 안 된다 이랬다 아입니꺼. 참⋯⋯ (눈물) 우리도 막 송전탑 섰뿌면 핸 거 없어요.

그라고 반듯한 거, 논 900평 있어요. "그거 막내 너희 해라" 주면 풀신풀씬 좋아할 줄 알았는데 그기이 막 "아이고, 아버지, 송전탑 세우면 여 안 올랍니더". (눈물) 그 말이 들어보니 망한 거라, 망하⋯⋯ (침묵) 이야기 더 못하겠습니다.

논 두 동가리 자기는 안 지어도 남 짓게 하면 그게 쌀 나오는 기계 아입니꺼. 논에서 150메타, 200메타 내려가서 송전탑이 있는데 안 할라 카더라고. 그거 시가는 해결 났다 안 합니까. 그니까 송전탑 서면요, 140메타 올라가지요, 굵기 25메타로 일받아 (위로 서슴없이 올라간다는 뜻) 올라가지요. 우리는 오늘도 새벽에 분향소 갔다 왔습니다. 우리 차에다가 9명 싣고 갔습니다. 와 그런가 하면 하아⋯⋯ (한숨) 참 안됐더라고.

지금은 싸우니까 이런 분도 오고 하다가 앞으로 송전탑 못 이기면 이게 다 끝나면 깨끗한 애들이 빗자루질하고 소지하고 걸레 닦고 환기시켜 공기 쐬는 것처럼 끝납니다. 끝나고 나면 우리는 그 길로 심장에 쌓여가지고…… 뭐 "밤새 안녕하십니까?" 인사 들어봤습니까? 그 소리, 의미 깊습니데이. 심장병 들어 죽고, 자다가 죽는 거, 신 안고 구불다가 거서 죽고 한가지로 밤새 안녕인 데…… 자식 집에 가도 (내가) 재산 많이 장만해놨는데 재산 있긴 있는데 돈 화폐 개혁할 적에 못 가져가는 것처럼 그럼 헛일이야. 요새 심장에 열이 올라 내가 낯이 붉어요. 우리는 아무리 해도 송전탑 서면 사람도 안 오고 사러도 안 오고. 집도 내 딴에 내가 지었는데. 합판도 사고, 각목도 사고, 빌리고, 괴어놓는 쇠까지 해서 지었어요. 각목하고 합판하고 남아서 아래채를 하나 더 지었어요. 아깝다 아입니꺼. 그때 내가 육십여덟인데, 아무리 해도 빛이 안 나고 갈수록 진보성이 없고 끝이 참해야 하는데 내가 슬퍼요. 그런 거 생각하면……

○   요즘 어떤 생각을 하세요?

눈물 나요. 송전탑 들어오니까. 송전탑 우찌 그런 역할밖에 더 합니까? 며느리도 안 올라 카고 논 주고 오라 카는데, 안 한대. "와 안 하노?" "저 밑에 아버지, 송전탑 선다매요." "그래, 근데 거 서는데 어떻노?" "이 근방에 서는데 와 오라 카능교?" 그이까네, 이게 허허, 재미없지요. 송전탑 있으면 그 옆에 형광등 두면 다 부서진 거에도 불이 온다 캤지. 그기이 얼마나 위험하면…… 그것도 모르고 보상받은 놈들. 엊저녁 텔레비전도 봤고 너른마당서 동영

상도 봤고. 765 거 아래 두면 형광등이 와 그래 불이 켜지노, 이상
하더라, 초처럼. 봤어예?

○   예.

와 그때 이장을 맡았는가 싶고. 동네 사람이 환영도 안 해주고 석
둑석둑하고 그래예. 보상이 나오고 난 뒤에는 내보고 묻는 거여.
"보상금 전화 왔던데 12월 31일까지 안 받으면 나는 못 받는단다,
그럼 와 안 받노?" 내가 "그거 안 받으면 못 사능교? 마을에 있으
면 후제 갈라서면……" 그러니까 "후제 원수 들으면 우얄라 카
노. 돈 내놓으라 하면 우얄라 카노." 말끝에 뭐 얄궂은 소리도 들
리고. 사람이 돈 받을 마음먹은 사람은 물에다 돌하고 나락 넣으
면 나락은 떠 있고 돌은 가라앉듯 분별이 되듯이 가르켜지더라
고. 마음이 안 좋고.
    어제 남밀양성당에 한전 설명회 가고, 너른마당에 후쿠시마
주민 간담회 한 건 있었고, 촛불집회 가가. 내가 가야 동네 사람이
가고, 어떨 때는 열서이 가고, 일곱 가고. "내 가기 싫다. 보상받고
싶다" 하는 사람도 있지만…… 내가 그전에는 말마디 웃었어. 작
년, 재작년에 경로 총무도 하고 들깨작목반 총무도 하는데, 송전
탑 이게, 이거이 참 잘못 세워서 굉장히 욕보는 거 너무 맞는데 사
람 마음이 보이지 않습니다.

부끄럽지 않은 자리를 지킨다

○ 또 어떤 일들이 있었는지요?

우리가 송전탑을 막는데 한전서는 사람을 데려와놓고 정부와
경찰은 우리가 원하는 게 뭔지 물어보지 않고 당사자를 멀리하
고…… 송전탑이 여기 선다면 높은 산 너머 저기 엉뚱한 데다가
보상을 42만 원씩을 주는 거여. 와 주나 하면 보상금 지급 몇 프로
카는 게 있어요. 12월 31일까지 앞세울라고 달려드니 우리가 자
꾸 막아.
　웃동네도 몇 사람 타지에 있는 사람이 전화가 왔대. 한번 모인
다 해서 가니 한 분이 말도 잘하더라고. "우리가 이거 보고는 안
왔습니다." 그거는 안 받겠다는 거거든요. 한 사람이 들어가 그런
말을 해줬기 때문에 그 사람 쪽을 따라가 해결이 돼가 저기서 400
에서 500 몇 십만 원 주는 걸 엑스했어요. 내한테 보상금을 받을
지 묻는 사람은 무조건 하지 마라 그랬고. 그런데 또 안 되니까 뭐
70 몇 프로 캐쌓으면 목표 달성 올려야 하니 빨리 받으라고 저쪽
에서 다그치고. 500 얼마 주는 거 42만 원씩 열 집 줘도 남아. 그
것도 도장 받아놓으까네 밀양 주민이 찬성했다 말을 흘리면서 자
꾸 흔들고.
　40만 원짜리 보상 준다고 도장 받아서, 보상금 받은 그 동네
사람도 이쪽에 한 번씩 오고 하지만 도로 우리를 배반하고 이럽
니다. 한번은 그 사람들이 라면을 한 트럭 사들고 내리더니 경찰
보고 갖다줘요. 경찰들이 이중삼중 서 있다가 저거는 못 먹으니

라면을 우리 쪽에 들고 와요. 보니 야외 도시락 박스에 대추가 한 되 있는데, 하(下)품 대추에 돈 5,000원 넣고, 그렇게 경찰보고 대추를 고아 먹고 라면하고 보신해서 송전탑 막아 우리를 제압하라고 이거야.

그거나 동네서 잘하는 사람 밉다 하는 거나 한가지지요. 마늘 알지요? 지금은 이 쪼그만 동네가 열두 쪼가리야. 보상금 받는 사람은 "이 동네 살 수 없고 떠나야 한다"고 내가 캤어요. 한 분이 아무것도 안 하고 작년, 재작년에도 왔는데 "그거 잘못한다"고 대답해서 놀랬어요. 먼젓번에 송전탑 막으러 안 나오는 사람, 안 막는 사람을 쫓아내야 한다 캤을 땐 "찬성하는 사람이 있으면 그 사람 있던 자리까지 삽으로 흙을 파서 없애야 한다"더니 요번에는 "보상받는 사람보고 나가라 하면 안 된다"카니까. 어떻게 사람이 질정(質定)이 없지요. "우리 주민은 보상받아도 이곳에 살 수 있다", 그 한마디가 들어가 그날 보상받은 집이 여섯 집 생겼지 싶어. 왜냐하면 남 마음을 봅니다. 비교를 해. 어떻게 하는가 눈치만 보고. 마을 수고 안 따라주고 껍데기만 주민이고 집에 알테기가 다 있는 것 같아요.

여자들이 보상금 500만 원 받으라고 전화해. (다급한 목소리 시늉) "할매, 뭐하노? 이 달 다 간다. 달력 한번 봐라. 돈 오백 몇 십만 원 주는데 왜 안 받는데? 평생 벌면 그만큼 벌리나? 쌀로 팔면 몇 년 묵을 거 판다. 왜 그걸 안 받을라 카노? 내일이면 다 끝난다. 할매, 어디 있을래? 도장 갖고 나와라." 이렇게 할 거여. 그거를 공개하는 사람은 진실되고, 암말도 안 하고 안 카고 있는 사람은 속이 충충하다.

내가 그랬어요. "앞으로 나오라고 전화 안 하겠다, 스스로 나와라." 경찰에 주민이 조사를 받거나 하면 "송전탑 막으려다 연행됐다", 전부 다 "내 재산 내가 지키려고 나왔다" 해야 하는데, 그렇게 안 하더라고요. 얍삽한 마음으로 죄가 약해질까 딴 사람 이름을 댄다고. 경찰이 퍼뜩 보내준다 으르면 일편단심이어야 하는데 이래 안 하고. 하여튼 지금 우리 동네는 단합 잘된다 하지만 돈한테는 안 되는가봐요. 힘듭니다. 사이사이 찡겨가지고 다 한 전에서 그렇게 만들어요. 도움이 안 됩니다.

하지만, 그 돈을 받으면 뭐합니까? 사람 새털 됐는데, 사람 새털 됐는데 그 돈 받으면 그 돈 옳은 돈 아닙니다. 내 거만 해도 되고 위장이나 좋고 소화 잘되면 되지, 음식 암만 좋아도 안에서 안 받아들이면 안 되듯이 복장이 나쁘면 안 돼요, 복장. 마음씨가 남한테 부끄럽지 않아야 된다 말입니다.

이번 16일 날이 이치우 2주기입니다. 나이가 나보다 많았어요. 170여 명이 와서 행사하는데 지금 저기 다리에 현수막 있는 자리 있지요, 요번에 바람이 많이 불었어요. 내가 이따가 끈하고 가위 하고 손을 봐가 그래 할라고 그래요. 초 한 봉 사고……

후기

○

이종숙 이장은 평생을 이곳에서 지낸 토박이다. 가진 것 없고, 배운 것 없었다는 그는 자신이 어떻게 몸뚱이 하나로 삶을 꾸려왔는지 이야기했다. 집을 지을 때의 이야기를 했고, 장만한 농기구에 대해서도 이야기해주고 싶어했으며, 전 생애를 바쳐 장만한 논과 밭, 산이 얼마나 반듯하고 풍요로운지 말해주고 싶어했다. '평생 일군 재산'은 그에게 삶의 증거이자 자부심이었다. '송전탑이 생기면 그 모든 것은 헛것이 된다'는 생각이 그를 송전탑 반대의 싸움으로 이끌고 있었다. 송전탑이 세워지면 모든 것이 없었던 일처럼 깨끗하게 사라지게 될까봐, 평생 일한 시간과 삶도 그렇게 사라질까봐 그는 벌써 두렵고 슬프다.

사람들의 마음이 갈라지고, 한전 측의 보상금 제시와 갈등 조장으로 골이 깊어지는 가운데 이종숙 이장은 꿋꿋이 자리를 지켜내고 있었다. 주민들은 이종숙 이장에 대해 두 번에 걸친 만장일치의 신임투표로 지지해주었다. '모과 두 덩이도 못 세는 내가' 이장이 되었다고 농담하지만 그는 이 싸움의 본질을 누구보다 잘 알고 있었다. 마을 안에서 갈등과 대립이 진행되며 공동체가 차츰 깨어지는 것을 목격하면서도 최선을 다해 그것을 지연시키면서 '남한테 부끄럽지 않은 사람다움'을 지키려고 애쓴다.

한전은 2014년 2월 7일 보라마을에서 30세대의 동의를 받아 마을 합의를 체결했다고 발표했다. 그리고 한 달 후 100% 마을 합의를 체결했다고 선전했다.

" '2013년 연말까지 보상금을 타가지 않으면 마을 자금으로 회수한다'는 공식 발표가 있고 나서, 순식간에 아홉 가구만 남긴 채 합의가 이루어졌다. 새로운 임기를 시작한 지 석 달밖에 되지 않은 이장님은 '반대대책위의 지시를 따른다, 희망버스 때 동의 없이 참가자 숙소를 배정해주었다'는 당치도 않은 이유로 해임되어버렸다."(〈이계삼의 세상읽기〉에서, 한겨레 3월 27일)

그는 마을에 있으며 이것은 아니라고 뜻을 밝히고 있다. "내가 한 말에 후회도 없고 생각도 달라지지 않았다"며 그는 여전히 그곳을 지키고 있다.

"정부에서는
전체 거짓말을
하고 있어예"

밀양의 옛 지명은 '미리벌'이다. '미리'는 '으뜸'이라는 뜻과 '밀어낸다'는 의미를 동시에 지니고 있으니 밀양이 한때 '추화군(抽火君)'으로 불린 사연이 여기 있다. '추화'란 문자 그대로 '불을 밀어낸다'는 뜻이니, 오늘날 밀양에서 벌어지고 있는 싸움은 역사적으로 예고된 것인지도 모른다. '빽빽할 밀(密)'에 '볕 양(陽)' 자를 쓰는 밀양을 덥힌 것은 본디 태양이었으나, 지금 밀양이 뜨거운 이유는 사람의 분노일 듯하다.

권영길(76세) 이장을 네 차례 만났다. 움막, 집, 집회 현장에서 마주친 그의 모습은 조금씩 결이 달랐다. 움막에서는 마을을 논밭처럼 살피는 이장이었고, 집에서는 땅에서 배운 대로 살아가는 농부였으며, 집회 현장에서는 송전탑 싸움에 여생을 건 노병으로 비쳤다. 시골 마을 이장 선거가 정치판 못지않은 관권과 금권 선거로 얼룩진 장면에서 그의 비중을 엿볼 수 있다. 요컨대 그는 '돈으로 안 되는 일이 있다'는 걸 몸으로 보여주었다. ●

돈의 정치를 보란 듯이 뒤집다

어두침침한 움막에서 70대 노인 네 사람이 머리를 맞대고 앉아 있었다. 권영길 이장은 해가 지난 달력을 뒤집어 마을 주민들의 이름을 빼곡히 적고 그 옆에 '○, △, ×'로 표시했다. 열흘 앞으로 다가온 이장 선거에 대한 나름의 '판별 분석'이다. △로 분류된 이른바 '부동표'를 빼고 계산하니 33대 25, 권영길 이장의 얼굴에 마침내 웃음이 돌아왔다. "야, 오늘 기분 좋다. 막걸리 한잔 묵자."

시골 마을 이장 선거 분위기가 정치판과 흡사했다. 상대 후보가 현 이장의 사퇴를 종용하고 현 이장은 재출마를 고집했다. 면사무소 직원이 이장의 사표를 받기 위해 쫓아다니는가 하면 면장이 직접 이장의 임기 만료를 고지하며 선거에 개입했다. 마을 뒷산에서 시작된 765kV 송전탑 건설 공사가 아니었다면 상상할 수 없는 풍경이다. 마을 주민들의 상당수가 한전으로부터 이미 보상금을 받았기에 선거는 예측 불허의 접전으로 보였다.

"1월 5일 임시총회에서 이장 나올 사람 두 사람이 선정되었거든요. 그분이 나를 갖다가 '양보를 해라. 욕도 봤는데 양보를 해라' 이래가지고, 나는 '765 때문에 맡아개지로 이게 끝이 나야 양보가 되지 그전에는 몬한다' 이래가지고 다시 하게 됐습니다. 내가 양보를 몬한다 하니까 그분이 성이 나뿌가 집에 가뿠어요. 한전 편에 드는 사람도 일부 가뿌고. 면장이 하는 말이 '부락에서 임기가 끝났다' 하고, 총무계 차석이 사직서를 내주면서 '이거 해주고 가소' 이러고. 면서기가 사직서 때문에 여기 자꾸 찾아온 모양이라."

면서기가 집까지 찾아와서 사표를 내라고 독촉하는 건 이례적인 일이다. 형식적으로 이장의 임명권이 면장에게 있다지만 이장은 어디까지나 마을의 대표이다. 권영길 이장의 말처럼 "이장 선거는 부락에 미룰 일이지 면에서 이래라 저래라 할" 사안이 아니다. 그만큼 면의 처지에서 보자면 권영길 이장의 행보가 부담스러웠다는 반증일 게다.

"'등록을 하고 동시에 (사표를) 내면 안 되나?' 내가 이 소리도 했어요. 이장은 부락에서 뽑는 긴데 저희가 면에서 왜 돌라 카나? 내가 사표를 내면 중간에 무슨 장난을 할지? '주민들이 (나보고) 지금 못 내게 한다' 내 이래 이야기했습니다."

위양마을 이장 선거의 구도는 단순하다. 쟁점은 단 하나, 765kV 송전탑에 대한 찬반 여부다. 권영길 이장이 반대파 대표라면 상대 후보는 찬성파인 셈이다. 한전의 보상금을 받은 사람이 훨씬 많다는 점에서 수면 위의 판세는 찬성파가 유리했다. 그러나 열 길 물속은 알아도 한 길 사람 속은 모르는 게 세상 이치다. 2주일 뒤 치러진 선거에서 물밑의 민심은 돈의 정치를 보란 듯이 뒤집었다. 55대 30, 권영길 이장은 완승을 거두었다. 그는 '당연히 이길 것으로 예상했다'면서도 막상 개표 결과가 발표되자 마음을 보태준 할머니들 앞에서 눈물을 글썽였다.

"저는 한길로 걸어왔거든예, 내가 내 돈 써가면서 부락에. 면에서 돈 주는 거 내 기름값도 안 돼예. 2년 동안 내가 동네 주민들한테 돈 10원 받은 게 없습니다. 완전하게 봉사한 겁니다. 나는 내 나름대로 열심히 하고 집집마다 찾아다니면서 비료고 뭐고 다 챙

기주고, 주민들과 대화를 해가면서 이래 한 기 뜻이 아니었나, 나
는 이래 봅니다."

"내 빤스를 팔아서라도"

농촌 이장은 동네 심부름꾼이다. 귀찮고 번거로운 일이다보니 노
인들이 많은 시골일수록 적임자를 찾기 어렵다. 그러다보면 억지
로 떠넘겨 맡기는 것이 관행이다. 하물며 권영길 이장은 젊어서
12년이나 이장을 맡았다. 그의 말처럼 아쉬울 게 없는 노년에 이
웃과 얼굴을 붉히면서까지 다시 출마한 이유는 순전히 765 송전
탑 때문이다. 그에게 송전탑은 삶의 근거를 송두리째 허물어뜨린
변고로 보였다.

"765 바람에 내가 맡았습니다. 주민들이 발목 잡고 매달려서
내가 여기 사는 동안 이거는 안 들어오게 막아야 안 되겠나, 이래
서."

만약 이장이 바뀐다면 어떤 일이 벌어질까? 행정 관행상 마을
에서 공사를 시작하려면 이장의 도장과 서명이 필요하다. 그러나
대규모 국책공사의 경우 절차적 정당성보다 중요한 것이 마을의
분위기와 외부 효과다. 이장이 공개적으로 찬성하는 마을과 반대
하는 마을에서 주민들이 실제 움직일 수 있는 폭은 크게 다를 수
밖에 없다. 오랜 세월 끈끈한 공동체로 살아온 촌락일수록 이장
의 목소리가 클 수밖에 없는 까닭이다.

"(이장이 바뀌면) 한전이 100% 꽂을라고 머리를 안 쓰겠나? 그

렇게 보지요. 그렇지만 지금 반대 측에서는 돈을 암만 줘도 안 됩니다. 이거 70대 이상이 데모를 하는데 그런 사람들이 내 역시도 그렇고 이젠 고생한 보람이 없다 아입니꺼? 우리가 또 지금 이 나이에 갈 데가 어디 있습니까? 이때 아니면 평생 자녀고 자손들이고 고향은 없어집니다. 우리는 자연 그대로…… 돈을 바랍니까? 뭘 바랍니까? 돈 찾아가라 캐도 우린 그거 필요 없다, 이렇습니다. 이거 돈 받고 나면 꼼짝도 못합니다."

대개의 경우 반대파를 설득하려면 신뢰가 필요하다. 그 점에서 한전은 권영길 이장의 마음을 얻는 데 실패한 것으로 보인다. '무엇이든 뿌린 대로 거둔다'고 믿는 농부에게 '밀어붙이기'식 공사는 용서하기 어려운 범죄였을 듯하다. 돈이면 다 될 수 있다고 생각하는 사람들에게 권영길 이장은 '돈보다 중요한 게 있다'는 걸 오롯이 보여주고 있다.

"한전의 말은 전부 다 거짓말이거든요. 사람이 별별 희한한 짓을 하니까 한전 말은 못 믿습니다. 와 그러냐면 여기 주민들, 시장에 가는 사람들 차에 태워가지고 식사까지 시키고. 나중에 밥 먹고 온 사람이 나한테 이야기를 합니다. 한전에서는 나를 잡을라꼬 벨벨 짓도 다 했어예. 내가 고발도 돼 있제, 가처분도 돼가 있제. 또 내 집에까지 찾아와 밤낮조로 꼬일라고 '대문 좀 열어 줘' (내가) '가거라. 나는 너이 만나면 여 몬 살고 이사를 가야 한다. 내 만날라 카믄 이 자리 움막에 온나' 하믄 여겐 안 옵니다. 세상을 살아가는 데 돈이 전부는 아닙니다. 양심껏 살아야 그기 사람 가치가 있지. 돈이 지금 인자 내 벌어놓은 것만 해도 다 못 쓸 건데. 절대 돈 거는 추접은 돈이고 필요 없는 돈입니다. 돈 모할 긴데? 사람이 살아가는 데 똑바로 살아야 합니다."

다음날 아침, 권영길 이장은 집에 와서 아침을 먹으라고 했다. 움막에서 집까지는 도보로 10분 남짓, 안동권씨 문중이 대대로 보존해온 위양못을 바라보고 걷는 길이다. 위양못에서 송전탑이 지나는 화악산을 바라보면 그 중간에 안동권씨의 종산과 재실이 자리 잡고 있다. 권영길 이장은 흰 연기가 피어오르는 파란 대문 앞에서 기다리고 있었다. 집으로 들어서니 구석구석 그의 꼼꼼한 습관이 엿보였다. 기둥에 걸린 화이트보드엔 몇 월 며칠 어디에 무슨 약을 뿌렸는지까지 적혀 있었다. "나는 마 밤에 누워 자다가도 생각이 나면 기록을 해둔다"는 그의 세심한 면모가 드러났다.

권영길 이장의 어릴 적 꿈은 박사, 대학교수였다고 한다. 그렇게도 공부가 하고 싶었으나 부모님은 팔남매의 둘째아들인 그에게 집안 살림을 떠안겼다. 문짝을 때려 부숴가면서까지 학교에 보내달라고 애걸복걸했지만 부모의 마음은 열리지 않았다. 그때 한이 맺혀 "내 빤스를 팔아서라도 자식들 공부를 시키겠다"는 마음으로 살아왔단다. 비록 공부로는 박사가 되지 못했지만 그의 한평생은 학위를 받고도 남을 만했다.

"여기서 태어나서 한평생 농사만 짓고 살았습니다. 내가 농사지으면서 화악산에서 나무를 해와가지고 부친이 구루마에 실어가지고 밀양 시장에 팔아 형 공부를 시키고 이랬습니다. 참 어렵게 살았습니다. 제가 살아온 거는 고생 말도 못합니다. 어떻게든지 남보다 잘살아야지, 공부를 못했으니까. 지게를 지고 저수지에 가서 흙을 모으면 정부에서 쌀이 나왔어요. 그걸 조금 벌어서 땅을 502평을 샀습니다. 그걸 사고 나니까 내가 눈이 번쩍 뜨인 거요. 인자 안 살겠나?"

장남 대신 차남에게 집안을 맡겼다면 그만한 이유가 있었을 것이다. 아마도 아버지는 아들의 부지런함과 꼼꼼함을 눈여겨보지 않았을까 싶다. 권영길 이장은 아버지 얘기를 하면서 스스로도 많이 닮았다고 느끼는 듯했다. "(아버지는) 법 없이도 삽니다. 어려운 분들을 많이 도와줍니다. 자기 일 났두고도 도와주고 그랬습니다. 부친이 정미소를 오래 했습니다. 일본시대부터. 참 머리가 있다고 보지. 같이 동업을 했는데 거기는 공부를 해가지고 글도 익혔는데 저 부친은 글도 모르지만 계산은 먼저 해분다 이겁니다. 그래도 머리가 있어가지고. 허허."

곁에서 듣고 있던 부인 박순연 할머니가 남편의 이야기에 정겨운 추임새를 넣었다. "우리 어른은 일만 하고 살았지. 안으로 얌전한 어른이고 남이 뭐 일 있으면 해주고 그냥 몬 지나가고. 지금 그 어른이 돌아가시고 없어도 그 소리를 해요."

부지런한 농부의 정직한 돌직구

가난한 시골 농부의 삶에서 결혼은 중요한 변화였다. 그 시절의 예법대로 혼사는 당사자를 제쳐둔 채 안동권씨와 밀양박씨 문중에서 결정했다. "안동권씨가 양반이다보니 가난한 집인데도 시집을 온 것 같다"고 말하는 권영길 이장 앞에서, 박순연 할머니는 '억울한' 결혼이었다고 목소리를 높였다. 이 대목에서 권영길 이장은 슬그머니 뒤로 빠졌고 박순연 할머니가 이야기꾼으로 나섰다.

"옛날에는 중매라서 얼굴도 몬 보고 사진만 보고. 요새 같으면 그렇게 안 해요. 나는 그때 시집 안 올려고 을매 울었는지 몰라요. 밤새도록 울어서 선보러 오는 날 눈이 통통 붓고. 우리는 집도 아래 웃이 기와집이고 증조부 때는 천석꾼 살림을 하던 집인데. 그때는 사진만 보고 그렇게 해서 밀양 나와요. 그때 우리 머리도 비녀 찔러서 왔어예. 여서는 시집올 때 머리를 하고 오라고 영은 났는데 우리는 친정아버지가 머리는 절대로 시집가서 바치고 길어가지고 오면 모를까 우리 집에서는 못한다 해서 비녀 찌르고 왔어요, 하하. 그때 왜 그리 했는가 하면 중매쟁이. 우리는 많이 속았지. 안동권가 양반이라고 아들 여섯인데 그때 우리는 모두 바보였지. 군대 제대하는 날짜 그것도 모르고 '지금 결혼하면 직장 따라 대구로 살림 간다' 그때 그캤어요. 그래가지고 우리 엄마가 와 승낙했나 하면 아들 여섯인데 직장 따라 도시 나가면 좀 안펜나. 그래 결혼을 해가 오니까네 직장 가는 게 아니고 바로 큰집 옆에 오두막 하나를 샀다 하대예. 그때 속았지, 하하하. 요새 딸 아들 같으면 안 삽니다, 진짜로예. 그런데 부모 욕 안 얻어먹일라고 여그 와 고생하고 안 해본 일이 없어예. 큰집에 일해주고 큰집에 돈 다 맡기고. 우리는 밤나 일해주고 밥만 얻어먹고 살았지예. 그래 살다가 아아들 나고. 내 딸애 갖고 산에 나무도 다 해봤고. 옛날에는 산에 나무를 심으면 돈이 나왔어요. 저 청도까지 나무 심으러 가고 새벽밥 해먹고 따라가고. 또 산에 머루 이런 거 따다 판다 카고. 이 손으로 보리 숨고 모 숨궈주고. 손으로 논 40마지기 모를 숨궜어요."

'땅은 놀리지 말아야 한다'는 남자와 '무슨 일이든 닥치는 대로 하자'는 여자가 만났다. 그들의 농사법은 요즘 유행하는 이른바 '선진영농' 셈법과 사뭇 다르다. 돈을 벌기 위해 욕심을 부리지 않았고, 농산물을 비싸게 팔려고 잔꾀를 쓰지도 않았다. '농사는 남을 시키지 말아야 한다'는 남자와 '처음 계획대로 끝내야 한다'는 여자가 함께 이룬 정직한 '돌직구'라 부를 만하다. 농사짓는 일이 고달픈 시대에 농사 얘기를 유쾌하게 풀어내는 것으로 미루어 그들은 천생 농부다.

"농사는 넘 먼저 준비해야 합니다. 일정이 늦으면 늦을수록 마음만 급하고. 이기 농사가 알뜰히 안 되거든예. 미리 준비가 다 돼야 됩니더. 나는 벼농사 6,000평을 짓고 있는데 직거래 바로 합니다. 집에 소를 믹이니까 퇴비가 무지무지합니다. 소 이거는 묵고 나면 똥 누거든. 거게 짚 뿌시리기하고 왕겨하고 섞어놓으면 부드럽고. 내가 그니까 퇴비도 많이 넣고 밥맛 있는 걸로 심습니다. 심어가지고 여서 택배로 바로 붙여가지고 직거래해요. 나는 이제껏 살아오면서 벼농사 이거 정부에 보상금도 타먹고, 보리도 타먹고…… 보리농사 이기 제일 재미있는데 주민들은 이걸 잘 안 해요. 보리농사 이거는 농약 한 번도 안 쳐. 그기 몸에 제일 좋습니다. 잘 모르는 사람들이 그거 안 먹지. 잘 먹는 사람은 없어서 못 먹어요. 보리는 한 되에 5,000원, 쌀보다 더 비싸요."

권영길 이장은 유기농법을 도입해 좋은 농산물을 재배하고 있었다. 화학비료 대신 퇴비를 쓰면 당장의 소출이 줄어들지만 땅의 힘은 갈수록 커진다. 건조기계 대신 햇볕에 말리면 시간이 더 오래 걸리지만 밥맛은 살아난다. 시장의 효율성으로 따지자면 그는 분명 미련한 농법을 고집하고 있으나, 그의 노력을 알아주는 소비자들이 조금씩 늘어났다.

"내가 지금 20킬로에 5만 원 받거든요. 근데 먹어본 사람은 5만 원이 아니라 더 줍니다. 와 그라나 하면 쌀도 밥맛 없는 게 많습니다. 내 거는 이거 먹어보면 반찬 필요 없다 캅니다. 태양에 말려가지고 맛이 있고, 또 서리 맞고 난 뒤에 베는 사람도 많습니다. 그때는 안 말려도 되니까. 근데 서리 맞으면 밥맛이 없습니다. 근데 사람이 신용이 돼야 되지. 그러니까 어떤 집을 보면 쌀 대주다가 저기 정미소 쌀 한 자루 넣어서 보내면 딱 알아요. 밥맛 없다는 거. 나는 종자를 갖다가 넘 먼저 선택을 잘합니다. 어이 구하더라도."

농사를 지어본 사람은 안다. 지나간 시절을 대수롭지 않다는 듯이 풀어내더라도 그간의 신역이 얼마나 고됐는지 눈치로 꿴다. 무일푼으로 시작해 위양마을의 알부자가 되기까지 이들이 걸어온 길은 피눈물의 세월이었다. 남편이 경운기를 끌고 동네 품앗이를 다니는 동안 아내는 논에서 보리를 직접 베어 머리에 이고 집으로 날랐다. 박순연 할머니는 "지금껏 살아나온 거 생각하면 진짜 다 말로 못한다"며 눈시울을 붉혔다.

"그래, 그때만 해도 우리 아들 옳게 못 키웠어요. 살아보려고 아침 먹고 나가서 늦게 돌아오니까 젖 먹이는 것도 아침에 젖 주고 저녁에 한 번 주고 안 줬어요. 증조모가 만날 아이들 업어 키우고, 우리는 맨날 일하러 따라다니고. 여기 사는 사람들은 많이가 많아요. 옛날 엄마 일찍 죽은 사람들은 공부 못하고 살림으로 들어앉았고, 그런 사람들은 우리만큼 땅 못 샀어요. 살던 재산 맡아 살아도 우리만큼 못 살았어요."

　이쯤 되면 누가 더 고생했는지를 앞세우기 마련이다. 그러나 두 사람은 서로를 끊임없이 추켜세우며 덕담을 주고받았다. 가만히 들어보면 그들에게는 늘 꿈이 있었다. 무일푼이었을 때는 한 평의 땅이 소중했고, 땅이 생긴 뒤에는 돈을 모아 땅을 늘렸다. 땅이 가르치는 대로 생각하고 땅에서 배운 대로 실천했다. 수레의 앞바퀴와 뒷바퀴처럼 그들은 한 몸으로 움직였다. 아마도 앞바퀴는 권영길 이장이었을 게다.

　"이기 뭔가 때에 따라 집이 필요하다 싶으면 어떻게 해서든지 밀고 나가야 합니다. 이 집 살적에도 그때 100만 원 췄는데 그때 여그 집이 전부 비었습니다. 비었는데 집 뼈가지를 보니 나무가 파랬습니다. 이래가지고 내가 밀어붙여가지고 샀거든요. 근데 사람이 한평생에 기회가 몇 번 와요. 그때는 무조건 밀어붙여야 합니다. 땅을 사고 나면 또 돈 벌고 이러는 기라예. 땅에 묻는 게 제일 절대 손해 안 납니다."

　박순연 할머니는 든든한 뒷바퀴였다. 어쩌면 앞바퀴보다 튼실한 뒷바퀴였다.

　"우리는 둘이 계획을 세워가 딱 계획대로 딱 했어요. 아아들 결혼시켜서 내보내고 우리 둘이 소 10마리 마구에 넣고 나면 손에 현금 1억만 딱 쥐거든 우리는 (그때) 하우스하지 말고 그만두자 이래 됐어요. 우리는 계획대로 다 됐어요. 아아들 결혼시켜서 다 내보내고 그래도 집 사고 차 사주고 다 했어요."

"우리가 이긴 거 아닙니꺼?"

살다보면 뒷바퀴가 앞바퀴를 끌고 갈 때도 있다. 농사에서는 권영길 이장이 앞바퀴였을지 모르나 765kV 송전탑 싸움에서는 박순연 할머니가 더 치열했다. 한전의 송전탑 건설 공사를 무려 40일이나 중단시켰던 2013년 5월 22일 싸움에서 서로에 대한 두 사람의 믿음은 처절하게 확인되었다. 127번 공사장 앞에서 노부부는 삶과 죽음의 경계마저 허물었다. 두 사람 모두 8개월이나 지난 얘기를 떠올리며 눈물이 그렁그렁했다.

"그때는 악이 나 마 죽기 아니면 살기로 싸웠지. 달려드는 손가락도 물고. 내가 고함을 처지르면서 안 끌려 나가려고 울고 마 이랬거든. 나는 그때 제일 뒤에 나왔는데 등치가 크고 나불대고 설치니까 가스나들이 몬 달려들고 남자들이 달려들어 병원에 쓰는 시퍼런 담요를 펴놓고 나를 싸대예. 내가 안 가려고 울고 그랬어요. 사람 직인다고. 그래니까 남자들이 와가지고 같이 올려가지고 요 밑에다 내빘어예. 그래, 모조리 꺼낸 할머니들 기절해서 다 누웠지예. 나도 우예 된지 모르고. 우리가 점심 먹고 수박을 먹었어예. 나는 거기 디빌고 울고 하니까 그기 속에서 다 올라와부렀어예. 여 도로 길가 올라가는 데다 토해놓으니까 그 자리가 벌겋게, 안 벌겋습니까? 근데 밑에서 우리 아저씨하고 연락받고 그때 다 튀어 올라왔는 기라. 우리 아저씨가 목 맨 게 그때 맨 기라. 의사가 거 와가지고 보니까 목에 감아놓으니까 형님들하고 '이라면 안 된다' 카면서 끄내끼를 비낄라 카고. 그래 내가 가만 엎어져 있으니 '조금 정신이 돌아오는가?'고 소리가 들키는 기라.

192

그래 내가 일나가지고 의사들 들어와도 손 몬 대게 했거든. '어데 더러분 손 와 여 대노? 의사가 무슨 의사고? 뭐할라고 사람을 죽일라고 하노? 죽게 났두라' 하고. '우리 아저씨 환자인데 죽으면 너그까정 그냥 안 놔둔다' 카면서 내가 거서 나불대고 손도 몬 대게 했어예. 그래가지고 일이 40일 중단됐지. 우리가 이겼지. 저어들이 일 못했으니 우리가 이긴 거 아닙니꺼?"

"하나하나 근 20미터 개 끌듯이 끄내리 왔거든예. 끄내려 왔는데 고함을 지르는데예. 인자 다 죽는가 싶은 기라. 내가 비명 소리를 듣고 도저히 밑에 못 있겠는 기라. 이장 된 입장으로서. 죽는다 카는데 내가 밑에 우에 있겠노? 그때 마침 구 기자라고 딱 오는 기라. '구 기자 빨리 뛰라.' 나는 그 몬 들어가고 기자는 통과시켜주대예. 이래가지고 내가 절벽으로 해가지고 타고 올라갔어예. 올라가보니까 엉망진창이라예. 전부 다 벗었제 우에. 전신이 얼굴이고 배고 마 엉망이라예. 끄시 나왔으니까. 전부 다 마 눈물을 흘리가지고. 또 저 식구는 올게 봄에 3월 달인가 부산대병원에 가가지고 여 귀에 고막이 터져가지고 귀 수술도 했었습니다. 쉬야 되는데 저에 가가지고 저 모양이 나니까예. 그날 그 안에서 수박 하나 먹었습니다. 내가 가보니까 집 식구가 죽은 줄 알았어예. 그때 수박을 묵고 그넘을 토해노니까 벌겋게 피 같애, 눈에. 그래가지고 내가 하는 말이 '부락에 주민들이 그래 됐으니 내가 죽으야 해결되지' 카믄서 내가 목에 줄을 감았어예. 감으니까 여넘들이 팍 달려드는 기라. 그래가지고 내 병원에까정 실리 가고……"

권영길 이장은 급한 약속이 있다며 일어섰다. 박순연 할머니는 "요즘 우리 아저씨 몸이 시원치 않다"며 가마솥에 돼지 머리

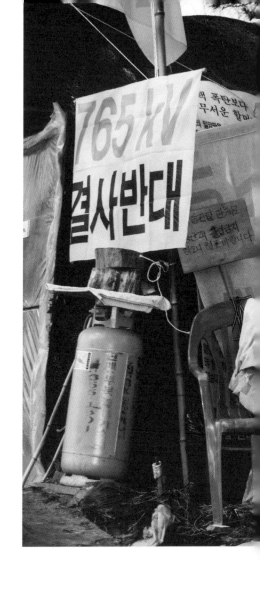

고기를 눌러 넣고 장작불을 붙였다. 9년 전 권영길 이장이 위암 수술을 받았을 때부터 박순연 할머니는 음식에 각별히 신경을 쓴다. 권영길 이장은 "내가 넘한테 잘하니까 병이 나은 것 같다"고 말하지만, 박순연 할머니는 "내가 잘해줘서 살아난 기"라고 생각한다. "1년에 꼬박꼬박 개 두 마리를 고아서 믹였다"는 얘기로 미루어 할머니의 말이 더 사실에 가까운 듯하다.

1시 30분에 움막에서 다시 만나기로 한 권영길 이장은 2시가 넘어도 나타나지 않았다. 혹시 약속을 잊었나 싶어 전화를 걸었더니 이제 막 오는 길이라고 했다. 2시가 한참 지나 도착한 권영길 이장의 얼굴은 불그스레했다. 모처럼 동갑 모임에 나가 술을 석 잔이나 마셨다고 했다. 술기운이 채 가시지 않았음에도 함께 술 마신 친구들이 차를 가지고 가다 단속에 걸릴까 싶어 집에까지 실어다주고 오느라 늦었다고 했다.

"동갑들이 내 내면을 알거든예. '참 욕본다. 술이나 한잔 묵으라.' 요즘 너무나 머리가 복잡해서예. 내가 술을 안 묵으야 되는데, 술이 들어가뿌면 조금 잊어뿝니다. 그래 내가 오늘 석 잔 묵었습니다."

70대 중반의 노인이 수시로 산을 오르내렸다. 자식보다 소중히 여겼던 나락이 벼멸구에 휩쓸려 죽어가는 와중에도 공사 현장을 떠나지 않았다. 수시로 한전 직원과 실랑이를 하고 때로는 경찰과 몸싸움을 벌이기도 했다. 그런 틈에서도 동네 경조사를 두루 챙기고 각종 민원을 처리했다. 위양마을이 워낙 넓다보니 간단한 안내 방송 하나를 하더라도 네 군데를 돌아야 했다. 위암 수술 이후 눈에 띄게 쇠약해진 권영길 이장의 몸에 이상이 생긴 건

당연한 결과였다.

2013년 7월 그는 장 파열로 두 번의 수술을 받았다. 푹 쉬어야한다는 의사의 권유를 물리치고 그는 열흘 만에 움막으로 돌아왔다. 생사의 기로에 섰던 2013년 5월 22일에도 병원에서 링거 한 대만 맞고 현장으로 달려왔던 그였다. 자기가 없으면 행여 마을 사람들이 흔들릴 수도 있으니 자리를 비워서는 안 된다는 게 이유였다. 그는 아침부터 밤까지 위양마을 입구의 움막에서 오가는 사람들을 만나며 줄곧 송전탑만 생각한다. 그에게 움막은 논이자 밭이고 마을 주민들은 자신이 살펴야 할 농작물인 셈이다.

"우리는 끝까지 투쟁할 깁니다. 여기 지금 싸우고 있는 사람은 '돈 그거는 추접은 돈'이라 카믄서 '그 돈 뭐할 낀데 받아가? 우리가 이 나이에 그냥 있으면 안 된다'고 캅니다. 후세들이 여 고향에 살러 안 오거든예. 그래서 우리는 이때 막아야 된다, 우리가 목숨을 바치더라도. 나는 이 길이 바른 길이다. 나는 끝까지 이 길을 그리 할 깁니다."

"거 추접은 돈 받아 모할 낀데?"

권영길 이장에게 "지금껏 살아오면서 가장 기억에 남는 사건이 무엇이냐?"고 물었다. 적어도 그의 머리에서 농사와 송전탑 싸움은 둘이 아니라 하나인 듯하다. '땅을 대하는 마음으로 부지런히 걸어가면 언젠가 바로 서는 날이 있을 거'라고 그는 믿고 있다. 땅에서 체득한 낙천성이 어려울수록 그를 더 강하게 만들고 있는지도 모른다.

"기억에 남는 거? 한평생? 한평생 내가 살아온 거로 보믄 지게를 지고 먹고살라꼬 저수지 흙을 지워 돈 벌은 거. 돈 벌라꼬 내가 고생한 거 이기 첫째고. 또 여 한전에 대해서 내가 이장직을 맡은 거. 이거는 참 힘들다고 봅니다. 근데 내가 죽더라도 이기 해결되마…… 위양 동네에 있는 한 그기 안 되겠습니까?"

권영길 이장은 세월이 흐른 뒤 '틀림없는 사람, 믿어도 될 만한 사람'으로 기억되고 싶단다. 그는 지금껏 농부로서 그렇게 살아왔고, 765kV 송전탑 싸움을 이끄는 위양마을 이장으로서도 그렇게 살았다. 자서전을 쓴다면 책 제목을 '한평생의 일기'라 정하고 싶다는 그에게, 송전탑 싸움은 분명 말년에 찾아든 불청객임에 분명하다. 불청객을 대하는 자세 또한 들판을 바라보는 농사꾼의 심성이었다.

"저거 욕 얻어먹고 하믄 저 집이 잘 안 됩니더. 공짜는 이 세상에 없습니더, 절대로. 나는 그래 봅니더. 사람이 부모들이 잘해야 자식한테꺼정 행복이 가는데 절대로 자기가 잘 안 해서는 자식이 잘 안 됩니더."

농부는 땅을 일구면서 배우고 깨치는 법이다. 2년 전 이장으로 복귀할 때만 해도 그는 송전탑을 그저 고향 산천을 해치는 흉물 정도로 여겼다. 선산을 뚫고 지나가는 송전탑을 막지 못한다면 조상님 앞에 면목이 서지 않는다는 개인적 절박함이 우선이었다. 그러나 지금 그의 눈에는 송전탑 너머에 웅크리고 있는 생존의 문제까지 읽힌다. 그가 툭툭 던지는 말들에서 땅이 키워낸 정치인의 향기마저 느껴진다. 더구나 그의 얘기엔 세간의 정치인들이 담아내지 못하는 진솔함이 묻어 있다.

"내가 보기에는 일본에도 원자력이 50여 개인데, 원자력이 터진다 카믄 3킬로가 가도 사람이 몬 산다 카는데. 그 안에 먹을거리는 정부에서 인정한다 캐도 그거는 안 팔린다고 내는 보지. 근데 정부에서는 전체 거짓말을 하고 있어예. 나쁜데 괘안타. 이거 앞으로 멀게 보고 지하로 묻어뿌면 안전하다 아입니꺼. 여게 밀양에 4개 면 주민들이 지금 지하로 묻는다 카믄 전부 다 대환영할 깁니다."

밀양으로 모여든 희망버스 참가자들이 영남루 맞은편 잔디밭에서 축제를 벌이고 있었다. 권영길 이장은 환한 표정으로 위양마을 주민들과 함께 앉아 있었다. 희망버스가 찾아올 때마다 정성껏 음식을 준비해 고마움을 표했던 그였다. 멀리서 온 사람들을 그냥 보내면 안 된다며 꼭 버스에 올라타 인사하고 간식까지 챙겨주던 그였다.

"밀양이 뭔가 달라져야 합니다. 희망버스가 와가지고 이래 사람이 많이 모인 건 밀양에 처음입니다. 경찰도 이리 모인 게 처음이고. 근데 어떻든 간에 나는 된다고 봅니다. 전국에서 이래 밀양을 생각해서 이리 찾아오는데……"

권영길 이장은 송전탑이 중단되는 날을 꿈꾸며 살아간다. 언젠가 그날이 오면 소 한 마리 기분 좋게 잡아서 마을잔치를 열고 싶단다. 그러나 그는 그 길이 쉽게 오지 않을 것임을 농부의 직감으로 알고 있다. "나도 때에 따라 어찌 될지 알 수 없다"라며 자식들에게 '유언'까지 남겨놓았다. 이제껏 그래왔던 것처럼 그가 믿는 것은 오직 땅의 가르침이다. 그 힘으로 눈앞의 시련에 맞서고 있다.

　"여러 차례 힘든 기 있었습니다. 그래도 이기 끝까지 가야 되지. 여 왔다 간 분이 몇 천 명인데. 나는 몰라도 내 전화번호 알고 연락 오는 사람이 아직꺼정 많거든예. 그런 분들도 생각해서 나는 이기 괴롭다 하더라도 끝까지 가야 한다고 이래 봅니다."

후기

○

송전탑이 아니었다면 그는 부지런한 농부로 일생을 마쳤을
것이다. 누가 보더라도 그 편이 그에겐 유복한 길이었을 게다. 평생
농사밖에 모르고 살아온 농부가 자식보다 아끼던 나락이 죽어가는
걸 외면했다면 이는 독기를 품었다고 봐야 할 것이다. "나도 상황에
따라 어찌 될지 모른다"는 그의 넋두리에서 비장함이 느껴지는
이유다. 땅의 정치가 짓밟히는 상황에서 그는 싸움을 운명으로
받아들였다.

그는 말끝에 자주 '목숨'이란 단어를 붙였으나 나는 그가 마을
사람들의 기대처럼 든든한 기둥으로 남을 것이라 믿는다. 한평생
고락을 함께한 박순연 할머니(70세)의 간절한 바람을 그가 저버리지
않을 것이기 때문이다. 누군가의 얘기를 들으면서 '저건 모두
틀림없는 사실'이라고 예단하기란 쉽지 않다. 그런데 권영길 이장의
말이 내겐 그렇게 느껴졌다.

| 2부

| 동지섣달 꽃 본 듯이

"세상일에
관심 끊고 무심히
살 수는 없습디다"

구미현 씨는 1950년 부산에서 출생했으며 교직 생활을 했던 남편의 은퇴 후 함께 2007년 밀양 단장면 용회마을로 이주했다. 그는 안목과 솜씨가 좋다. 집 안 곳곳에 놓인 물건들은 무심히 놓은 듯하지만 어느 것 하나도 '그냥' 놓지 않았을 게 분명해 보인다. 직접 천을 끊어다 만들었다는 커튼이며 쿠션들은 당장 사진을 찍어다 인테리어 잡지에 끼워놓아도 어색함이 없을 세련미가 흐른다. 그는 언어를 죽이는 것의 끔찍함을 안다. 용역의 거친 욕설보다 '모셔라' 하며 할매를 집어던지는 경찰의 고상한 말에 더 모욕감을 느낀다. 사람이 사람답기 위해 지켜야 하는 가치가 살해당할 때 그의 마음 깊은 곳에서는 누구도 꺼트릴 수 없는 커다란 불꽃이 인다. ●

"말 많으믄 빨개이데이, 말 많이 하믄 안 된데이"

우리 아버지가 몸이 많이 안 좋으셨어요. 눈이 안 보이셨어예. 그래서 일찍 직장을 놓고 집에 계셨어요. 내가 한 대여섯 살에 그래된 거 같은데 원래는 우리 아버지가 굉장히 건강이 좋으셨거든예. 아버지가 옛날에 4·3 제주 항쟁 때 부산 보수동 책방 골목에서 책방도 하고 계셨고 대학에도 행정직원으로 계셨고 그랬어요. 4·3의 소식을 듣고 그걸 알리기 위해서 유인물도 만들어서 뿌리고 사회 참여를 많이 했던 것 같아요. 잡혀가지고 고문을 엄청 당했다고 그러더라고요. 그때는 그러면 거의 다 사형이었거든예. 근데 또 엄청나게 부패한 나라였잖아예. 그래서 외할머니가 술도가를 하면서 모은 돈을, 진짜 엄청난 돈을 뒤꽁무니로 갖다주니 나올 수도 있었던 시절입니다.

아버지가 그 일을 어머니랑 같이했다는 것 같거든예. 근데 엄마가 우리한테 그걸 이야기 안 해예. 우리가 어떤 영향을 받을까봐 절대로 이야기 안 했던 것 같아예. 굉장히 조심했던 것 같거든예. 어머니가 어릴 때 내한테 이야기하다가 "말 많으믄 빨개이데이, 말 마이 하면 안 된데이", 이런 소리 더러 했던 거 같은데. 거기에 대해서 입을 꾹 다물고 사셨던 것 같아예.

내가 막내거든예. 딱 네 자매. 아버지는 내가 젤 어리니까 그냥 내한테는 일본 놈들 고문이 이러이러했다 했는데 언니들한테는 좀 제대로 말했던 것 같아예. 언니들은 좀 컸으니까. 나중에 중학교 들어가고 내가 많이 커서 이야기했어요. 나는 그게 남의 일인 줄 알았는데 언니가 아버지가 다 겪으셔서 그렇게 실감 있게 말했다고 그러더라고예. 처음 그 이야기를 들었을 때보다 세월이 갈수록 굉장히 가슴 아파요. 어릴 때는 사실 들었어도 그게 어떤 건지 잘 몰랐어요. 사회에 대한 걸 눈뜨게 됐을 때 더 심하게 전해지더라고예. 더 심하게.

일제시대 때 했던 고문 방법이 해방 후에도 그대로 전해져왔으니까 아버지가 그런 고문을 다 당했다 하거든요. 거의 돌아가실 쯤에 나왔다 하더라고예. 옛날에는 의료보험 제도 이런 게 없었으니까 병원 가는 게 진짜 하늘의 별따기였거든예. 가망이 없다 하는데도 어떤 실낱같은 그걸 찾아서 병원을 다녔답니다. 부산에 유명한 안과가 두 군데 있었다는데 한 군데에서는 더 이상 병원을 오지 말고 지금 나머지 재산이라도 갖고 자식들 교육시키라고 했대요. 나머지 한 군데는 끝까지 해보자 하면서 했대요. 근데 날이 갈수록 눈은 더 어두워지고 재산은 완전히 다 날라간 거죠. 맨 나중에 어머니가 그러더라고예. 끝까지 해보겠다는 그놈은 도둑놈이다고. 번연히 알면서 그렇게 했다고. 그래서 집을 정리해가지고 전셋집을 전전하게 되고, 우리가 점점 높은 학교에 올라갈 때는 아주 산동네 하꼬방으로 올라가게 되고.

올라가니까 진짜 굶고 사는 사람들이 바로 옆에 있었어예. 근데 못살수록 그렇게 싸움을 많이 하더라고예. 각박해지니까. 밤만 되면 뭘 떤지고 싸우는 걸 구경했으니까예. 서로 싸우고 막 울고 도망가고 그런 거 진짜 많이 봤어예. 밥을 해서 소금만 갖고도 먹더라고예. 근데 내가 한 5, 6학년 되니까 우리 집도 소금은커녕 끼니가 없더라고예. 그래서 도시락을 안 싸들고 학교에 거떡꺼떡 가고. 배 쫄쫄 굶고 앉아 있던 기억이 나네예. 근데 친구들은 그걸 모르는 거라예. 왜냐하면 우리는 그래도 책을 보고 컸으니까 어쨌든 공부는 좀 하잖아예. 반에서 항상 반장, 부반장 하고 이러니까 그렇게 못사는 줄 몰르니까.

우리가 살던 산동네에 가면 학교에 다니는 애들이 거의 없었어예. 초등학교 고학년 되면 거의 다 공장에 다녔거든요. 우리 부모님들은 그게 용납은 절대 안 됐겠죠. 굶는 한이 있어도 고등학교까지는 나와야 된다고 생각을 했던 모양이에요. 그래가지고 굶으면서 학교를 다녔는데 나중에 학용품도 없고 할 때는 내가 왜 학교 다니지 그런 생각이 들더라고요. 동네에서도 별로 친구가 없어예. 다 공장에 다니니까예. 그렇게 공장을 열심히 다녀도 굶는 집도 많습디다. 그때는예.

어머니가 어릴 때부터 생활력이 있게 컸으면 모르는데…… 교육도 많이 받았고 좀 고운 것만 하고 멋쟁이로 살다가 왔는데 갑자기 가난에 떨어지고, 자기 딴에는 뭘 해보겠다고 하셨지만 거의 다 실패를 했거든예. 그냥 막노동밖에 없잖아예. 뭘 들고 가서 파는 거 이런 거밖에 할 게 없었으니까예. 초등학교 고학년부터 중학교까지가 제일 힘들었던 것 같아요. 옛날에는 고등학교 입시가 평준화되어 있지 않아서 일류학교, 이류학교가 있었지 않았습니까. 일류학교 가면 거의 다 잘사는 애들이 있어요. 그때도 잘사는 집 애들이 공부를 잘하드라고예. 그럼 굉장히 내가 민망한 거라예. 교복 전부 다 우에서부터 물려받아가지고 나들나들 이런 거 입고. 연필이 옳게 있는 적이 없었고, 참고서가 옳게 있은 적이 없었고.

그리고 눈이 너무 안 좋았어요. 초등학교 고학년 때부터 안 보이기 시작했는데. 딱 한 번 중학교 때든가 안경을 맞출 기회가 있었어요. 그 이후로는 학창 시절 동안 그 안경을 다시는 도수를 높일 수가 없었는데, 나중에 고등학교 가서는 칠판에 글이 안 보이는 거예요. 늘 그냥 계단 앞에 가서 받아 적고 그랬던 걸애요. 나중에는 자존심이고 뭐고 공부가 안 되고 딱 귀찮더라고예.

"그림으로 사춘기를 보냈다 할까요"

초등학교 때 해가 바뀌어 신학기가 되면 새로운 담임을 만나잖아예. 필기를 하면 선생님이 꼭 옆에 와서 그 공책을 딱 들어요. 필기를 잘했다는 거죠. 글을 너무 잘 썼대요. 그걸로 칭찬 한 번은 틀림없이 듣고, 그다음에 또 미술시간 되면 그림을 들고 이걸 봐라 하면서 칭찬을 들었던 기억이 있어요. 초등학교 2학년 때 미술 담당 선생님이 와가지고 내를 데리고 가더라고예. 그래서 그때부터 미술부를 핸 거죠.

3학년 때부터는 미술대회를 나갔고 계속 쫌 수상을 핸 거 같습니다. 고학년 때부터 우리 집이 굉장히 힘들었다 했잖아요. 고학년 때 미술대회 나오라 하면 크레파스가 없어서 미술대회를 못 나간다 그랬어요. 그럼 선생님들이 남의 걸 빌려다줬어요. 옛날에 다 못살았잖아요. 크레파스는 내 곁은 애들이 빌려 쓰면 안 되는 건데…… 내가 힘은 없지만 필체가 강하단 소리 많이 들었고 그림 그리면 굉장히 힘 있게 그리거든예. 그래서 크레파스를 난장판을 만들어놨어예. 그래가지고 그걸 돌려주면 친구가 좋아합니꺼.

중학교 올라가니까 일단 미술도구에 대한 걱정은 없더라고예. 학교에서 미술반에 전부 지급을 하고 선생님이 내를 딱 알아가지고 우선적으로 그걸 주드라고예. 멀리 갈 때도 차비 이런 게 다 나오드라고예. 자동으로 그림은 그릴 수 있었어예.

넘 보기는 그림도 잘 그리고 늘 상도 타오고 해서 막 구미현 뭐 잘한다 이렇게 되는데 나는 엄청 열등감에 시달렸던 것 같애요. 아무껏도 나는 내세울 것도 없고 항상 이렇게 짓눌린다 할까요. 성격도 기질도 순하고 그러니까. 그러면서 계속 몸은 약하고. 그림을 그리면서 그런 열등감을 많이 해소했다 할까 그런 건 있죠. 미술부에 들어가면 거기서는 다들 위해주고 하니까 괜찮았죠. 그림으로 사춘기를 견디며 보냈다 할까요. 그런데 마지막에 미대에 가야 되는 순간에는 내 처지를 알게 된 거죠. 아무것도 할 수 없다는 것을.

우선에 사생대회 나가서 사생 자체가 안 돼요. 눈이 너무 안 보이기 시작하니까예. 시력은 엄청 나빠졌는데 안경은 몇 년 전의 안경을 그대로 끼고 있다 말입니다. 공부도 그렇고 그림도 그렇고 시력 때문에 굉장히 고통을 오래 당했습니다. 그리고 그때도 미술학원을 안 거치면 미대에 갈 수가 없었어요. 석고 대상 있잖아요. 그걸 전문적으로 했었어야 됐어요. 학교에서는 대상을 제대로 안 가르쳐줘요. 석고 대상은 그것만 하루 종일, 매일 그리잖아요. 미술학원에서 그거를 했었어야만 되는데 학원비를 낼 수 없으니 나는 안 되고 있는 거예요. 그래가 어떤 학원에서, 부산에 유명한 학원인데 그냥 오라 하더라고예. 학원비 안 받겠다. 장학생으로 해주겠다고. 그런데 우리 동네에서 거기까지 갈 차비 자체가 없는 거예요.

대학을 미술 쪽으로 간다니까 우리 엄마가 딱 한 군데만 쳐봐라, 그리고 그기 안 되면 끝이라 그러더라고예. 그래가지고 서울대학을 딱 한 번 쳐봤어요. 근데 떨어지고. 홍익대학은 죽어도 못 보낸다. 그건 나도 알죠. 그래서 그것으로 끝이 나버렸어예. 그러면서 몸이 굉장히 약해지더라구요. 그림을 전공을 못하면서 마음속에 그걸 놓지 못하고…… 그냥 환경에 적응하면서 사는 타입이 아니었던가 봐요. 그걸 계속 괴로워하는 타입 있잖아요. 그래서 내 문제에 골몰했지 사회문제에 골몰해본 적이 없어요. 서른 살까지.

"아버지 생각하면 항상 가슴이 아프고"

내가 대학을 못 가고 있으니까 미술학원 선생님이 돈을 벌고 싶다면 어디를 말해줄게 해가지고 들어간 게 옷감 무늬 디자인하는 곳이었어예. 그거를 그때는 의장이라고 하대예. 거기 갔는데 도안을 주고 비슷하게 그려라 그러더라고요. 그리니까 막 바로 일을 해라 그러더라고예. 딱 그대로 하니까예. 사람들이 놀래가지고 이렇게 하는 사람 처음 봤다고.

근데 얼마 못했어요. 계속 미열에 시달리는 병에 걸리더라고예. 겨우겨우 병원에 갔는데 유사 장티푸스라고 그러대예. 독한 약을 아무리 먹어도 잘 안 돼요. 전염성이 있는 것도 아이고, 그냥 너무 약해서 걸렸지 않나 싶어요. 언니들은 쪼끔 커서 가난에 떨어졌는데 나는 너무 어릴 때부터 그랬으니까. 제대로 뭘 먹었다는 기억이 없거든예. 항상 영양실조 상태라 보면 딱 맞을 거예요. 그때 직장을 멀리 다니고 하다보니까 무리도 가고. 결혼해서 애기 놓고는 결핵에 걸렸고. 그래서 젊었을 때 내보고 뭐했느냐고 물으면 그냥 아팠다고밖에 말할 수 없어요. 식구들이라든가 저 양반한테 참 미안하죠. 평생 그렇게 했으니까.

스물네 살 땐가 어머니가 아버지보다 먼저 돌아가셨어요. 그니까 더 암담해졌어요. 우리 큰언니가 교편을 잡고 있었거든예. 출근하면서 애들 키우기 힘드니까 어머니보고 애들 좀 봐달라고. 그래서 어머니가 늘 애 보러 왔다 갔다 하다가 언니가 합치자 해서 합쳤어요. 그렇게 쪼끔 살고 있다가 어머니가 돌아가신 거예요. 언니 집에 언니 식구하고 아버지하고 내하고만 남게 된 거죠. 정신적으로나 뭐나 참 힘들었죠.

언니가 내보고 좀 있다가 결혼해라 하드라고예. 너무 그래 힘들게 있지 말고 결혼해라. 그래가 언니 학교에 있는 사람을 소개를 시켜줬어요. 저 양반을. 사람은 좀 뭐 괜찮더라고예. 저 양반이 그때도 그림을 그리고 있더라고예. 그래가 그림에 대해서 이야기를 하다보니까 서로 생각이 같아졌고, 같이 풍경 사생하러 다니고 하면서 많이 가까워져가지고 결혼을 했습니다.

스물여섯 살 때 결혼을 했는데 결혼하던 그해에 아버지가 돌아가셨어요. 아버지가 내 시집갈 때까지 기다리셨던 모양입니다. 아버지 생각하면 항상 많이 가슴이 아프고 내가 잘못한 거뿐이죠. 굉장히 철이 없을 때 아버지가 그래 놔노니까 크게 많이 봐드리지는 못하고. 아버지가 눈이 안 보이시니까 항상 거동이 불편하잖아요. 엄마는 아버지 그래 되자마자 돈벌이에 나섰고 아버지를 모시고 다닐 사람이 아무도 없었다 말입니다. 그래 놔노니 아버지는 거의 바깥출입을 안 하셨어요. 뭐 하나 이런 것도 다 갖다 드리고 이래야 되잖아요. 그런 걸 내가 젤 어리니까 하기는 했죠.

내가 초등학교 시절에는 아버지한테 참 잘했던 것 같거든예. 아버지하고 단짝이었죠. 아버지가 내 나이에 알아야 되는 건 전부 다 이야기해주고. 그때 아버지가 불렀던 노래가 기억에 남네요. 그게 빨갱이 노랜지는 모르겠어예. "산에 사는 까마귀야 시체 보고 웃지 마라. 몸은 비록 죽었어도 독립 정신 남아 있다." 아버지 그 노래 참 많이 불렀어예. 근데 내가 커가 사춘기 되니까 아버지가 싫드라구요. 그래 있는 게 싫고, 자꾸 내한테 시키는 것도 싫고. 그때부터 아버지하고 내하고 멀어졌어요. 나도 내 생활에 불만이 차오르니까…… 그리그리하다 아버지 돌아가시고…… 그래서 항상 아버지 생각하면 마음이 좀 그렇죠.

밀양, "이곳은 내가 평생 살 수 있는 곳이다"

내 나이 한 50대를 넘어서니까 병원 치료가 말을 안 듣더라고예. 그동안 약을 너무 많이 썼던 부작용인 거 같아예. 집에서 바깥을 한 발자국 나오기가 힘들었어요. 한의원을 다닐 만큼 다녀도 해결이 안 돼서 자연환경이 좋은 곳에, 공기 좋은 곳에 가면 좋지 않을까. 아픈 사람이 부산 시내 아파트에 있기가 너무 힘들드라고

예. 현관 밖에만 나오면 많은 사람들을 봐야 되니까. 시골에 오면 그래도 마당에 나와서 걸어 다닐 수도 있겠다 싶어가지고. 그때부터 밀양의 곳곳을, 우리가 이사 올 만한 땅이 있는가 싶어서 주말마다 저 양반이 땅을 보러 다녔어요.

갔다 올 때마다 땅이 좋다면서 그 땅을 꼭 사야 된다고 그러대요. 그래 땅이 어떠냐고 가만히 이야기 들어보면 사선 안 될 땅인 거라. 그래서 어느 날 몸 상태가 조금 차 타고 갈 수도 있을 거 같아서 내가 따라간다 그랬죠. 따라와서 처음 온 땅이 이 땅입니다. 밀양의 골골이 안 가본 데가 없어요. 다 가봤는데, 정작 이 땅이 내 땅이 될라 그랬는가 동네 입구에 딱 들어오니까 뒤에 산이 자리 잡고 앞쪽에 마을이고 그리고 저 앞으로는 논이 확 펼쳐지잖아요. 그 앞쪽으로 개울이 흐르고예. 그래서 너무 아름답더라고요. 굉장히 양지도 바르고 또 그때 초봄인가, 자그마한 보라 꽃이 쫙 피어 있더라고요. 하 진짜 참 좋다, 이곳에 와서 살고 싶다, 그래서 이 땅에 온 겁니다. 지금 내가 여기서 동서남북으로 다 봐도 봄이라든가 여름 되면 정말 마음에 들어요. 동네가 참 아름답다 그래 싶어요. 이만하게 아름다울 데가 잘 없을 거 같아요.

꿈이 있었지예. 시골 가면 밭은 어떻게 가꾸고 집은 어떻게 만들며…… 그런 꿈대로 여기 와서 한번 해봤는데, 처음에 집 지을 때는 굉장히 힘이 딸리드라고예. 그래도 희망이 있으니까 하게 되대예. 어떤 곳은 내가 직접 참여해서 같이하기도 하고. 싱크대라든가 이런 걸 몇 개 놓고 나니까 너무 화학물질 냄새가 심하더라고예. 그래서 나머지 가구들은 내가 짜봐야 되겠다 싶어서 목공을 배워서 가구도 짜고. 또 저 입구에 담이고 대문 있죠. 그것도 만들고. 집 안에 있는 커텐이라든가 이런 걸 전부 만들었어요. 그렇게 만드니까 너무 재밌더라고예. 원래 만드는 걸 참 좋아하거든요. 힘은 들었지만 참 진짜 좋았어예. 아, 노년에 이르러서 이제사 내가 하고 싶었던 걸 조용히 하는구나. 그러면서 참 하나하나 재밌게 했던 거 같아요.

이웃에서 한 3년 지나니까 내한테 그러대예. 첨에는 저 사람이 동네 죽으러 왔구나, 그랬대예. 그때가 한 38킬로 나갔거든예. 이곳에 온 지 한 1년 지나니까 모든 일상생활이 다 되고, 한 3년 지나니까 원래 체중으로 돌아오고. 그예 사람들이 내보고 이제 사람 됐다고. 여기 상추라든가 배추라든가 고추, 오이 이런 거를 직접 가꾸고 따고 할 때 그 땅바닥에 딱, 주저앉는 그 기분이 너무 좋았거든예. 진짜 좋았어예. 땅바닥에 딱 주저앉아서 그런 거를 딸 때, 또 따서 바로 가져가서 먹을 때 참 좋았어요. 그렇게 해서 치유 안 되는 사람 아마 없을걸요, 진짜. 자연이 주는 혜택이 그런 거드라고예. 보통 시골에 와서 몇 년 지나고 나면 다들 할 일이 없어서 괜히 왔나 이런 생각을 한다는데 그런 생각 한 번도 없었어요. 그냥 응당히 내가 올 곳을 왔구나. 참 이곳은 내가 평생 살 수 있는 곳이다.

송전탑 반대 싸움, '진짜' 용회동 사람이 되다

2011년도 말 정도 되니까 왠지 쫌 불안하더라고예. 우리가 이사 오고 여기 집 짓고 할 때 동네분들이 우리 마을은 송전탑하고 관계가 없다, 송전탑은 저 마을 뒷산으로 넘어갔다 그런 말을 하더라고예. 그래서 사실은 아무 걱정도 없었어요. 근데 쪼끔 들려오는 소리들이 그렇지 않는 거라예. 다른 동네에서 '왜 저 마을은 송전탑이 가까운데 반대도 안 하지?' 그런 말을 하는 걸 한두 마디 듣게 됐는데, 그래서 2011년도 말에 사람들을 좀 만나러 다녔어요. 여기 반대하시는 분들을예. 근데 그때 벌써 여기 단장면 대책위원장은 손을 떼기 시작했던 것 같아요. 전혀 마을 사람들한테 송전탑 반대하러 나와라, 연락 이런 게 아무것도 없었거든예. 그래서 다른 마을 반대 대책위원을 찾아다니고 그랬습니다.

그러던 중에 헬기가 나는데 바로 우리 집 뒷산을 날으는 거예요. 너무 가깝게. 그래서 저 양반이 헬기가 짐을 내리는 곳을 찾아서 뒷산을 올라가보니까 너무 가까운 거예요. 바로 뒷산. 그때부터 큰일 났다 그러더라고요. 바로 뒷산이다. 마을 사람들이 뭘 잘못 알고 있다.

우리 동네분들이 왜 그렇게 믿고 있었냐 하면, 여기가 원래 굉장히 가까웠대요. 한 200~300미터 거리밖에 안 됐는데 한전에서 뒤로 물려주겠다 그랬대요. 그러면서 이 동네에서 도장을 좀 찍어준 모양이라. 한전의 거짓말이죠. 조금 물려줘놓고 많이 물려준 것처럼 한 거죠. 그래서 많이 안 물러갔다, 너무 동네하고 가깝다, 동네분들이 다 놀랜 거죠. 그러는 와중에 이치우 어르신이 돌아가셨어요. 거기가 바로 옆 동네거든요. 요 산 바로 넘으면 산외면이고 보라마을 바로 거기 있거든예. 그래서 그때부터 우리가 본격적으로 나가기 시작했지요.

처음에 여기 와서는 여기 사람들도 별로 안 만났습니다. 몸이 약하면 남하고 대화하는 게 힘들어요. 자연 속에 조용하게 있는 게, 나무도 보고 새소리도 듣고 그런 게 좋았지요. 송전탑 반대하면서 그때서 동네 사람들하고 가까워졌어요. 모든 사람을 한꺼번에 보게 되고 같이 있게 되고. 그러면서 진짜 농사, 우리가 하는 농사는 그냥 텃밭이니까. 진짜 농사 어떻게 짓는가 그런 것 알게 되고, 바쁠 때는 같이하기도 하고. 그때부터 진짜 용회동 사람이 된 거 같아요.

첨에는 상당히 어색하고 대화하기가 만만치 않더라고예. 이래 뭐 공감대가 있어야 되는데 그게 잘 안 되니까. 그래서 농사짓는 이야기 이런 거 계속 듣기만 했어요. 여름에는 깻잎을 따면서 한 곳에 모아놓고 개키면서 농성을 했죠. 난 만드는 것 좋아하고 솜씨는 있는 편이라 한 열 장하고 나니까 잘되더라고예. 사람들이 놀래요. 왜 이렇게 예쁘게 묶으냐고. 그래서 안심하고 내한테 다 맡기기도 하고. 그러면서 차츰차츰 듣고 대화가 되는 거죠.

또 만약에 서울로 간다, 어디 타지로 간다 할 때 한 버스에 타고 가잖아예. 그라믄 시골분들은 꼭 버스에서 춤추고 여흥을 하거든예. 왜냐면 이분들은 노래를 너무 많이 알고 잘해요. 비닐하우스 같은 데는 노래를 틀어놓고 작업을 하잖아예. 노래를 전부 다 따라하고 막 흥에 겨워서 춤을 추는데 첨에는 굉장히 난처하더라고예. 춤이라고는 옛날에 에어로빅이니 이런 데 갈 때 딱 한 번 겪었으니까. 광란을 할수록 난 안전벨트 더 매고 앉아 있었거든예. 세상에 이런 사람 처음 봤다 그러더라고예. 이 뭐 우찌 해야 될지 모르겠고. 근데 나중에는 같이 춤도 추고 할 수밖에 없어요. 하하하.

또 같이 자고 먹고 이런 걸 하잖아요. 농성장에 장기 농성할 때 서로 저 집은 뭐가 어떻고 한 사람씩 이래 알아가니까. 무슨 댁이다 어디 산다 그걸 차츰차츰 익혀나갔죠. 이 관계는 아마 평생 이어질 거 같애요. 굉장히 아픔 속에서 생겨지는 관계니까요.

"내 혼자 무심히 살 수는 없구나"

내가 원래 사회문제에 대해서는 관심이 깊었습니다. 부산에 있었을 때부터. 1979년에 박정희 대통령이 돌아가시고 나서 잠깐 언론이 바른 소리 하는 걸 봤어예. 그때 언론이 그동안 진실을 말하지 않았다는 걸 알았어요. 그전엔 몰랐습니다. 그때 동아일보를 보고 있었는데 모든 이야기가 순식간에 다 쏟아져 나왔어요. 난 그전까지는 박대통령이 잘하는 줄 알았어요. 박대통령이 돌아가셨을 때 줄서서 조문 가고 글도 써놓고 카고 했는데, 1980년 초에 그런 보도를 보고 정말 놀랬거든예. 그래서 그때부터 사회문제에 굉장히 관심을 많이 가졌습니다. 그리고 얼마 안 가서 한겨레신문이 창간하더라고예. 그럴 때는 쫌 적극적이 되거든예. 창간주주도 되고 그랬습니다.

거리에 서보기도 했어요. 6월항쟁이라든가 그런 거 있을 때. 그때는 부산이 움직이면 정권이 넘어진다 소리가 있었어예. 그래서 같이한 적도 많았어요. 집이 대학 근처였습니다. 동아대학 근처. 데모하면 최루탄도 쏘고 했거든예. 그러면 막 쫓아나가서 걱정하면서 보고 했죠. 그때는 애 데리고 시내에 쇼핑 가면 데모대

하고 어김없이 만났죠. 그러면 어서 집에 도망가기는커녕 막 같이 다니고 그랬어요.

세월이 이리저리 흐르고 나서 정권도 몇 번 바뀌고 또다시 보수정권으로 바뀌면서 내가 많이 힘들어했거든요. 노대통령이 돌아가시고 나서 굉장히 힘들었어요. 내 몸이 건강도 굉장히 안 좋고 이제는 이런 모든 걸 잊어야 되겠다는 생각이 오더라고예. 주변에 아는 사람들, 친구들, 계원들 만나면 이제는 부산 사람들도 하나같이 보수적으로 돌아가 있었거든예. 말이 안 통하기 시작했어예. 말하다 그냥 막 기운이 빠져서 그만두고. 그래서 아유 나도 이제 사회문제에 대강 분개해야지, 자꾸 마음으로 다지죠. 이 뭐, 몸만 안 좋아지는 거예요. 나중에는 뜻이 통하던 남편까지도 말이 안 통하기 시작하는…… 남편도 이제 나이가 먹으니까, 그리고 교편을 잡으면서 관리직으로 올라가니까 조금 생각이 바뀌는 것 같더라고요. 그러니까 자꾸 일일이 충돌이 되대요.

그래서 다 잊어버려야지, 밀양 올 때 그런 생각했어요. 그냥 이제 나 혼차 조용히 살아야지, 이런 거 이제 다 잊어버리겠다, 다 생각 안 해야지 하고 들어왔거든요. 그래서 한 몇 년 동안 내 생활에만 몰두했고 거의 신문도 안 봤습니다. 거의 다 잊은 듯했어요. 잊은 듯했는데, 이 송전탑 문제가 불거진 거예요. 그때 내가 처음 느낀 게 내 혼자 무심히 살 수는 없는구나. 사회의 끈은 어떻게든 엮여서 이 송전탑 줄을 따라서 내한테 또 따라왔어요.

내가 남 보기에는 굉장히 약해 보이고 말도 살살하고 그렇지만 사실 뜻을 한 번 세우면 잘 물러서진 않아요. 송전탑 문제가 어디 이 전기 한 가지 문제입니까. 모든 사회문제가 완전히 종합돼서 나타내지는 거 아닙니까. 그래서 이제 또 분개하기 시작하는 거죠. 그전에는 내 주변만, 내 주변의 어떤 문제, 그냥 신문을 통한 문제 그렇게 봐오다가 현장을 직접 다니고 철탑 우에 올라앉으신 분을 보게 되고, 또 실지로 쌍용 같은 경우는 많은 분들이 돌아가신 이야기를 듣게 되고. 또 용산참사 문제도 있잖아요.

사실 그때도 그 사건을 알았지만 깊이 생각하기가 싫었어요. 너무 힘들었어요. 왜 우리가 영화 같은 걸 보다가 고문 현장 이런 거 힘들어서 못 보잖아요. 몸이 약해지니까 스트레스를 받기 싫어서 그냥 일부러 피하게 되더라고요. 근데 그 현장을 다 다니게 된 거죠. 그게 피한다고 편해진 게 아니더라고요. 그거에 대한 관심이 내 안에는 결코 사라지지 않고 있었고, 이제는 내 안 속으로 들어오게 된 거죠. 그래서 실지로 그런 참사가 밀양에서도 벌어지게 됐고, 내 자신도 공권력에 어느 날 끌려나오는 그런 사람이 된 거죠.

경찰 벽 앞에서 느낀 절망, 그리고 연대의 힘

바드리에서 10월 달 공사가 시작됐을 때 경찰이 격렬하게 들어왔거든요. 경찰이 3,000인데, 공사장은 서너 군데밖에 안 되잖아요. 바드리에 첨으로 그렇게 들어왔거든예. 그전에는 열심히 하면 된다고 생각했어요. 죽을 만큼 하면 된다고. 그런데 현장 자체에 못 들어가니까. 밑에서 막히니까요. 앞에 경찰들이 딱 방패를 들고 섰는데, 아무리 밀어도 꼼짝을 안 하는데 그 벽이 대단하더라고예. 참 대단하다. 모든 사람들이 이런 현장에서 싸웠었구나.

동화전 사람들은 바드리에서 막고, 우리는 그 반대편 평리에서 막았거든요. 한전이 줄을 지어 들어오더라고예. 그래서 우리가 한 사람, 한 사람 따로 있으니까 금방 들려나오고 힘을 쓸 수가 없다 그래서 쇠사슬을 서로 엮었거든요. 쪼끔 버텨볼라고. 경찰이 그때 우리를 완전히 제압하면서 그 쇠줄을 전부 끊어버리고 한전을 들여보내더라고예. 그게 젤 첫 번째로 경찰이 어떻게 하는 걸 진짜 겪은 거죠. 아…… 정말 분해서 못 살겠더라고예. 그날 젤 많이 울은 거 같애요. 진짜.

왜 주민의 뜻을 안 받아들이고, 또 여러 가지 대안이 분명히 있는데도 불구하고 아예 묵살하고 들어와서 공사를 시작하고. 그런 상황에서 정부는 완전히 한전의 편만 들고 경찰력을 동원해서 한전을 비호하니까 공사 시작부터 우리는 도저히 이해가 안 가는 거예요. 그 바드리 거기 막고 있을 때 경찰이 콱 늘어서는 광경을 아침에 볼 때, 도대체 믿겨지지가 않아요. 이게 생신가 싶을 정도로예. 왜냐면 경찰이 너무 많이 깔리거든예. 진짜 개미떼처럼 들어오거든예. 주민들 몇 명 없거든요. 우리 주민과 경찰력의 비율은 20대 1도 넘었을 겁니다. 아무리 우리가 경찰력을 흩어보자 하지만 할머니들은 몇 걸음 걸어봤자 얼마 안 가잖아예. 금방 고착당하고. 고착 안 당한 할머니는 사지를 들어서 그냥 집어 떤져요. 사람을 손을 딱 잡는 순간 손목을 비틀어버리고. 베라 벨 방법을 다 쓰더라고예. 막 멍멍해요. 바보 같애 우리도. 당하고도 꿈인 거 같기도 하고. 경찰이 이런 일도 다 하는가 싶고.

우리가 지난 대선 때 문재인 씨가 대통령이 되면 원전을 줄여

나가고 밀양 송전탑을 건설 안 하기로 하는 협약식을 맺었거든요. 근데 졌잖아요. 그때 실망감이 이루 말할 수가 없어가지고 한 사흘 굶은 것 같아요. 새누리당 정책 자체가 원전 증설 정책이고 송전탑 건설은 꼭 해야 된다는 쪽으로 나가니까. 그 정권이 또 연장이 되니 앞으로 나갈 길이 참 까맣잖아요. 곤란한 일을 국가에 하소연해야 되는데 그렇지가 못하니까.

그래도 그때 쌍용이니 전 사업장이 다 힘들어했다 아입니까. 우리가 이렇게 힘들게 있으면 안 되겠다, 일어서야겠다. 그래서 우리가 용기도 주고 우리도 받고 하자. 그래서 버스 하나에다 떠났습니다. 전국 갈등 현장에 가서 우리 다 힘내자고. 한진중공업을 시작으로 해가지고 서울에 평택, 유성기업도 갔고 용산참사 추모행사를 하는 대한문 앞에도 갔던 것 같고 곳곳을 다녔어요. 용기가 생기더라고예. 서로서로 손잡고 하면 되겠다. 너무나 많은 곳에서 힘든 사람이 너무 많으니까. 우리 다 손잡고 서로 기운 내고 그렇게 다시 일어서자.

희망버스 1차에 와서 그날 동화전에 치고 같이 올라갔었을 때 굉장히 뜨뜻하다나 그런 느낌이 있더라고예. 1차 저지선을 뚫고 막 사방으로 올라가기 시작했잖아요. 단 한 번도 뚫어본 적이 없거든예. 거기서 있는 힘을 다해서 밀고 댕기고 할 때, 참 연대의 힘이랄까. 외롭지 않은 투쟁. 이게 일회성으로 끝난 것 같지만 우리한테는 계속 남아 있어요. 이래 싸우면서도 많이 힘들어도 쫌 덜 외로워요. 이렇게 하면 저쪽에서 다 알고 있다, 시민들이 걱정하고 있다, 이런 게 있어요.

"지금 절망을 느낄 때는 절대 아니라고 봅니다"

이제 송전탑이 들어선 모습이 하나씩 보이잖아요. 지금 우리 마을에는 아직 안 들어왔지만, 큰길로 나가면 동화전에 송전탑이 보이고 저기 바드리에도 가면 있고, 한 개씩 보인다 말입니다. 그니까 한전에서 이제는 그 송전탑을 보여주면서 합의를 이끌어내는 거죠. 난 그거를 절대로 합의라고 안 보거든예.

합의라는 것은 공사 들어오기 전에 송전탑이 들어와도 되느냐 물어보는 게 합의죠. 그런데 송전탑 세워놓고 도장 찍으라? 그거는 공갈이고 협박이죠. 그래서 이 송전탑 공사는 근본적으로 무효라는 겁니다. 돌아가신 분들, 수면제를 다량 먹고 자살 시도 했다는 분 다 송전탑을 보고 절망하는 거 아니겠어요. 우리가 그 절망감을 이겨야 되는 거죠. 송전탑은 하나하나로서 절대 완성이 되는 거 아니잖아요. 한 기만 안 들어서도 연결이 안 됩니다. 만약에 송전탑이 다 완성된다 해도 그다음에 선이 안 걸어지게 해야 되고예.

진짜 한전과 경찰이 잔인하게 또 한다면 어떻게 하겠어요. 또 밀리죠. 우리는 이제 거까지 생각해야 되거든예. 우리가 건강이 너무 안 좋아서 다스림을 위해서도 앞일을 생각해야 되거든예. 그리 됐을 때 우리는 어떤 희망을 가질 것인가. 원전 반대해야 된다고 봅니다. 송전탑으로 보낼 전기 없어야 됩니다. 원전을 41기까지 늘이겠다니 말이 됩니까. 지금도 전기가 부족 상탭니까? 아니죠. 지금도 전력예비율이 보통 10퍼센트는 됩니다. 근데 피크 타임을 위해서…… 1년에 한 5퍼센트도 안 된다고 하거든예. 시간적으로 볼 때. 그 피크타임을 위해서 끝없이 원전을 짓고 끝없이 송전탑을 짓는다? 이것은 바보놀음이죠. 그래서 이 싸움이 절대 밀양만의 싸움이 아니고 전국의 뜻있는 시민하고의 싸움이 되어야 한다고 보거든요.

일본처럼 절전형 상품 만들어내고, 피크타임에 수요 분산하고 이러면 지금 발전력 가지고 충분하죠. 재생에너지 비중을 높이고, 또 발전소 필요하다면 도시의 대량 수요지 근처에 발전소 좀 짓고요. 그렇게 되는 날이 송전탑이 없어지는 날 아니겠어요? 그렇게 될 때까지 싸워야 될 거 같애요. 지금 송전탑 바라보고 절망을 느낄 때는 절대 아니라고 봅니다. 근데 그렇게 될 때까지 주민들이 살아야 되지 않겠어요. 주민들이 같이 농사지어서 이렇게 살게끔 또 끝없이 연대해주시면 좋겠어요. 송전탑 밑에서 절망 안 하고 살게끔.

후기

○

구미현 씨의 조부 구영필 씨는 부산 기장에서 태어나 17세에 가족과
밀양으로 이주한 후 항일독립운동에 헌신한 독립운동가였다.
국내에서 무장투쟁을 전개하다가 만주로 이주, 1921년 북만주
영안현에서 입적간민호회(入籍墾民戶會)를 설립하고 학교와 병원 등
모든 시설을 갖춘 한인 사회를 건설해 독립운동의 장기적 기반을
마련하고자 힘썼다. 1919년 대한민국 임시정부 설립 직후에는
재정위원을 맡은 바 있다.

그러나 무장 독립항쟁을 전개했던 김좌진의 신민부에 의해
1926년 국적(國賊)으로 규정되어 피살된다. 해방 이후에는 그를
친일 밀고자로 규정하는 증언과 서술이 이루어지면서 현재까지
국가유공자 서훈을 받지 못하고 있다. 구영필 유족회는 신민부가
영안현을 장악하기 위해 구영필을 암살한 것이며 이를 정당화하는
과정에서 친일 오명이 덧씌워진 것이라 주장한다. 암살의 배경에는
사회주의와 민족주의의 이념 대립과 독립운동의 방법 및 전략
차이에 따른 갈등이 있었다는 것이다.

2005년 4월 1일자 《신동아》(통권 547호)에 실린 기사에서 엄상현
기자는 관련 사료를 분석하고 전문가들의 의견을 취합해 구영필 씨
유족들의 주장이 상당 부분 타당하다는 쪽에 무게를 싣는다. 뒤이어
원광대학교 역사교육과 신규수 교수는 〈구영필의 독립활동과
친일논란〉(국제문화학회, 《역사와 사회》 37집, 2007), 〈구영필의
독립운동과 국내 관련 자료 분석〉(호남사학회, 《역사학연구》 51집, 2013)
두 편의 논문을 통해 국내외 자료와 일제 기밀문서 등을 토대로

그의 친일행위에 대한 서술들이 상당 부분 근거가 확인되지 않은 추단에서 비롯되었으며 일본 정부는 오히려 그를 '배일의 거두'로 파악하고 있었음을 밝힌다.

구영필 씨의 피살 후 신민부는 그가 일궈온 영안현의 모든 기반을 흡수한다. 가족들은 풍년을 맞아 금빛 물결을 이루는 들판을 바라보며 울면서 부산으로 향했다고 한다. 구미현 씨의 아버지 구수만 씨는 아버지의 뜻을 이어 항일 독립투쟁에 헌신하며 수차례 옥고를 치른다. 배제고보 재학 중 광주학생의거에 동참하는 서울 학생시위를 조직한 혐의로 퇴학당한 후, 그는 부산으로 내려가 조선공산당 활동을 하며 노동운동과 항일운동에 전념했다.

유족들의 이야기에 따르면, 구미현 씨의 구술 기록 중 언급된 4·3사건과 관련해서 구수만 씨의 고문을 주도한 형사는 해방 전 항일운동을 하다가 투옥된 그를 고문하던 형사와 동일인이었다고 한다.

구영필 유족회는 뒤늦게 2005년 국가보훈처에 구수만 씨의 서훈을 추진하지만 자료가 부족하다는 이유로 신청이 반려된다. 유족들은 해방 이후 남북으로 갈린 한국 사회의 슬픈 역사 속에서 독립운동사가 제대로 평가받지 못하고 있다며 가슴 아파하고 있다. 그리고 2014년 지금, 할아버지가 독립운동을 시작한 땅 밀양에서 구미현 씨는 개인의 평화로운 삶을 불법적으로 짓밟는 폭력적인 국가권력과 3년째 전쟁을 치르고 있다.

밀양 상동면 여수마을   김영자

"시작한 날이
있으니 끝도
안 있겠습니꺼"

김영자, 58세. 내 어머니 또래이다. 여수마을로 시집을 와 35년여를 살았다. 부녀회장 경력만 11년, 지금은 밀양송전탑반대대책위 상동면 총무를 맡고 있다.

썩썩한 여장부 같은 인상으로 호감을 사고, 소녀 같은 감수성과 솔직하고 구김 없는 속내가 사람을 끄는 힘이 있었다. 사리판단이 분명하고 행동함에 주저함이 없다. 밀양 송전탑 투쟁을 앞장서 이끌어가는 이들 중 한 명이다. 주도 인물로 지목된 탓에 얼굴을 가리고 가도 경찰이 "김영자 씨!" 하고 부른다. 그런데도 주눅 한 번 들지 않고 "아는 체 마라" 맞받아칠 줄 아는 사람. 그러면서도 농성장을 떠나는 할머니들을 붙잡고 "아지매들 우째 해야 하겠습니꺼. 내가 큰 재산이 많아 이카고 이리 뛰는 거 아니지 않습니까. 같이 막읍시다. 울고 싶습니다. 아지매들 절룩대며 여기 올라오는 거 진짜 보기 싫습니다. 우째 더할까요. 누가 못 내려가서 안 내려갑니까. 우리 재산 지켜야 하고 우리 생명 지켜야 하지 않겠습니꺼. 뭉치는 수밖에 없습니더" 호령이 아닌 울먹이는 진심으로 타인을 잡는 사람이다.

기록 ○ 희정   233

하지만 그 숱한 장점 중에서 내가 그녀를 좋아하는 것은 "옴마야" 하고 목청 좋
게 재끼는 그 웃음이다. 그 웃음이 줄어간다. 송전탑 공사가 계속되고 있는 까닭
이다. 공사가 멈추길 간절히 바란다. ●

"멋있잖아요, 여군 돼야겠다 했지예"

"멀리서 뒷모습만 봐도 총무님은 바로 알아볼 수 있어요."

나는 반듯하게 붙인 손가락이 손등 쪽으로 휠 정도로 똑바로 손을 폈다.

"총무님은 이렇게 서 계세요."

김영자 총무의 곧다 못해 활처럼 뒤로 휜 등을 흉내 낸 게였다. 서 있는 모양이 어찌나 반듯하고 강단 있어 뵈는지, 내 쪽에서 일부러 그녀의 뒷모습을 쫓는다. 보고 있으면 앞에 무장한 경찰이 있든, 장정의 인부들이 있든 든든해지는 그런 단호함이 있다. 흔히 '몸뻬바지'라 부르는 펑퍼짐한 바지를 입고 밀짚모자에 목에는 손수건까지 두른 농군 차림새의 그녀이지만, 반듯한 품새가 그녀 앞에 서 있는 젊은 여경들보다 못할 것이 없다. 그녀와 여경들을 번갈아 본다. 여경들은 직업적 특성 탓에 대부분 체형이 곧고 땅땅하다. 그것이 그녀의 몸에서 풍겨 나오는 강단과 닮아, 그럴 때마다 나는 그녀가 우스갯소리처럼 건넨 여군이 꿈이었다는 말을 더듬는다. 그녀가 처음 내게 여군이 되고 싶다고 했을 때 나는 의아하여 되물었다.

"왜요?"

장난기어린 특유의 웃음을 띤 채 그녀는 답했다.

"멋있잖아요. 그때는 여자 경찰이 많이 없었지. 그런데 여자 군인이 있는 건 알았어요. 여군이 돼야겠다 했지예."

나는 여경들이 있는 저편을 힐끔거렸다.

"저렇게 구는 걸 매일 보시는데도요?"

공사를 하러 가는 차량을 막아선 할머니들을 들어 나르는 역할을 하는 것은 여자 경찰들이다. 그 과정에서 노인들 손목에 멍이 나고, 짜증 섞인 모진 말이 오간다. 간혹 대놓고 주민들을 향해 눈을 부리는 경찰들도 있다.

"그건 아닌 거 같아요. 참말로 막 가들한테 꼬집어 뜯기고 그런 건 아닌 것 같애. 멍든 팔을 걷어 보여주면서 내가 그랬어요. 젊은 양반들 함 보소. 우리가 힘이 있으면 얼마나 있다고 나 많은 사람을 이렇게 만들어놨노."

그럼에도 덧붙인다.

"가들이 멋있긴 멋있어요. 하는 짓은 너무너무 미운데."

공권력이라는 이름을 앞세운 저들이 부리는 횡포도 그녀의 꿈을 손상시키지는 못한다.

"아, 참말로 여군이 되고 싶었는데."

이쯤 되면 나는 그녀의 다음 말을 예상할 수 있다. 아니, 기다린다. 말끝에 딸려나올 그녀의 깔깔거리는 웃음 때문이다.

"아이고야, 내가 그때 팔굽혀펴기 열 개를 하면 여군 시켜준다는 소리를 듣고 밤마다 팔굽혀펴기를 안 했습니꺼. 지금도 젊은 사람들한테 팔굽혀펴기 이야기를 하면 웃겨 죽는다고 난리예요."

몸이 성한 날이면, 그녀는 몸소 팔굽혀펴기를 해 보인다.

"그 시절로 다시 돌아갈 수만 있으면 나는 틀림없이 여군에 갔을 거예요. 그때는 너무 하고 싶었어요. 못한 게 너무 아쉬버. 딸래미 학교 보낼 때 내가 여군 장교를 하면 어떻겠냐 물었어. 미자야 미자야, 물으니까 딸이 엄마야 엄마야, 나는 그런 거 싫어요.

절대로 안 한다 하대예. 손녀딸이라도 낳으면 수를 내봐야지. 너무 해보고 싶어요."

그토록 여군이 되고 싶었던 까닭을 물으니 "사람들한테 봉사할 수 있는 직업이잖아예. 마음만 먹으면 힘없는 사람들을 도와줄 수 있는 게 참 좋아예" 한다.

그녀에게 공권력이란 국민에게 봉사하는 힘이다. 그것이 전혀 다른 모습을 보이고 있는 지금도 그 생각은 변함없다. 소녀 시절, 일기장에 '타인을 위해 살겠다', '짧고 굵게 살겠다' 적어둔 그 마음들이 이제는 "이런 상황들이 나에게 올려고 그랬나" 하는 예감을 하게 한다. 요즘 같은 상황을 그녀는 견딜 수 없다.

"그 추운 날, 어른들 나와 있는 거 보면 마음이 찢어지지예. 아침 7시가 돼도 춥거든요. 어떻게 하면 나 많은 사람들이 추운 데 안 나오고 이 공사를 어떻게 멈출 수 있겠노. 어떤 방법이 좋을까. 아무리 생각을 해봐도 답이 없고. 한 할머니가 그러더라고요. 우리를 이렇게 시들시들 말려죽이지 말고 총으로 쏴서 죽여달라. 내가 그 엄청난 소리를 들으면서도 어떻게 해줄 수 없다는 게 너무 속상해요."

그녀는 밀양 사람 누구나 간절히 찾는 단어를 꺼내든다. 일상.

"평온한 일상으로 돌아가고 싶다…… 그때가 언제인지 기억도 없어예."

그녀가 되찾기를 바라는 일상에는 좋은 꿈도, 힘겨운 노동도, 웃음도, 인내도 고루고루 존재했다. 여군 이야기를 하던 그녀가 언젠가 웃음기를 지우고 말한 적이 있다.

"세상을 살며, 시집와서 살면서 좋고 기쁜 일만 있었겠어예.

힘든 일이 있을 때 항상 그 생각을 잘하지. 여군 못 간 걸 생각하지."

그 세월을 거쳐, 이곳에 여군 꿈을 떠올리며 웃음 지을 수 있는 그녀가 있다.

우스갯소리를 잘하던 여자아이

"제 자신을 생각해도 너무 안타까운 일인데, 딱 정신이 들어 잠을 잘 때까지 어떤 생각들인지 모르겠어요. 음악을 틀어놓고 일을 해도 거기에 맞춰 노래를 부를 수 있는 마음이 아니라는 거. 웃음이 줄어든 건 틀림없어요. 예전에는 사람 만나 이야기하다보면 재미난 이야기가 나오잖아요. 나는 그걸 참 머릿속에 오래 가지고 있어요. 그래가지고 내 혼자 일을 하고 있을 때, 그거 참 우습다 했던 이야기가 떠오르는 거예요. 혼자 까르르 웃어요. 웃어놓고 너무 크게 웃었나 싶어가지고 위를 올려다보는 거예요. 누가 안 지나갔나. 누구네 며느리 미쳤다 할까봐 빠끔히 내다보는 거예요. 요즘은 아예 그런 게 없죠. 우습다 싶은 것을 생각할 여유가 없으니까.

어릴 때부터 내가 참 싱거운 소리를 잘했나 봐요. 놀러를 가면 친구들이 너만 보면 우습다면서. 그때 구봉서, 서영춘이 인기가 많았거든요. 애들이 서영춘 쳐다보면 우습듯이 너 보면 우습다 그런 이야기를 하더라고요.

친정엄마는 좀 입이 무거웠어요. 언니하고 내하고, 언니도 책도 많이 보고 그러니까 참 말을 잘해요. 농담이 벌어졌다 하면은 무뚝뚝한 엄마까지 우리 때문에 일을 못할 정도로 참 많이 웃었제. 웃기도 많이 웃고, 싸우기도 잘하고. 한번은 콩밭을 매러 여름에 딱 갔어요. 언니랑 나랑 농담을 하다 웃음보가 터진 거예요. 옆에서 엄마가 듣다보니까 아무리 안 웃을라고 케도 너무 우스웠나봐요. 일을 못하겠거든. 이놈의 가시나들, 절로 안 나가나. 내까지일을 못하겠다. 결국 엄마한테 후지끼(쫓겨) 나왔어요. 그 장면들이 지금도 생생하죠.

언니 결혼할 때 내가 그랬거든요. 언니야 언니야, 내 없으면언니 언제 그래 이야기를 하고 웃을래. 다 모아놨다가 내 만나면하래, 그랬거든요. 그때는 철이 없어 즐거웠겠죠. 원래 바보는 즐겁잖아요. 클 때 언니는 시집가고, 아버지가 내 결혼하기 몇 년 전부터 중풍이 와가지고 누워 계시는 바람에 동생들 공부시키고 하느라, 내가 아버지 일을 대신해야 하니까 상당히 힘들었어요. 그래도 어울리며 즐겁게 살았어요.

아버지가 나를 참 좋아했어예. 남동생 하나뿐인데, 아들 아들하실 낀데 그런 게 없었다니깐예. 그 동생보다 나를 더 좋아했어예. 그걸 느끼고 컸었는데, 내가 아버지 일을 잘 도와줬지예. 아버지 지금 뭐 합니까 이럼서. 내가 뭐 어릴 때 힘이 있습니꺼. 그래도 아버지한테 살갑게 했나봐예. 지금도 가만히 생각하면, 엄마가 아버지 안 계시고 내하고 농사를 짓다가 내가 결혼을 했뿌러서 참 힘들었겠다 생각하면서도 털 달린 따뜻한 옷 보면 아버지부터 생각나요. 아버지가 아침에 일찍 일어나셔가지고 머리맡에서 핫바지 입고 앉아 계시면은, 어린 나이에도 생각했어요. 얼마나 춥겠나 싶어가지고.

아버지가 딸 여섯을 키우면서 '이놈의 가시나' 소리 한번 안 했어요. 나는 남자들은 가시나 그카면 안 되는지 알았어예. 아버지는 '이놈의 자식들' 하면 되게 화가 나신 거예요. 몰랐지요. 결혼을 딱 하고 남자들이 '이놈의 가시나' '저놈의 가시나' 하는 걸 들으면서, 우리가 그런 분한테서 컸구나. 요즘 내 모습을 보면 누가 그런 아버지 밑에 컸다 하겠어예. 경찰들한테 욕을 그렇게 하는데.

아버지가 편찮아 누워 계실 때 결혼을 했어예. 아버지 때문에 결혼을 안 할라고 했는데. 결혼을 아버지가 예언을 하셨어. 선을 딱 보고 결혼 안 한다고 하고 있었는데, 이모님 오셨을 때 아버지가 그런 애기를 하시대예. 나는 여수동 사시는 대길이하고 사돈 맺어 놨다. 그래가지고 엄마가 아버지한테 딸 혼사길 막는다고 엄청 뭐라 했어예. 그랬는데 결국 이렇게 되더라고예.

시집가는 날, 보통은 아버지가 색시를 데려다주잖아예. 아버지가 따라오실라 그라는 거라예. 제가 그랬어요. 아버지예, 나 갔다가 조금 있다가 모시러 오께예. 조금만 계시이소. 내 결혼하고 오시고 싶어했는데 한 번 오시지도 못하고 한 달 만에 돌아가셨어예. 내가 아버지 돌아갔을 때 얼마나 울었는지 몰라예, 진짜. 너무너무 울다가 오빠들한테 후지끼 나왔어예. 나와가지고 나무를 재(쌓아)놨잖아예. 거기에 엎드려서 얼마나 울었는지 몰라. 내 결혼시켜놓고 가실라고 기다렸나 싶어 미치겠는 기라. 지금도 아버지가 생각나요. 가끔 하늘 쳐다보면 아버지 난 어떡하면 좋아요, 이 생각을 해요."

집안을 일군 며느리 5번

"얼마나 세상을 몰랐냐면, 여수마을이 진짜 먼 곳이라 생각했는데 시집와보니까 친정하고 진짜 가깝더라고요. 시집와서 어딜 나가다가 중학교 동창을 마주쳤는데, 옴마야! 왜 그렇게 부끄럽습니꺼. 기억이 생생해요. 여수동에 친구가 있다는 그 생각도 못한 거라예. 시골에서는 밀양 읍내 5일장을 보러 가요. 한 장에 가게 되잖아요. 엄마도 같은 장을 보는 거예요. 한 장을 같이 받아먹으면 소문들이 금방 나요. 그래서 엄마가 시집보내놓고 내 어렵게 사는 걸 알고는 많이 힘들어했대요. 몰랐는데, 이웃에 사는 언니가 말해주더라고예. 아지매가 많이 힘들어한다. 그 소리를 듣고 나니 가슴 아프더라고예. 엄마가 내가 결혼한다꼬 마음먹을 때 시집가지 마라 했어요. 시부모 모시고 큰집 살림하기 십상이다. 그 말이 무슨 말인지 몰랐지예. 결혼하게 되고 엄마 말대로 살게 된 거잖아요. 우짜다가 엄마 걱정 덜어준 게 아니라 더 들게 했구나. 그렇지만 이미 시작된 삶이고 어떻게 할 수 있는 방법은 없고 더 열심히 살아서 더 좋은 모습 보여줘야겠다, 생각 많이 했어요.

시집와서 많이 힘들었어요. 남편이 9남매예요. 식구는 많은데, 먹을 것은 없제. 우리 친구들 중에 유일하게 내가 시골로 시집을 갔어요. 그때만 해도 다들 도시로 시집을 가길 원했어. 시골은 참 어려웠어예. 먹고사는 게 해결이 안 될 정도로. 그런데 지는 그 생각이 없더라고예. 너른 곳에 가서 농사를 맘껏 지어보고 싶다, 그런 생각을 했는데 농토가 없는 기라예. 결혼하기 전보다 더 힘들었죠.

한 해 살림을 살면은예, 빚 내가지고 썼던 그 이자 갚을 돈이 없었어요. 진짜 물하고 밥하고 김치하고 된장하고, 그렇게 먹을 때가 있었어요. 진짜 어려웠어요. 그렇게 살면서 그 빚을 다 갚고 시동생 공부시켜가며, 내 자식도 대학 공부시켜가며, 이렇게 살기까지는 내가 일을 얼마나 했겠습니까. 내 손으로 일을. 진짜 잠 안 자고 일했다 할 정도로 일을 했어요.

그래도 의식주가 해결이 안 되어서 너무 힘들었지만, 가을 되면 아침에 감 따서 작업해서 좀 보내고 점심 먹고는 쉬는 참에 밤을 따서 와요. 저녁 되면 한 냄비씩 삶아가지고 식구들끼리 밤 까먹는 게 그게 생활이었어요. 너무너무 행복한 순간이었지예. 아무리 참 먹을 게 없고 옷 사 입을 돈이 없었지만 그때만큼은 너무 행복했던 거 같아예. 아, 지금 생각해도 참 우스운 게, 내가 시집오기 전에 점을 봤어예. 엄마가 이모들 가는 데 따라갔다가 내 점을 보니까, 나보고 쇳소리 나는 곳으로 시집을 가면 잘 산대예. 그런가 보다 하고 있다가 한날은 시집에 앉아 이런저런 이야기하는데 점 이야기가 나오는 거라예. 어머니예 지는 이러저러 해서, 점 본 이야기를 하니까 단박에 우리 집 아저씨가 바깥에 경운기가 있었거든예, 그게 오래돼가지고 움직이면 슥슥 철 갈리는 소리가 났어예. 그거 가리키면서 저거 쇳소리 엄청 난다고. 옴마야, 내 우스워서.

내가 손이 커요. 다섯째 며느리예요. 며느리 5번. 그래도 내가 큰집 살림을 하는데, 사람들 북적거리며 음식도 만들고 일도 많은데도 힘들다 생각 한 번 안 해봤어요. 그런 게 참 좋은 거라예. 우리 아버님이 참 대범하고 호탕했어요. 우리 집 아저씨보다 내가 더 그런 면이 많잖아예. 그래서인지 나를 예뻐하셨던 거 같아예. 살아생전에는 몰랐는데 돌아가시고 나서 이야기를 들으니까 우리 다섯째 며느리 이러면서 이야기를 하신 모양이라예."

"아니아니다 시르시르다, 송전탑 아리랑"

"우리 아버님이 가부장적인 옛날 분이거든요. 여자들이 나다니는 꼴을 못 봐요. 그런데 동장님이 우리 마을만 부녀회장이 없으니까 고민을 엄청 하셨나봐예. 우리 집에 와서 나한테 맡기려 하니, 아버님 때문에 안 될 끼다 싶어서. 동장님이 우리 아버님한테 며칠에 한 번씩 오시더라고요. 전 몰랐어예. 아버님을 계속 설득하고 계셨던 거드라고예. 그래서 얼떨결에 맡게 되었는데 부녀회장을 11년간 했어요.

부녀회장을 하면서 봉사활동 가고, 참 즐거웠어요. 그런 거 참하고 싶었거든요. 지금도 그렇고 예전부터 내한테 돈이 많이 생긴다면은 나보다 못한 옆의 사람을 돌보고 살아야겠다, 이런 생각을 항상 하고 살았는데 내가 가진 것이 없어 그렇게 살진 못했고. 좀 밥 먹을 만할 때는 나이든 사람 밥 한 끼 사드리고 목욕도 가드리고 그래요. 목욕 모시고 가서 때 밀어드리고 하면, 나이든 분들이 참 좋았던가 봐요.

나는 이웃이 최고라예. 내가 교통사고가 났을 때, 그 장면을 잊을 수가 없어예. 동에 다리가 불편한 새댁이 있어가지고 우리가 목욕탕 갈 때 돌아가며 가서 씻겨주고 그랬는데, 내가 교통사고가 나가지고 집에 꼼짝을 못할 때가 있었어요. 집에 있는데 몸 성치 않은 그 새댁이 다리를 이렇게 절뚝이면서 옆에다가는 음료수를 끼고는 걸어오는 기라예. 내가 그 장면을 잊을 수가 없어예.

내 이웃이 있어줘서 내는 참 감사한데, 송전탑 싸움하면서 참 아무것도 아닌 걸 가지고 이웃과 다퉈야 하는 게 너무 힘들어요. 예전에 다툴 일이 있었는데 너무너무 속상해서 송전탑 안 막으면 안 막았지 이웃하고 이렇게 살기 싫다 그랬어요. 그래도 사람이 참 간사한가 봐요. 송전탑은 막게 되더라고요.

아까 내가 웃음이 줄었다 했는데, 그래도 서로가 쳐다보고 웃을 수 있는 시간이 있기 때문에 이렇게 힘든 싸움을 오래할 수 있지 않겠습니꺼. 우리가 무슨 노래를 불렀냐 하면은 '아니아니다 시르시르다 아난리가 났네~ 송전탑 밀양 아리랑' 그 노래가 재밌다 아닙니까. 지랄하고 자빠졌다고 우리끼리 웃고 난리도 아닙니더. 서로가 서로에게 나름대로 충전할 수 있는, 자동 충전이 된다니까요. 내 혼자라고 생각하면 얼마나 외롭겠어요.

젊었을 때 내 논이 없어서 남의 논 가지고 하우스 농사를 많이 지었어요. 하우스 농사를 지으면서 생활이 조금 나아져가지고 땅도 조금 사고 집도 짓고 살았는데, 하우스 농사를 짓고 살면서 이웃에 도움을 많이 받았어예. 지금은 돌아가시고 안 계시는 분들도 계시고. 하우스 농사지으면서 내 돈을 벌어준 내 이웃이 있어요. 내가 내 돈 벌 때 내 혼자 한 거 아니다. 이웃이 도와줬기 때문에. 대가를 드리긴 했지만 그래도 그분들 없으면 그 농사를 다 지을 수 없었거든예. 내가 다 되갚을 순 없다. 내 자식들이 커서 시간이 있고 여유로워지면 나도 일 많은 사람들한테 가서 일 도와주고 밥 한 그릇 주면 얻어먹고. 나도 꼭 그렇게 살아야 한다. 송전탑이 들어서면…… 그 일을 할 수 있을까. 가슴속에 있는 말을 끄집어내니깐 또 그런 생각이 드네요. 꼭 그걸 해야겠다.

부녀회장할 때, 우리 마을 사람들 곱고 참 이뻤어예. 다들 고왔다고예. 지금은 다 할머니가 됐어예. 일이 너무 힘들다보니깐. 먹고사는 게 그만큼 힘들었지. 농사일이 사실 돈이 안 되잖아예. 하우스를 많이 한다든지 이런 지역도 아니거든요. 논밭에서 나는 감이라든지 쌀이라든지 그런 것들 가지고 자식들 공부시키는 게 만만치 않아예. 너무 부지런히 일하다보니깐 지금은 다 허리도 굽고 무릎이 다 아파, 사는 걸 보면 가슴이 아파요. 그렇게 열심히 산 사람들 인생이 이게 뭡니까. 자식들이 다 커서 객지로 나가고, 이제는 내가 손수 지은 농사를 수확해 자식들과 노나 먹는 즐거움으로 사는 사람들이다 말입니다."

짝퉁이 된 허리와 위장

"나는 옛날에는 내 위장도 미제고 내 허리도 미제인 줄 알았어예. 우리 클 때는 미제가 제일 좋았거든요. 일제보다 미제가 더 좋았어. 그때는 국산품은 짝퉁. 요새 말하자면 중국산 짝퉁 정도 되었지. 요즘은 이양기 가지고 모를 심지만 옛날에는 전부 손으로 엎어져서 심었잖아예. 그렇게 심을 때도 다른 사람은 허리가 아파 죽는다고 엎어져 있다가 일어났다 해도 나는 하루 종일 모를 심어도 허리 아프다, 이런 소리를 해본 기억이 별로 없으니까예. 그

래서 내 허리는 미제인 줄 알았고. 내 위장도, 다른 사람들은 고구마 먹으면 속 따갑고, 감자 먹으면 속 따갑고 하는데, 나는 밀가루음식 많이 먹어도 속 안 따갑고. 내 속도 미제인 줄 알았어예.

그랬는데 참 세월이 흐르다보니까 위장도 짝퉁 비스무리하고 허리는 완전 짝퉁, 이렇게 되었어. 이렇게 몸이 참 망가지도록 일을 해가지고. 그렇게 일을 해서 땅도 저렇게 조금 사게 되고. 그렇게 참 이룬 살림살이라예.

내 허리가 고장이 나도록 그렇게 이룬 살림살인데, 이게 지금 내 집이고 땅이고 제로 상태잖아요. 농협에서 대출도 안 내주는 제로 상태잖아요. 사실 내가 이 나이에도 그걸 포기를 못하겠는데, 나이 드신 분들, 지금 꼬부랑해가지고 허리도 다리도 못 써가지고 찔찔 밀고 다니는 나이고 걸음도 못 걸으시는 그런 분들이, 과연 그 살림살이, 내 조상 대대로 이어오던 내 땅 한 떼기를 포기할 수 있겠어요?

이제는 편할 때가 됐는데 이분들이 전쟁터에 나올지 상상을 못했어요. 상상을 못했고⋯⋯ 다들 보면 80세 넘은 분들이 많고 60, 70 되는 사람들도 별로 없어요. 우리 나이 같은 사람은 10명 정도밖에 안 될 꺼라예. 나 많은 사람들이 참 안됐어예. 송전탑 5개가 마을 앞에 세워지는데 어느 자식이 부모가 있다고 여길 올 것이며, 지금처럼 고추농사를 지어서 누굴 먹이겠어요.

어느 집 자식이 그랬대요. 엄마야, 내는 여기 땅에서 난 거 안 갖다 먹겠습니다. 보통으로 하는 소리가 아니죠. 농사를 지어 내가 다 먹고사는 거 아니잖아요. 우리도 누군가의 먹거리를 책임지고 있고, 누군가의 밥상에 내가 농사를 지은 것을 올리는 건데.

삶의 터전을 송두리째 뺏는, 짓밟는 이런 나라가 또 있을까요."

예쁘게 단풍 드는 산이 철탑 장식으로

"일을 하도 해가지고 발이 다 엉망이라예. 못났어요. 집에서 씻으면서 발한테 그래요. 무거운 몸 이고 다니느라 오늘도 고생했다. 고맙다. 혼자 궁시렁궁시렁 잘해예. 고추밭에 고추를 묶어주면서 만나서 반갑고 이쁘게 자라줘서 감사하다. 일할 수 있어서 감사하고 일할 수 있는 농장이 있어서 감사한데, 그 농작물을 보면 감사한 기라. 내 주위에 있는 것들을 너무 감사하게 생각해예.

사실 힘든 순간이 있었어예, 우리 집 아저씨랑. 힘든 일을 겪으면서 나를 너무 힘들게 해서 이렇게 살게 되었지만, 그래도 그 사람이 내 가까이 있어줘서 고맙지요. 그래 이야기를 하면 사람들이 니 미쳤나 카거든. 사실 미친 게 아니고 가만히 생각해보세요.

한때 우리 집 아저씨가 옆에 있는 자체가 힘들었어요, 말도 잘 안 했고. 하우스 일을 할 때 일손이 필요하잖아예. 내 혼자 일을 못할 때가 있어예. 그럴 때 부산에 아는 아저씨가 계세요. 도와달라 한 적이 있었는데 그 생활이 계속되면서 사람들 입에 오르내린 거예요. 시골은 도시 같지 않아서 말들이 많아요. 그 아저씨가 80세가 다 돼가요. 그런 아저씨랑 나랑 뭔 관계가 될까봐. 이런 일들이 발생하면서 아, 이건 아니구나 생각이 들더라고예.

거기다가 참 그렇게 힘들게 지내면서 이 모든 아픔들을 안고 있으니깐 내 자신한테 이로울 게 없는 거예요. 가슴속에 담고 있는 것만으로도 힘든 기라예. 그래서 어느 순간부터 하늘을 쳐다보면서 산을 쳐다보면서, 가을이었어요. 가을 하늘이 너무 이쁘게 보이고 산이 너무 아름답게 보이는 거라예. 참 이렇게 좋은 모습들을 담아야겠다 생각했어요. 그래서 다시 말도 걸게 되고 용서를 하게 되는 거라예. 그 사람을, 그 감정들을 내려놓으면서 내자신이 편해지는 거예요.

옛날에 송전탑 막으러 다니고 그러기 전에는 새벽에 나와가지고 하우스에서 일을 해요. 시간이 되면 나와서 밥 한 숟가락 먹고 하우스 뚜껑 열어야 빛이 들어가잖아요, 담요 열고 나면 커피를 한 잔 타가지고 강가로 나가요. 햇살이 쫙 비치는 게 강이 너무 예뻐요. 요즘 같은 때는 오리들이 와요. 오리들이 와가지고 물 위를 날고 물에 동동 떠다니는 걸 보면 너무 이쁘거든요.

나는 이곳이 너무 좋아예. 이른 봄 되면 쭉 나가다보면 벚나무가 많지 않습니꺼. 벚꽃도 피고, 새순 딱 돋아나면은. 조금 더 나가면 들길이 나와요. 들길에 장미꽃이 펴요. 그 농촌에서 면사무소에 일하시는 분들이 꽃길을 가꿔나가지고 장미꽃이 예쁘게 피어 있는 걸 보면 그게 또 너무 좋아예. 시내에 나가면 벚나무 밑에 포롱포롱한 잎이 나고 그 밑에 꽃잔디가 예쁘게 피었어요. 너무 예쁜, 그런 모습들, 너무 예쁜 마을이고 내가 사는 세상이 참 아름답구나 그런 생각을 많이 하죠.

참, 나는 이곳이 너무 좋고 아무리 힘든 상황이 벌어져도 내는 이곳을 떠나지 않는다는 생각을 하고 살았는데…… 이제는 잎이 돋아나고 그 예쁘게 단풍 물드는 산이 철탑으로 장식이 되잖아예. 그 철탑이 보고 싶어서 산을 쳐다보겠습니까? 송전탑 121번이 강을 지나오면은 우리 하우스 가까이로 지나가게 돼요. 과연 내가 여기서 농사를 지을 수 있을까. 여기서 살 수 없을 것 같은 생각밖에 안 들고……

지금 송전탑 125번이 완공이 됐고 126번이 오늘내일 완공이 될 거 같아요. 그 송전탑이 완공되고 나면은, 거기에 한번 올라가고 싶은데 올라갈 수 있는 상황이 아니에요. 내 눈으로 보고 오면…… 더 미칠 거 같아요. 저기 올라가야겠다는 생각이 들면 밤에라도 뛰쳐나와야 돼예. 저 불빛만 보면 속이 다 틀어져버리고. 내 인생을 마감할 자리는 저기구나 해서 한번씩 가봐야겠다 생각하면 미쳐버리겠어예.

툭하면 경찰하고 부대끼고 싸우고 소리 지르고 하다보니, 목도 안 좋은데 소리를 질러서 목소리도 안 나오고 경찰들한테 짓밟혀가지고 가뜩이나 수술한 무릎을 경찰들이 밟았는지 엎어졌는지 했는데, 자다가 무릎을 구부려야 하잖아예. 잠이 깨요, 아파서. 일할 때는 어쩔 수 없이 하지만 밤 되면 가만 누워 있으면 너무 고통스러워요."

인터뷰 내내 그녀는 웃음과 울음을 반복했다. 말의 절반이 웃음이던 사람이었다. 송전탑 공사 후 얼굴도 웃음도 반으로 줄었다. 핼쑥한 볼은 깊게 파여, 언제 웃었나 싶게 "내가 목이라도 내놓으면 송전탑 공사를 막을 수 있을까요" 물어왔다.

그녀의 이웃 이야기는 송전탑 공사에 고통받는 사람들 이야기로, 욕 한 번 안 해보고 산 순한 시절의 이야기는 지금 스스로가 놀랄 정도로 쏟아내고 있는 분노로, 그녀가 가진 결단력은 송전탑을 막는 데 쏟아야 하는 자기희생으로 이어졌다. 그녀가 그토록 사랑한다는 여수마을, 그곳 이야기도 마찬가지였다.

사라질 공동체, 전과 다를 일상이 그녀를 못 견디게 했다. 그럼에도 나는 그녀 특유의 강인함과 긍정에 기댔다. 스스로가 땀으로 키운 땅의 음식을 먹고사는 사람이 가지는 반듯하고 정직한 강인함. "사촌오빠가 군대에 갔을 때 위문편지를 쓴 게 있는데, 거기다가 '언제나 환한 웃음의 소유자로 살겠다' 이래 글을 쓴 게 있으예. 항상 밝게 호탕하게 사는 게 좋더라고예." 그 여자아이에게 기대어 물었다.

"송전탑 공사가 만에 하나 이루어진다면, 그 또한 용서하고 그 감정을 내려놓으실 수 있겠어요?"

"용서요?"

그녀는 깊은 눈을 들어 한동안 나를 바라봤다.

"……이건 용서가 안 될 거 같아요. 누군가의 힘에 의해 억지로 된, 합법적인 공사가 아니잖아요. 우리들 다 죽는다고 했는데, 누군가가 나서서 대화를 했어야죠. 그걸 안 해줬잖아요. 만약에 세워진다면…… 용서가 안 되죠. 권력에 의해서 우리가 짓밟히고 세워진 건데 용서를 할 수 없죠. 사실은…… 며칠 전에, 내가 베개에다가 수건을 깔고 잤어요. 얼마 전부터는 그냥 베개를 베고 자요. 수건 깔고 잘 때는 그 상황들을 몰랐는데 자고 일어나 가만 보면 눈물자국이 하나둘 있는 거예요. 내가 자면서도 내 말을 지키지 못하는 죄책감 때문에 울고 있었다는 생각에…… 잘 때조차 눈물을 흘릴 정도면 머릿속에 내가 그만큼 슬프다는 이야기인데. 우리가 힘이 없어서 송전이 된다고 했을 때 내가 안고 살아야 하는 슬픔인데……"

싸움의 끝을 보는 그녀

그녀가 준비하는 슬픔을 가늠해본다. 내 가늠이 끝나기도 전, 그녀는 허리를 곧추세우고 앉았다. 어느새 밀양 골짜기 안에 자리 잡은, 그녀가 그토록 사랑한 여수마을을 넘어 세상을 향해 눈을 돌린다. 차마 묻지 못한 싸움의 끝을 스스로 말했다.

"싸움을 시작한 날이 있으니 끝도 안 있겠습니꺼."

나는 숨을 멈췄다. 그녀는 아무렇지도 않다.

"지금 어떤 상황으로 끝날지 모르지만 우리가 할 수 있는 거는 다 해봐야 되지 않겠습니꺼. 나는 이 싸움이 여기서 멈출 것 같진 않아요. 지금 내 마음으론. 나중에 내 생활이 어떻게 변할지 모르겠지만, 이건 우리만의 싸움이 아니잖아요. 그 사람들 때문에 용기를 낼 수 있고, 탈핵이 우리가 살 수 있는 길이 되지 않을까. 내 지역의 미래를 보면 우리 지역에 송전탑이 안 들어서는 게 맞죠. 우리나라의 미래를 보면 탈핵이 되는 게 맞는 거 같아요. 이 싸움이 끝이 나도 '나는 함께할 것이다'라는 생각을 갖고 있어요. 우리 아들이 '이 싸움이 끝이 나도 엄마는 끝이 안 날 거 같습니다' 해요. 나는 못 잊을 거 같아요. 우리 사회에 아파하는 곳이 많다는 걸. 이 순간들이 영원히 기억에 남을 거 같아요. 우리 싸움이 끝나도 그곳 사람들에게 힘이 되어주고 싶어요, 작지만. 우리도 이렇게 많은 분들 도움을 받으며 싸우고 있잖아요."

그녀의 싸움은 끝이 아닌 시작을 향해 달려간다.

후기

○

밀양에 삶을 지키는 이들이 있음을 알게 됐다. 도대체 그네들이
지키고자 하는, 그 삶이 무엇인지 궁금했다. 눈을 돌리니, 흙을
밟듯 자박자박 내딛는 그네들의 걸음과 그 걸음이 만드는 길을
보게 됐다. 김영자 총무, 그리고 밀양 그네들의 목소리를 기록하는
까닭은 그 걸음을 쫓고 싶어서일 게다.

"어떤 대가를 치르더라도 고향은 지킬래예"

산이 병풍처럼 골안마을을 감싸고 있는 이곳에 106번, 107번, 108번 송전탑이 들어선다. 주민들은 언젠가부터 밤만 되면 통 마실을 나가지 않는다. 낮에는 공사장으로 향하는 헬기소리를 들어야 했고, 밤에는 공사장에서 훤하게 밝힌 불빛을 보아야 했다. 보는 것만으로도, 듣는 것만으로도 벌써 송전탑이 안방까지 들어선 듯하다. 한전 직원들이 공사장으로 오르는 새벽 6시와 오후 2시, 주민들은 하루도 빠짐없이 길목을 지킨다. 공사를 저지하기 위해서다. 대부분 고령의 할머니와 할아버지들이다. 그중에 가장 젊은 부부인 안영수(59세) 씨와 천춘정(55세) 씨는 할머니, 할아버지들의 든든한 울타리 같은 존재다. ●

기록 ○ 변정윤

"고향이 아무렇게나 있어도 고향이란 말입니까"

○

안영수

아버지의 빚보증, 평생의 가난

저희 아버지가 스무 살 안 돼서 여기 이사를 오셨어요. 본래 아버지 고향은 배냇골이라 카는 데가 있습니다. 울주군 아주 산골입니다. 거기 워낙 계곡이 있고 하다보니까 자기가 힘들어서 아마 그때, 평지에 땅을 좀 사달라고 했는데 할머니 친동생이 여기 골짝 논을 사가지고 그래가 여기 오기 싫었는데도 마지못해서 왔죠.

저는 여기서 태어났죠. 우리는 형제가 여섯인데, 남자는 둘이고 제가 전체로는 네 번째예요. 어릴 때야 뭐 겨울 되면 저짝에 작은 못이 있는데 맨날 얼음이나 타고 아침 10시나 되면 스케이트 이래 메고 가가지고 점심 안 먹고 오후 2시나 3시 해 넘어가면 들어오고. 그리고 좀 더 커서는 산에 가서 나무하고.

중학교 때는 산내면에 동광중학교라고 있는데 여기서 40리 됩니다. 가는 데 20리 오는 데 20리, 하루에 40리 정도 걸어 다녔죠. 옛날에는 꼬불꼬불한 자갈밭 길인데 상당히 힘들었어요, 걸어 다닌다꼬. 고등학교는 부산서 다니다 부산은행에 취직해가 28년 다녔죠. 여기 다시 돌아온 거는 이제 만 7년차 들어갑니다. 이제 땅 뙈기 좀 사고 사과 농사 질라고 그래 시작을 해가지고 하고 있죠.

아버지가 외삼촌한테 돈 보증 서준 게 상당히 힘이 들었어예. 그 당시 17,000원인가 빌려줬었는데, 금리가 월로 하면 6푼인데, 연으로 하면 72% 되지 않습니까. 곱하기 12하면 72%. 그 당시에는 사채가 그리 비쌌어요. 우리 엄마, 아버지 맨날 빚 때문에 농약 먹고 죽는다고 말하며 싸우고 했죠. 우리 형제간들은 다 나가버려서(객지 생활) 모르고 집에는 제가 있고, 밑에 동생 둘이는 아직 어려서 잘 모르고 엄청 힘들었죠.

해마다 골짝 논 좀 농사지어가지고 가을에 전부 다 팔아 빚 갚고, 또 못 갚은 부분은 원리금 포함해서 다시 차용증 써주고 했죠. 그래 또 농사지어가지고, 방앗간 해가지고는 우리 묵고 생활하고. 제가 그래 스물다섯 살에 은행에 들어가서 빚 다 갚고, 우리 외삼촌 빚을 내가 다 갚아준 거예요. 내가 초등학교 다니기 전 같으면, 여덟 살에서 스물다섯을 빼면 17년간 빚 때문에 고생을 한 거예요. 아버지는 젊은 시절에 빚 때문에 고생을 엄청 했던 거라예. 그건 말도 못합니다. 그 아까운 청춘을 빚 때문에 다 놓친 거예요.

은행 다닐 때도 농사철 되면 시골에 와가지고 농사일을 엄청 많이 했어예. 지금은 그래도 요 길이라도 찻길이 있지만 옛날에는 회관 위로는 찻길도 없었어요. 우리 논이 저 위에 있어서 지게 지고 다니고, 지금 이래 차 타고 다니는 사과밭에까지 차가 싹 들어가고 하는 거는 그 당시에는 꿈에도 생각하지 못했어예.

골짜기 천수답 다랭이 논 이게 일이 참 많습니다. 지금 제가 평지에 논이 한 2,000평 있는데, 골짝 논 500평 짓는 것보다 더 힘이 작게 들어예. 골짝 논 10마지기 지을 수 있는 그 노력으로 들 논은 50마지기 지을 수 있단 말입니다. 보리도 심을 때 전부 소를 부려서 해주고 또 거름을, 퇴비를 발하고 논에 넬 때는 다 지게를 지고 가서 힘들었죠. 리어카 한 번 싣고 가는 게 사람이 바지기로 (지게) 지고 가는 것보다 세 배 네 배 힘 적게 들죠. 골짜기 사람들은 그렇게 힘들게 농사를 지었고, 그렇게 농사짓는 시절은 절대로 안 올 거예요. 이제 농사를 그렇게 악착같이 안 지어도 먹고살기가 그렇게 힘든 건 아니니까, 또 길도 나고 하니까 그래 힘이 안 들것이라고 보는데, 또 지어보니까 많이 짓게 되더라고요.

우리 어무이 올개(올해) 팔십다섯이지마는 쥐 패고 이런 것은 안 해요. 자식을 아까바서 절대 못 때리고 일도 많이 시키는 걸 안 타까워하고. 잔소리는 많이 했죠. 아버지는 지금 돌아가셨다 아입니꺼. 칠십셋에 돌아가셨나. 돌아가실 나이가 아닌데 경운기를 몰고 가을걷이하기 위해서 볏단을 싣고 오는데 산에 길이 상당히 안 좋았어예. 경운기 밑에 우예다(어떻게 하다) 탁 튕겨가지고 경운기 밑에 깔려버렸어요. 경운기 뒷바퀴가 뭐 가슴 위로 지나갔다던가, 그래 체력이 약해지더라고. 병원에 가라 이라니까 그걸 안 가더라꼬예. 다섯 달 반인가 병원에 입원했다가 돌아가셨다 아입니까. 그래 돌아갈 그런 병이 아닌데. 워낙 건강한 체질인데, 한번 건강을 잃으니까 회복이 안 되더라꼬. 그래서 지금 우리 어무이는 조금 심상찮다 이라면 델꼬 가서 바로 병원에 입원시켜버립니다. 돈 많이 있으면 뭐합니까. 제때제때 병원에 못 가가지고 죽으면 소용이 없는데.

우리 아버지도 생활하는 데 돈이 넉넉지 못하니까 상당히 궁핍했어요. 이웃에 작은 돈 이런 것도 빌려가 또 갚고. 빌려오기는 아버지가 빌려오고 갚을 때는 내가 가서 갚고. 생활할 때 밥 굶고 이런 거까지는 안 했는데, 어떨 땐 양식이 떨어져가지고, 그게 아마 중학교 다닐 땐가 그랬는데, 한날은 양식이 떨어지는 거라요. 한 5월 말 정도 됐을 거예요, 양력으로. 5월 말 되면 보리가 누렇게 익습니다. 양지 바른 데는 보리가 좀 더 봄에 일찍이부터 자라거든요. 양지 바른 쪽에는 따뜻한 햇볕을 받으니까 먼저 큰다꼬예. 그라면 큰 대바구니를 들고 가가지고 보리 그…… 사투리로 하면 보리 대가리라고 캅니다. 보리머리, 보리싹을 잘 익은 놈만 골라 따가 오는 거예요. 가마솥에 불을 때고 거기 보리를 일정 양씩 넣는 거예요. 그렇게 말리는 거예요. 말리면 보리가 풋보리니까 그냥 찌면 안 되니까 죽이 되어버리니까, 빗자루 가지고 젓어가면서, 안 젓으면 밑에 타버리니까. 깨 볶듯이 젓어가 야물게 익으면은 절구통에 찧습니다. 찧으면 껍데기가 버어지죠. 그러면 키를 까부리고 껍데기 날리 보내고 덜 여물면 또 하고. 이렇게 해가지고 저녁밥, 그 다음날 아침밥 이렇게 한 걸 제가 한 번 봤어요. 그때는 진짜 춘궁긴데 그런 시절을 한번 보낸 걸, 우리 어머니 하는 걸 봤어요. 그렇게 어렵게 산 적이 있어요.

"힘 있는 사람과 힘없는 사람의 전쟁 아입니까"

저는 고향을 영 떠난 건 아니었고 부모님이 여기 계셨으니까. 학교 다니고 직장 다닌다고 부산에 가 있었지마는 항시 오고 싶으면 오고, 농사지으면 주말에 연거푸도 오고, 일요일 한 번씩 오기도 하고, 늘 왔던 안식처요. 저는 도시 사람들의 메마른 정서, 정감이 없는 그런 걸 좀 싫어해요. 시골에 들어온 이유가 아, 좀 정겹게 정답게 살고 싶다, 정신적으로 편안하게 살고 싶다 이래가 온 거예요. 고향은 사람들이 별로 없지 않습니까. 나 만 할매들 몇 사람 있고 할배들 몇 사람 있고. 아버지 친구들이죠. 그런 사람들이 있는데 내가 와가지고 좀이나마 잘 지켜야 되겠다, 선배라든지 후배라든지 나를 쳐다보는 게, 저 사람은 좀 잘 지키겠지, 고향에 동네에 있는 이런 것들을 합리적으로 잘 처리할 것이다, 이래다 기대하고 있는 거거든요. 나름대로 나 만 사람들을 옛날의 끈끈한 정으로 잘 이끌어가고 그렇게 유지해야 되겠다, 이런 생각을 했죠. 했는데 이제 이런 일이 있어가지고.

2009년 2010년은 다 같이 싸우고 했는데 그사이 조금씩 조금씩 변질이 돼가지고. 괴곡동은 골안마을하고 도로 쪽에 있는 양리마을하고 두 개로 구성되어 있는데 양리마을에서 자꾸 한전과 합의를 하겠다는 거라. 그 당시 마을대책위에서 한전하고 협상해가지고 안이 나오면 동네 전체 회의를 붙이겠다. 총회에서 승인이 나면 합의하면 되는데 회의도 안 붙이고. 거기 나쁜 놈이 한 놈있어예. 합의를 해버린 거라예, 몰래. 합의한지도 몰랐어요. 2012년 11월 8일 날 밖에서 합의했다는 말이 돌아가지고 골안마을만 54명이 서명을 받아가지고 한전에 내용증명 보냈어요. 합의 원천무효다, 우리는 보상 필요 없다.

한전이라 카는 집단은 공기업 아닙니까. 공기업이면 일반 민간기업, 일반 개인들이 운영하는 것보다 좀 더 높은 수준의 윤리성과 도덕성을 가지고 기업을 경영해야 하는데 한전이라는 집단은 양아치 집단이라. 골안마을에서 합의가 안 됐다, 잘못됐다 카면은 골안마을에 와가지고 뭐가 잘못됐는지 살펴보고 그러면 피해가 많이 가는 골안마을 사람들한테 도장을 받고 해야 그게 합의가 되고 하는 거지, 밑에 (양리마을) 사람들한테 합의가 됐다고 하면……

이 사람들이 10월 달부터 돈을 가지고 꼬시는 기라. 11월 말까지 안 받으면 안 된다. 12월 말까지 안 받으면 마을 공동기금으로 들어간다 카민서. 이런 식으로 보상금 받기 싫다는데도 집집이 다니면서 전화를, 홍보팀에서 계속 전화를 해가지고 보상금 받아라, 안 받으면 마을 공동기금으로 들어가면 영영 못 받는다, 못 받으면 골안마을에 안영수가 나중에 준다 캅디까 이런 식으로.

우리가 앞에 조상으로부터 다 물려받아가지고 자라고 자식들 키우고 이제 남은 여생을 보내고 있는데, 그건 진짜 아니라고 생각하거든예. 우리가 이 송전탑을 사람들이 자꾸 힘이 없어서 못 막는다 못 막는다 이래 얘기하는데, 이 산외면에 있는 모든 주민들이 한 사람도 빠짐없이 보상금 안 받고 합의서 작성 안 해주면 철탑 저거 못 섭니다. 그런데 돈에 눈이 어두워가지고 보상금을 받겠다고 합의서를 작성해서 그것 때문에 저 철탑이 서는 거거든요. 자기만 받으면서 끝나는 게 아니고 공동체 문제기 때문에 자기들 다 양보를 해야 된다고. 그런데 그걸 도장을 찍어주고 그걸 또 찍어주라고 돌아다니면서 꼬시는 한전 놈도 나쁘지만, 마을 동장이라 카는 놈이 그렇게 꼬시는 게 더 나쁘다는 거지. 이게 나쁘다는 걸 절마들이 잘 모르는 것 같아요. 왜 모르는지는 잘 모르겠지만.

이게 우리나라 교육이 잘못된 기라. 물질만 너무 강조하다보니까 학교 다니는 아들한테도 공부 잘해라, 공부 열심히 해라, 요즘 학점만 높이라고 하는 게 전부 취직 때문에 그러는 거 아니에요. 우리 민족은 어디에서 와가지고 어떻게 살다가 우리가 다음에 어떻게 살아야 되는지를 역사를 통해서 알 수가 있거든요. 역사를 통해가지고 잘됐던 역사든지 잘못된 역사든지 그런 거 다 우리한테 교훈입니다. 그게 우리한테 나아갈 수 있는 방향을 제시하는 거거든요. 그걸 정부에서 교육을 안 시키는 게 잘못됐고, 거기 또 국가에서 교육을 안 시키는 이유가 뭔고 하면은 국민들이 다 몰라야 무지해야, 어느 놈이 친일인지 어느 놈이 종북인지 전혀 몰라야 국가의 권력자들이 국민을 다스리기 편하다, 정치를 펴기 쉽다, 국민들이 전부 무식해야 일하기가 쉽다는 이야기입니다. 국민들이 다 똑똑하면 더 어려운 정책을 펴야 하고 요구 사항의 수준도 더욱더 높아질 것이니까 국민들이 모르고 하는 게 더 나은 거지예.

송전탑 이거는 분명히 잘못됐습니다. 처음에 신고리 1, 2호기 때문에, 신고리 1, 2호기 전기 보낸다, 이거 안 세우면 못 보낸다, 그래서 부북에 이남우 씨라든가 그때 열두 명인가한테 한전에서 10억 손배소를 때렸다고예. 전기를 생산했는데 못 보내가지고 손해가 일어났으니까 너거가 배상해라 그래서. 그런데 이제 알고 보니까 1, 2호기는 전기를 다 보냈어요. 그라마 3, 4호기 때문에 송전탑 해야 된다. 아이다. 3, 4호기도 송전 가능하다 그라니까 안 된다 이기라. 윤상직 장관도 와가지고 이야기했고 총리도 와가지고 그렇게 얘기했는데, 송전 가능하다. 최근에 와서 3, 4호기 송전 가능한데 5, 6호기 때문에 그렇다. 5, 6호기는 아직 국회 승인도 안 떨어졌는데 언제 될지 모르는 거라.

그렇게 국민들에게 거짓말하고. 한전에 다니는 직원들은 한전에 근무할 동안에는 송전탑이 피해를 안 준다 없다 캤다가, 퇴직하고 나서는 송전탑 피해 있다 카고. 그런데 여기 사는 주민들한테는 피해가 없다, 피해가 없다 카고. 지금 당진이라든지 다른 데서 피해 사례가 많이 보고가 되고 있잖습니까. 있는데도 저거는 피해가 없다는 거예요.

억지로 하는 건 뭐가 있다는 겁니다. 한전이나 정부에서 하는 이야기가 국책사업이라고 이야기하는 거거든. 그럼 국책사업이 힘없는 사람들 땅으로만 지나가고 힘 있는 사람은 뱅뱅 돌아서 피해서 가고, 그러면은 열 안 받는 사람이 누가 있겠어요, 그죠. 진정한 국책사업이면은 힘 있는 사람이 오히려 아, 우리 땅으로 세워라, 우리 동네 세워라, 피해 없다 카는 걸 보여주께, 그래야 다른 사람들도 아, 그렇구나 그 사람들 말 믿고 따라가지. 피해가 있는 줄 뻔히 알면서도 말이야. 다른 사람보고는 힘없는 사람들한테 아 너거 피해 없다 세워도 된다, 저거는 아, 나는 아이다(안 된다). 그게 무슨 국책사업입니까. 힘 있는 사람이 힘없는 사람을 짓밟는, 힘 있는 사람과 힘없는 사람과의 전쟁 아입니까. 전쟁이라는 말은 제가 만들어낸 말은 아입니더. 여기서 송전탑, 경찰이 와가지고 그래 캅디더. 원래 지금 전쟁 상황입니다 이랬다고예. 주민들보고. 저거가 전쟁이라 캤기 때문에 저도 전쟁이라고 캤는데 전쟁 아입니까. 그래 힘없는 사람 짓밟기가 쉽지 않습니까. 힘 있는 사람은 저거 땅으로는 못 가게 하고.

지금 보이는 저기 109번입니다. 109번은 소재지가 상동면인데, 우리 여기서 보입니다. 거기 109번. 109번이 우리하고 상당히 멀다고 생각했는데 훤히, 상당히 가까이 보이지 않습니까. 이게 106번까지 설치가 되고 선이 걸쳐지면 우리는 엄청나게 압박감

받을 거예요. 엄청 높고 가까이. 상당히 먼데도 가까이 보이는데 107번이라든지 106번이 설치가 되면…… 작년 5월 달에는 저기도 우리가 막아봤죠. 산외면에 공사가 안 들어왔을 때. 108번에서 거기 얼마 안 되거든요.

"인간의 윤리가 뭔지, 도리가 뭔지"

송전탑을 못 막아내면, 송전탑은 서는 거죠. 그러면 전기는 흘러가겠죠. 여기 철탑이 있어가지고 우리가 계속 정신적인 스트레스가 들더라도 10년은 농사를 짓고 영 스트레스를 받으면 떠나야 되겠다. 고향이지만 할 수 없지 않느냐, 쳐다보는 것만 해도 스트레슨데, 떠나야 되지 않을까 이런 생각이 들고, 나이 만 할매들 할배들 빼고는. 좋다고 도장 찍은 놈들은 여 살겠죠. 농사를 부지런히 지어가지고 10년만, 못 막는다면 나가야 되지 않을까. 70이 돼가지고 나가야 되지 않을까. 그 안에는 버텨야 되지 않을까. 되게 보기가 흉칙하고 이라면은 봉이 쪽에 컨테이너도 있습니다. 거기 가든지. 금곡 논이 헬기장에서 보면 바로 건너편입니다. 거기에 컨테이너 한 대 놓고 그리 가든지 농사짓기 위해서는.

국회에서 1차에서 6차까지 토론을 했거든요. 한전하고 앉아가지고. 2회 차인가 3회 차인가 한전 직원이 이랬습니다. 한전에서 토목 담당 참관인으로 있는 사람인데 "지중화할 수 있습니까? 없습니까?" 이러니까 그 사람들이 이래 이야기를 했습니다. "지중화하라 카만 할 수 있습니다. 한전인 우리가 먼저 지중화한다고

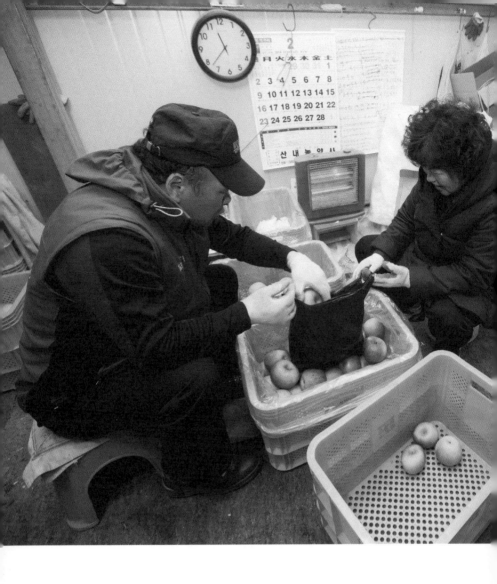

말 못합니다. 국가에서 지중화하라 카면 할 수 있습니다." 그 뒤에 지중화에 대해 매듭을 지어보겠다고 회의 갔는데 뭐라 카느냐면, 그런 말을 한 적이 없다는 기라. 지중화를. 밀양 할매들은 765는 지중화 안 되는데 지중화하라꼬 떼쓰고 있고 캐사민서. 345로 하라고 우리가 늘 얘기하고 그러는데, 그래서 아까 345로 전압을 다운시켜서 하라 카는 말이 그 말이에요. (765kV는 전압이 높아 지중화가 불가능하고 345kV는 지중화가 가능하다. 주민들은 송전탑이 밀양을 지날 때 전압을 345kV로 낮춰서 지중화하라고 요구하고 있다. 그런데 한전에서는 밀양 할머니들이 765kV를 지중화하라고 억지를 쓴다고 왜곡하고 있다.)

송전탑 싸움을 하기 전에는 전혀 몰랐던 긴데, 싸움을 하다보니까 국가가, 한전이, 권력가들이 이렇게 비정상적으로, 정의가 아니고 불의를 내세워가지고 하는 거예요. 참 일찍이 몰랐다. 나는 그래도 우리나라가 법치에 의해서 민주적으로 잘 움직이는 줄 알았더만, 이 송전탑을 들여다보고 나서는 불의의 세력들이 엄청 많다는 것을 제가 알았습니다.

하여튼 제가 이 이야기만 하면 작년 봄까지만 해도 눈물이 나오더만, 이제는 하도 심정이 좀 야박해졌다고 캐야 되나…… 권로사 수녀님이라고 2012년도에 10월 달인가 밀양에 잠깐 일 도와주러 와가지고 넉 달 동안인가 바드리마을에서, 용회마을에 송루시아라 카는 사람 그분하고 텐트 쳐놓고 밤낮으로 송전탑을 지키고 그랬는데, 수녀라 카는 그분 키도 쪼맨해예. 그분이 자기가 형제가 있습니꺼, 고향입니꺼, 부모가 있습니꺼, 땅이 있습니꺼, 집이 있습니꺼. 아무 연고도 없는 사람이 와서 도와주고 이래 하는데, 하물며 우리 고향이라고 있는 사람들이 밑에 동네 사람도 그렇고 위에 있는 사람도 마찬가지고, 고향땅을 지킨다고 하면 그 무엇보다 더 큰 대가를 치르고도 지켜야 된다는 의리가 있어야 되는데 돈 몇 푼에 눈이 어두버가지고 그렇게 한전 사람들한테 합의를 해준다고 하는 건 있을 수 없는 일입니다.

송전탑 관련해가지고 다음에 고향 사람들이 와가지고 고향 이래 카면은 내가 바로 뭐라 칼 겁니다. 너거 고향 소리하지 마라, 고향 카면서 고향이 이래 난리를 지겼는데(쳤는데) 너거는 한 기 뭐 있나? 객지 생활하다 와가지고 고향, 고향 카민서 와가 그 소리하는 데가 고향이 아니다. 진짜, 고향이 이렇게 어려우면 너거 가 와서 말이라도 한마디 하고 갔느냐? 우리가 어데 경찰하고 대치하고 있으면, 너거도 같이 마스크 끼고 와가지고 경찰보고 욕이라도 한마디 한 적 있느냐, 무슨 고향이냐? 고향이 아무렇게나 있어도 뭐 고향이 문제가 없단 말이냐, 엄청 뭐라 칼라고. 내가 그렇게 얘기하면 저거는 아마 꼼짝 못할 거야.

밀양 보상협의체, 그것도 제대로 된 보상협의체가 아니에요. 철탑하고 거리가 먼, 거리가 1점 몇 킬로 2킬로 떨어진 놈들이 먼저 합의하고, 이게(돈이) 작게 돌아가는 마을도 있고 많이 돌아가는 마을도 있고. 어떤 마을에는 동화전 같은 마을은 200 몇 만 원 어떤 마을은 40만 원 뭐. 아이고 새끼들이, 사람이 우째 돈 200만 원가지고, 차라리 그 돈 안 받고 말지.

우리 전에 이야기했습니다. 우리가 싸움에서 밀리더라도 보상금 절대 안 받는다. 그래야 우리가 나중에 이전을 해달라고 하고, 무슨 청구권이라도 있지, 후손들에게 할 말이라도 있지. 진짜 나중에 무슨 피해가 밝혀져가지고 옮기달라 소리도 못하고. 넌 그때 보상금 받았잖아, 합의해줬잖아, 그래놓고 무슨 엉뚱한 소리하느냐. 그리고 또 옆에 하나(송전탑) 더 지나갈지도 모른다꼬예. 그러니까 그걸 절대 받으면 안 돼.

핵폐기물 저것도 우리 후손들한테 넘겨주는 거 아닙니까. 수출한 원자력에서 나온 폐기물도 다 들어와서 우리가 처리하는 것으로 얘기합디다, 환경단체에서. 저거 나라에서 쓰던 전기를 왜 쓰레기도 아니고 쓰레기보다 더 못한 우환덩어리를 가져와가지고 우리가 왜. 우리 후손들이 자의에 의해 결정한 것도 아니고, 위에 조상들이 물려줘가지고 어렵게 만들고, 다 후손들 비용 아입니까. 있을 수 없는 거지요.

이게 진짜 국책사업이고 꼭 필요한 거라면 주민들이 반대를 안 하죠. 다른 방법이 있음에도 이렇게 밀고 나가겠다. 그래서 우리가 끝까지 싸우겠다는 것이죠. 두 사람이 송전탑 때문에 목숨을 잃고 이랬는데 그 사람들한테 부끄럽지 않게 해야 되고, 그런 사람들 목숨을 던졌는데도 자기 돈 조금 받아묵고, 돈 욕심이 나가지고 도장을 찍어줬다는 것은 저는 사람이 아니라고 봅니다.

사람들이 몰라도 어째 그렇게 모르는지, 차라리 옛날에 할매 할배들은 안 비아도(배워도) 인간의 윤리가 뭔지 인간의 도리가 뭔지 그걸 아는 사람들이고, 요즘은 하도 물질만능주의고 개인주의로 나가다보니까 이런 일이 생겼는데, 이건 진짜 있을 수 없는 일입니다. 정부에서도 진짜 이렇게 하면, 대한민국 모든 사람들을 이렇게 다 우리 대하듯이 한다면 그 정권은 유지될 수 없는 거죠. 있을 수 없는 거죠.

"밀양엔 전기 필요 없습니다"

○

천춘정

"조용하게 농사지으면서 살라꼬 왔는데"

저는 부산 영도 봉래동에서 나가지고 거기서 컸습니다. 학교도 거기서 다니고 2남 3녀고, 막냅니다. 학창시절에는 아버지가 배 타시고 나가고 해서 집에 자주 안 계셨지예. 그래도 살기가 괜찮 았지예. 지금은 부모님 다 돌아가시고 부산에 친척들이 마이 살 아예. 사는 것도 괜찮았고, 결혼하기 전까지는 회사 좀 오래 댕겼 어예. 우리 아저씨는 큰시누하고 위에 언니가 중매를 서줘서 만 났는데. 첫 선에서 만나서 결혼했어예. 결혼하고는 전업주부로 애들 키우면서 그때는 평범하게 잘 지냈어예.

결혼하자마자 부산에 있었고 주말에 한 번씩 밀양에 오고가 고 그러니까 별 시집살이 안 했죠 뭐. 나는 별로 힘든 일 안 하고 주로 밥하고 중참 나눠주고, 여자들은 그래 마이 한다 아입니까. 우리 아저씨도 일머리를 아니까 저거 아버지 뭐뭐 시키면 따라 하고 그러니까. 아들하고 아버지하고 생긴 것도 비슷하고 유머도 있고 관계도 좋았어예. 결혼하고 그때 아저씨는 부산은행에 28년 정도 댕기시다가 퇴직해가지고 여 농사지으러 왔어예. 조용하게 농사지으면서 살라꼬 왔는데 철탑 때문에 고생을 합니다.

7년 전에 올 때 철탑 소문은 들었는데 이래까지 심각하게 될 지는 몰랐지예. 그땐 소문이 그래그래 몇 군데 선다고 했는데 막 상 공사를 시작하니까 마음이 막 착잡합니다. 이치우 어르신 돌 아가시고 또 그때 중단되고 5월 달에 공사 또 시도했다 아입니까. 시도했다가 또 하다가, 두 번째는…… 그때는 경찰이 와도 스무 명 정도만 입구 앞에서 막았지예. 우리는 양 사방으로 돌아가지고 뚫고 진입했는데, 우리가 공사 현장 입구까지 올라갔다 아입니까. 뿔뿔이 흩어져가지고 얼마든지 들어가더라꼬예. 어떤 할머니는 경찰이 앞에 서가 있는데도 좀 들라 보내주라고 하니까, "할머니 여기 옆으로 가이소" 얼마든지 그래 이야기를 하고, 그때는 이렇게 심각하고 안 그랬어예.

이치우 어르신 돌아가시고 난 뒤에 그때 중단되고, 작년 5월에 공사 들어올 때도 병력이 많이 들어오진 않았는데 10월 초부터 공사 또 했다 아입니까. 작정을 하고 준비를 하고 온 거지예. 한전 사람 단 한 명이라도 붙잡고 물고 늘어지면 조금 괜찮은데 그래 잡지를 못하니까. 그래서 우리는 경찰은 빠지라, 한전하고 싸우고 싶다고 그러거든예. 한전은 경찰이 보호를 해주니까 당당하게 올라간다 아입니꺼. 그런데 올라갔으면 똑바로 올라가면 될 꺼 아입니꺼, 그지예. 한전 직원이 저거도 경찰인 줄 알고 그 위에서 사진 찍는 건 뭐꼬. 내가 와 한전 직원이 사진 찍냐고. 한전 직원이 저거도 경찰인 줄 착각하고 있다고 하면서. 저거가 찍을 이유가 뭐가 있습니꺼? 채증을 해서 뭐 어쩐다 말입니꺼? 찍지 마라 해야지 저거 찍는 대로 다 찍으면 안 돼예. 함부로 찍으면 안되잖아예. 신분을 밝히고 찍어야 되잖아예.

그래서 우리는 주민이 작으니까, 일단 그냥 (한전 직원들이) 올라가는 것을 한 30분이나 1시간 지연시키거든예. 그라면 한전 사람들 저거들이 느끼는 것도 틀리거든예. 아침에 6시에 일어나서 저 밑에 데모하러 가가지고, 7시쯤 되면 경찰 앞에 서고, 그 뒤에 한전 사람 오면 오늘 하듯이 (공사장 올라가는 길을 주민들이 막는 일) 그래 합니다.

전에는 한번 주민들이 대개 뿔따구가 났어. 한전 직원들이 올라가면서 주민들 성질을 살살 도꾸더라고예. 주민이 막 골이 나가지고 또 산에까지 올라갔거든예. 병력이 다 내려갔는데 주민들이 산에 올라가이끼네 병력이 또 따라 올라갈 거 아입니꺼. 또 내려가고 그래 몇 번 했어. 경찰이 식겁했거든예. 그래 주민들이 산에 올라간다 카만 좋을 게 없잖아예. 그래서 경찰이 긴장을 하지예. 우리가 주민들이 요구하는 대로 다 해야 하는 거라고 경찰에게 겁주는 거라. 우리는 힘으로 안 되니까 조금이라도 한전 직원들이 못 올라가게 버티고 가라 그 말이라.

맨 처음 공사 시작할 때 회관 앞에 천막 치고 했는데 여경들이 항그(많이) 올라가서 할무이들 여기 한 사람, 저기 한 사람 붙잡아요. 한 할매는 일곱 명이 붙잡았는데 발버둥을 칠 거 아입니꺼. 하다가 보이까 좀 긁힌데 거기 할매한테 소환장이 와가지고 오라 해가지고 갔다 아입니꺼. 물었다고 하던가? 그래가지고 할매가 틀니가 있는데 틀니를 빼고 갔어. "이도 없는데 어디 물렀노"하니까, 경찰이 기가 차는지 웃더라고 하대. 주민들 기 꺾을라고 하는 기 싸움이라. 옛날 할무이들은 경찰하면 겁을 냈는데, 이제는 맨날 일어나면 보고 하니까 지금은 겁도 안 냅니다.

송전 철탑 이거 때문에 사람들이 합의해서 돈 찾은 사람도 있고, 끝까지 안 받고 가는 사람도 있고, 거에 대해서 탄 사람하고 안 탄 사람하고 갈등이 있죠, 아무래도. 송전탑 문제만 아니면 갈등이 있을 이유가 없죠. 저 밑에(양리마을) 하고는 완전 원수지간 아입니꺼. 본래 한전 사람들은 그래 한다 합디더. 동네끼리 싸움 붙이놓고 저거는 빠져나가고 그런답니더. 어데든지 다 그래 한다

합니더. 참 야비합니더. 국책사업을 직접 우리가 경험하기는 처음이지예. 관심을 안 가졌지예. 그런갑다 하고 여사로 생각했지 이래까지 할 줄 몰랐지예. 국회하는 사람들이 뭐 이렇노 싶으고. 방송이 완전히 중단되니까, 정확하게 보도가 안 나가니까 외부 사람들이 밖에서 한 번씩 얘기할 때를 보면, 국책사업인데 밀양 사람들은 전기를 안 쓰나 그런 식으로 얘기하거든예. 밀양 사람들 보상을 더 받을라꼬 한다는 그런 얘기를 들으면 한심하고 속도 상합니더.

"싸울 방법은 많이 있다고 생각합니더"

109번 철탑 다 섰는데예. 하나 선 것만 해도 그거한데, 세 개를 서버려서 사람 솥뚜껑 열리지예, 완전히. 107번이 요기 제일 가깝다 아입니꺼. 요 밑에 내려왔더라 아입니꺼. 스트레스가 많아요, 사람들이. 이래 살면 뭐하노 싶어가지고. 나만 해도 이래 죽어도 저래 죽어도 한평생 죽는 거지 뭐 있나 싶습니다. 젊은 사람들도 그런데 나이 많은 사람들 오죽하겠습니까. 저 송전탑 오늘은 꼭대기만 조금 보이지만 저 밑에는 싹 다 보이더라 아입니꺼. 요 밑에서 보면 더 많이 비는데, 저기는 끝에까지 다 보이는데, 다 된 거 같은데 보니까.

지금은 우리 마을에 이렇게 서도 다른 데 한 곳에라도 안 서면은 선을 연결 못해가지고 전기가 안 가는 거 아입니꺼, 그지예. 한 군데라도 막아줬으면 좋겠습니다. 그거지 뭐 우리는. 꿈에서도 막

싸웁니더. 일이 손에 안 잡힙니더. 갔다 오면 사람 몸만 피곤하고. 동네가 얼마나 좋습니까. 공기도 좋고. 예전에는 정부에서 하는 일은 다 잘해주겠지 생각했는데, 진짜로 송전탑 문제 경험 안 했으면 몰랐지예. 데모하시는 분들 이해가 갑니더. 일방통행입니더.

한전 사람들이 나는 참 못됐다고 생각합니더. 집집마다 가서 일부러 받아갈라고 하는데 다 이유가 있을 거거든예. 주민들이 아무 뜻 없이 있는데 저거가 와가지고 댕기면서 거짓말하지예. 그것 때문에 주민들이 나눠지고…… 주민들을 무시하니까.

송전탑이 없었으면 다 화목하게 살지예. 농사도 짓고 옛날처럼 할머니들끼리도 사이좋고 그럴 낀데, 지중화나 송전탑 건설이 중단되더라도 좋게 지내지는 않지 싶습니더. 그래 되면 우리 쪽에는 좋지만도 잘 풀리지는 않을 것 같습니더. 평생을 보고 살아야 되니까. 상처가 깊어서. 정부가 앞장서서 주민들 사이를 벌여 놓은 셈이지예.

공사한다고 헬기 뜨는 것 보면 아이고 마 사람들이 와 이래 자살하고 이라노. 사람 마음이 긍정적으로 보고 이래야 되는데 사람이 영 악하게 됐다 아입니까. 그래 되면 안 되는데, 그지예. 한전하고 경찰하고 데모할 때도 진짜로 대개 싸워가지고 분이 안 풀리니까 방패를 발로 차거든예. 차지 말라고 하면 "내 다리가 부라지지 이 방패는 안 부라진다고" 그라지예. 이런 일이 없어야 하는데, 평범하게 살다가 갑자기 이래 다른 사람들하고 싸워야 하고 감(고함) 질러야 되고. 충청북도 거 암이 많이 생겼다 하더라꼬예. 그라고 철탑 한번 세우면 그 옆에 또 세운다 하더라꼬. 한 개만 세우는 게 아이고. 당진이고 그런 데는 또 하나 세운다고 데모하고 그런다 하더라꼬예. 그러니까 저거는 멋도 모르고 했는데, 한 개 세우기 전에 말리라꼬 신신당부를 하더라꼬예. 피복도 없이 전기가 흐른다니까 소름이 끼칩니다.

요즘 인터넷에 밀양하면 송전탑이라고 다 알려져 있는데, 국책사업이라고만 생각하지 말고 밀양 주민들이 왜 이래 싸우는가 그거를 좀 알아줬으면 좋겠습니다. 그걸 알면 왜 싸우는가 다 알 수 있을 건데, 밀양 사람들은 전기를 안 쓰나 식으로 얘기를 하고. 전 시장이 조카가 살고 있다고 그쪽으로 안 넣고, 맨 처음엔 그쪽으로 그었다고 하더라고예. 자기 육촌조카라고 안 된다고 하고, 저쪽 금곡은 저거 마을이라고 또 안 된다고 하고, 힘없는 우리 쪽으로만 했다 아입니꺼. 보상금 더 받을라고 그게 아이거든예. 다 피해가 있으니까 사람들이 그래 한다 아입니까. 경남에는 전기가 남아돈다는데 밀양에는 필요 없습니다. 몇 사람 안 되는 거, 할매들 살아도 얼마나 살겠습니까. 사람들하고 살 동안에는 조금 정답게 살았으면 좋겠습니다. 그렇게 안 되겠습니까? 된다고 보고……

내가 경찰들한테 하는 말도 우리는 철탑 세우더라도 끝까지 한다고 그랬거든예. 투쟁은 끝까지 할 겁니다. 이긴다는 마음으로 할 겁니다. 우리가 뭐 설사 못 이긴다 해도 우리는 합의 안 해 줬으니까 재산권 피해라든지 얼마든지 청구할 수 있다고 생각을 하거든예. 앞으로 싸울 수 있는 방법 많이 있다고 생각합니더.

후기

○

골안마을은 내가 살고 싶은 마을이다. 마을의 마른 흙내와 매서운
겨울바람이 오히려 정겨웠다. 웅장하지도 화려하지도 않은
산과, 투박하지만 반듯한 사람들이 반가웠다. 하지만 가슴 시린
안타까움은 어찌할 수 없었다. 나에게 그동안 고향은 안영수 씨가
말한 '가끔 가서 쉬다 오는' 곳 정도였다. 변해가는 고향이 싫었지만
그 고향을 애써 외면해왔던 내 모습이 차마 부끄러워 '고향'이라는
말을 꺼내기가 이젠 조심스럽다. 송전탑이 들어서는 밀양과 들과
밭과 개천이 도로와 콘크리트 건물로 변해버린 내 고향이 뭐가
다른가. 이 집 저 집을 내 집처럼 넘나들며 살았던 고향은 집집마다
열쇠를 채우며 살고 있다. 고향을 지켜내는 데는 의리가 필요한
것이었다. 의리를 지키지 않고 사는 것이 부끄러운 줄도 몰랐다.
인간이 살아가면서 반드시 지켜야 할 '가치'가 무엇인지 두
부부에게 배웠다.

밀양 단장면 동화전마을　박은숙

"포기할 수 없지예,
우리가 끝은
아닐 테니까"

송전탑 싸움에 본격적으로 뛰어든 건 2012년 여름, 마을에 헬기 뜨고 산에 벌목하기 시작한 때였다. 일단 뛰어들고 보니 송전탑의 진짜 문제들이 보였고, 심각하다는 걸 알게 되었다. 싸우는 과정에서 남편이 공사 현장에서 현행범으로 체포되기도 하고, 어느 날 새벽에 집으로 쳐들어온 경찰들한테 긴급 체포되기도 했다. 하지만 합의금 문제가 불거지면서 동장을 비롯한 많은 주민이 싸움을 포기했고, 공사 소음이나 송전탑 문제로 집을 자주 비우는 부모님 때문에 아이들도 조금씩 정서불안 증세를 드러내기 시작했다.

그럼에도 박은숙 님은 이 싸움을 포기할 수 없다고 한다. 소수나마 여전히 함께 싸우는 이들이 있기에, 포기한다고 삶이 편해지지 않으리라는 걸 알기에, 송전탑 이후의 삶이 어떨지 뻔히 알기에, 이 싸움이 다른 어느 지역에서든 또 벌어질 수 있다는 것을 알기에. ●

"귀농이 이렇게 힘들 줄은 몰랐지요"

내가 올해 사십둘인갑네예. 애들이 넷인데, 큰아가 열여덟 살인
게 결혼한 지 18년 되었다 해야 카나. 스물네 살에 결혼했는데, 보
통 뭐, 딱 예쁠 때 시집갔지예. 그전에는 직장 다녔어요, 마산에
서. 고향은 여기 밀양, 단장면은 아니고 초동면이라고 여기하고
정반대에 있는. 우리 신랑은 경기도 포천 사람인데, 직장 다니면
서 만났어예. 아이엠에프 왔을 때 신랑이 회사를 그만뒀어요. 우
리 큰아들 놓고 돌도 안 돼서. 그때 회사에서 명퇴 받는다 하니까,
자기 농사짓고 싶다며 그만둔다 캐서 그러라 했지예. 그때 귀농
하려 했는데, 자리가 안 잡혀가 밀양에 좀 살다가, 하동에서 살다
가, 2002년에 여기로 들어왔네예. 제가 따로 기술이 없어가, 제가
할 줄 아는 기술이 많았으면 (귀농 안 한다고) 좀 버텼겠지예, 하하.

저희 집도 농사지었는데, 난 농사짓는 게 싫었어요. 맨날 땡볕
에 일해야 되고, 싫었는데, 서방님이 한다 카니 어쩌겠습니꺼. 어
릴 때 나는 모심기도 해보고 타작도 해보고 콩밭도 매보고, 안 해
본 건 없이 다 해봤어예. 사실 그냥 하는 시늉만 했지만. 그래서
(귀농하고) 농사를 몰라 힘든 거보다는 좀 하기 싫어서 힘들었죠.
왜냐면, 우리 신랑은 일을 억수로 열심히 하거든요. 농땡이 안 부
리고. 그런데 저는 농땡이 부리고 그러진 않는데 좀 게을러가지
고. 어릴 때부터 많이 게을러가지고 콩밭 매라 그러면 그늘 밑에
숨어가 놀고 그랬거든예. 우리 신랑은, 우리 어머니가 말씀하시
기로는 농사를 전혀 할 줄 모른다 카던데, 일머리는 타고난 것 같
아요. 마치 어릴 적부터 했던 거처럼 잘하더라고요.

(귀농하기 전에) 따로 준비하거나 그런 거 전혀 없었어요. 우리는 그냥 맨땅에 헤딩하는 거맹키로, 무데뽀로 왔습니다. 약간 그랬기 땜에 쉽게 따라나섰지, 만약 이것저것 재고 했으면 쉽게 따라나섰겠습니까. 이제 10년 넘었네예. 우리 신랑은 일 욕심이 많아가지고 무엇이든 크게 많이 시작할라 카더라고요. 하우스하고 밭작물 두 가지. 우리는 거의 다 밭작물이지예. 그리고 저희 먹을 쌀농사 짓고. 자급자족을 해볼라고 노력을 많이 하는데, 그게 힘들더라고요.

저쪽 작은 하우스에 벌써 대파 잔잔한 거 심어놓고, 양배추도 심어놨거든예. 벌써 (농사) 들어갔어예. 그래도 지금은 겨울이니까 풀은 많이 안 올라왔는데. 저래 심고, 설 지나가 오면 완두콩을 심거든예, 노지에. 완두콩은 설 지나서 심고 나면 한 5월 되어서 따거든예. 그리 하고, 설 지나 완두콩 심고 나면 또 노지에다 당근을 심어예, 비닐을 씌워가지고. 하여튼 설 지나면 딱 일 시작입니더. 그니까 별로 쉬는 달이 없어예. 한 3, 4월 되면 맥문동 캔다고 난리고. 우리는 농한기가 없어예. 그래도 겨울이니까 요즘은 일이 그렇게 많이 없지예. 봄여름 되면 풀 맨다고 정신이 없어예. 노지에 풀 매야 되지, 하우스 안에 풀 보세요. 겨울에도 이래 풀이 있으니, 여름에는 돌아서면 풀 매야 되지예. 풀과의 전쟁이라예. 우리는 친환경 농사짓는데, 농약 치고 농사를 한 번도 안 지어봐가지고 더 힘든지 어떤지는 잘 모르겠어예. 그 사람들도 나름대로 힘들다 카는데, 힘들다 캐서 농약 치고 싶은 맘은 전혀 없고예.

처음에 솔직히 귀농한다고 생각했을 때 약간 그 뭐라 카노, 전원생활 같은 거 꿈꾸면서 들어왔는데, 이거는 뭐 농사질라고 사는 긴지 살라고 농사짓는 긴지 분간이 안 가. 너무 일을 크게 벌려 놓다보니까. 정신없이 살았어요. 그래도 도시로 가라 카면 지금도 가긴 싫어예. 왜냐면 도시는 그, 소비생활이고 또 소비생활에서 나오는 쓰레기며 음식 쓰레기며 다 버려진다 아입니꺼. 그런 것들이 너무 싫더라고요, 나는. 그니까 어릴 때부터 불 때는 방에 살고 음식 찌꺼기 다 소 주고 이렇게 살다가, 음식 찌꺼기도 쓰레기봉다리 사가지고 버려야 되고, 그렇게 돌아가는 것이 안 좋더라고요. 그렇게 살아온 기억이 있으니까 쓰레기종량젠가 그게 시행됐을 때 그게 너무 불합리하더라고요, 제 생각에는! 돈을 주고 이놈의 쓰레기를 버려야 된다는 게 너무 억울하더라고요. 그래서 아, 도시생활 역시 안 좋구나, 이런 생각 많이 했어요. 옛날 시골 생각이 많이 나더라고요. 생활 쓰레기가 아닌, 돌려서 쓸 수 있잖아요. 소를 준다든지, 거름에 넣어갖고 다시 땅에 들어가고, 순환이 될 수 있는데 그게 안 되는 게 참 맘에 안 들고, 또 도시에서는 밤만 되면 술 처먹고 정신 나간 놈들도 많고, 저는 그런 게 너무 싫더라고요. 그래서 내심 귀농에 동의하긴 했는데, 이렇게 힘들 줄은 몰랐지요.

(이제는) 우리 아이들도 불도 때고 밥도 하고 다 합니더. 둘째만 딸이고 다 아들인데, 우리 집 아이들은 일꾼이라예, 일꾼. 이 파도 다 우리 집 아아들이 심었어예. 저그 심어논 것도 우리 아아들이 다 했어요. 우리 큰애도 그렇고, 둘째도, 셋째도 다 일 잘해. 무조건 시킨다 아입니꺼. 우리 셋째도 그렇고 파 까라 하면 자알 까예.

"그래도 내 혼자만의 문제는 아니지 않습니꺼"

송전탑 같은 경우에는, 우리 (동화전) 들어올 때는 저언혀 몰랐고예, 한 2005년돈가 2006년돈가 어떤 소문이 돌았냐면, 밀양 쪽에서 전기를 맹글아가 북한에다 보낸다는 거예요. 우린 미쳤나, 미쳤는갑다고, 나는 첨에는 동화, 소설 속의 이야긴 줄 알았어요. 뜬금없는 말이잖아요. 그때는 전혀 뭐 심각한 것도 몰랐고, 또 잊어먹고 살았습니다. 그때 한참 부북하고 상동에는 데모를 하고 있었던 것 같아요. 근데 우리는 별 관심이 없었거든예. 그때만 해도 밀양 시장이, 엄용수 시장이 첨 시장 될 때 우린 몰랐는데, 송전탑 지 대가리에 꽂아야 지나갈 수 있다, 이래이래 캤다 카대예. 그니까 시장 노릇하면서 데모 비슷하게 반대운동을 막 하는 척을 했겠죠. 그러면서 데모한다 카면 우리 동네만 해도 우르르 막 몰리가고 그랬어예. 나는 그저 데모하는갑다 하는 정도, 그때만 해도 나는 안 하고 우리 신랑이 집집마다 한 명씩 나온나 카면 차 끌고 우르르 가고 그랬거든예.

그렇게 막연하게 하다가, 2012년도 여름에, 애들 여름방학 때부터 진짜 막, 우리 95번 현장에 벌목하기 시작하더라고요. 헬기도 뜨고. 여름이니까 새벽 6시 되면 웨앵 하면서 벌목 소리 나고. 그때부터 우리가 아, 이건 심각한 거다 싶어갖고, 95번 현장에 가보고. 그때만 해도 우리가 한 50~60명 정도 됐어요, 송전탑 데모하는 명단이. 아침마다 3조로 돌아가면서 데모 당번 스러 가고 그랬거든요. 그래갖고 막 현장 가면, 여가 현장이면 이쪽에는 주민들 앉아가 있고, 그늘에, 저쪽 편에는 한전 직원들 그늘에 앉아 있고. 막 엔진톱 하면 못하게 막고 이래 했는데, 어느 날 가니까 지금 동장은 아니고 옛날 동장이 엔진톱 막고 포크레인 막고 하면은 하루에 300만 원 벌금 낸다고 하면서 사람들한테 겁을 주고 해쌌더라고요. 이래 데모를 하믄 언젠가는 이 송전탑이 안 서겠나 싶은 생각이 들더라고예. 안 그렇습니까. 진짜 데모하고 싸움할라 카면 목숨 걸고 싸우고 그래야 철탑을 막제, 그 벌금 무서워갖고 내 몸 사리고 하면 언제 철탑 막겠습니꺼. 동장이 데모헐 때 희한하게 허네 했는데, 알고 봤더니 각 마을 동장들이 주민들을 속인 거예요. 그니까 데모를 할라 카면, 우짰든 한전이 우리한테 적이다 아입니꺼. 그럼 그 사람들 만나도 안 되고, 우리가 되도록이면 철탑을 막는 데 열중해야 되는데 벌써 저그끼리 짜고, 좀 그랬던 것 같아요, 분위기가. 그래가지고 이건 아이다 해가지고 동장을 바까뿟다 아입니꺼.

동장을 바꾸고 나서 우리 동화전이 본격적으로 데모 시작했지예. 그래가지고 사건 사고가 엄청 많았어예. 할머니들 막 쓰러져가 헬기에도 실려 가고, 전 동장은 올라오다 다쳐가지고, 굴러 떨어져가 헬기 실려 가고. 그 와중에 또 우리 신랑은 한전 직원들한테 밧줄에 묶이가 포크레인에 설탕 넣었다고 현행범으로 체포되고. 하여튼 2012년도부터 엄청난 일이 많았지예.

그러는 와중에 공사를 시작했다가 중단했다가를 반복했고, 작년 5월 20일에 공사를 재개했다가 열흘 만에 우리가 공사를 중단시켰다 아입니꺼. 그러면서 작년 몇 월이지, 8월에 우리 신랑이 또 긴급 체포돼갖고 또 한 번 구치소에 있었거든예. 그래도 구속은 안 됐어예. 그 이후에는 우리 부부가 단식 농성하러 갔거든요,

서울에. 대한문 앞에. 10월 2일에 올라가 나는 열흘 단식하고 신랑은 보름 단식하고, 조성제 신부님은 20일 단식하시고 내려오시고. 그러는 사이에, 이놈의 전 동장이 한전하고 우리 동화전 합의를 봤어요, 우리 신랑이 없는 새에. 우리 신랑이 동화전 대책위원장인데, 단식하고 내려와가지고 회복하러 간 사이에. 그때만 해도 9월 안에 합의를 보면 돈을 얼마 주고, 또 국무총리가 왔다 가면서 개별 보상한다고 400만 원씩, 그래 이야기하고 10월에 공사가 들어온 거잖아요. 그 발표가 있고 난 이후부터는 지금 데모 안 하는 동네, 그니까 삼거, 아불 저쪽으로, 바드리는 벌써 합의를 봤기 땜에 84번하고 다 세웠거든예, 10월부터 공사 들어와가지고. 하여튼 우리 동화마을하고 용회마을 빼고는 다 합의를 봤어예, 단장면 안에서. 근데 지금은 어떻게 보면, 저 삼거, 아불도 95번 다 보이거든요, 철탑이. 단장면에선 다 보여요. 근데 자기네들은 피해가 없다고 생각했는지, 정확하게는 잘 모르겠어요. 다른 마을 사람들은 웃긴 게, 우리 동화전만의 일이라 생각하드라고요. 송전탑 데모하는 사람들만의 이야기라고 생각하는 거라. 들어보면, 너 요새 욕보제, 이카고. 피해를 그렇다고 내만 보는 건 아인데, 사람들 말하는 그게 너무 웃기더라고예. 저거도 다 피해를 보는데, 꼭 우리 동화전 일마냥 그렇게 말하는 사람이 참 많더라고요, 데모를 안 하는 사람들은. 근데 솔직히 나는 데모하면서 내 일, 물론 내가 선택했지만 내 일이라고는, 내 일 같지만 그래도 내 혼자만의 문제는 아니지 않습니꺼, 그렇게 생각했는데, 데모 안 하는 사람들은 그렇게 생각 안 하더라고요. 너그, 니 일이다, 이렇게 생각하더라고요. 그래서 돈을 주니까 쉽게 받았겠죠.

그러면서 한전에서는 빨리 마을마다 합의를 이끌어낼라고 전 동장을 우예 구워삶았는지, 동장이 어떻게 합의를 보고 다니냐 면, 그때 용회동 분 중에 구속된 분이 계셔요. 10월 초에 트랙터 끌고 바드리 현장 가가지고, 경찰이 트랙터에 받치도 안 했어, 그 냥 발통에 신발이 걸려가 야가 택 자뿌라졌는데, 다치지도 않았 는데 그냥 구속시킨 사건이 있었거든예. 그래서 그분 탄원서 받 으러 한참 많이 다녔어예. 근데 이 동장이 부녀회장하고 즈그 부 인하고 돌아다니면서 뭐라 캐야 되노, 보통 탄원서라는 게 안에 설명 있고, 서명하는 데는 밖으로 돼가 있잖아예. 근데 그런 것도 없이 밤에 그냥 가가지고 도장을 받았는데, 그게 합의 도장인 거 라예. 근데 도장 찍어준 사람들은 몰라, 그게 합의 도장인지도. 궁 금해하는 사람은 대충 설명해주고, 모르는 사람들은 빨리빨리 도 장 돌라 카니까네 믿고, 촌사람들은 글자 모르는 사람들이 많거 든예, 그니까 믿고 찍어줬는데, 알고 봤더니 그걸 합의서 서류로 쓴 거라. 처음에는 힘들어서 포기한다 그랬거든예, 동장이. 근데 지가 그때 합의 볼라고 마음을 먹었던 것 같애. 또 동네 회의에 서도 합의 도장을 일부 받았거든요. 그때는 진짜 공개적으로 합 의 보고 싶은 사람들 도장을 받은 거지예. 그래가지고 60 몇 명인 가 도장을 받아가 한전에다 낸 거예요. 합의 봤다고. 그래서 뉴스 에도 나왔다니까요. 경남뉴스에서 엄청나게 떠들었어요. 왜냐면 단장면 안에선 동화마을이 최고 '핫'한 동네였거든예. 한전에서 도 그게 기뻐서 그랬는지 모르겠지만, 하튼 그랬어요. 그래가지 고 그 소식을 접헌 사람들이 도대체 이게 어떻게 된 거냐고 난리 가 나부렀다 아입니꺼. 동화전이 얼마나 데모 열심히 했는데, 이 합의가 무슨 말이냐고. 그때부터 마을 분위기가 이상해져가지고. 그때만 해도 우리가 한 스무 명 넘게 나와 데모를 했거든예. 우리 동네 사람들 전부 다 데모헌 거 아입니더. 일부만 했는데, 일부 중에도 합의 보는 바람에 사람들이 많이 포기를 했지예. 지금 우리 동네는 진짜 몇 명 안 돼예, 데모하는 사람들이. 그니까 그때 합의 보면서 포기하고. 또 한전에서 어떤 일을 했냐면, 개별 보상하면서 12월 31일까지 돈을 안 찾아가면 보상금을 마을 공동 기금으로 귀속시킨다고, 그렇게 얘기를 해노니까네 사람들 심리가, 보상금이라기에는 너무 터무니없는 돈인데도 사람들이 억수 고민을 많이 하더라고예. 이것을 받아야 되나 말아야 되나. 그래갖고 넘어간 사람도 상당히 많아요.

"지금은 큰 꿈은 없는 것 같에예"

지금으로서는 저희가 현장에 가도 어떻게 할 수가 없어요. 왜냐면 철조망 다 쳐놓고예, 뭐 구석구석에 다 경찰들 깔려가 있다 아입니꺼. 솔직히 우리도 하는 말이, 경찰들 없으면 우리 얼마든지 가서 막을 수 있어예. 근데 이때까지 구속된다거나 이러면 다 경찰들하고 싸우면서 구속되고 이랬거든예. 아니, 경찰들은 너무 웃긴 게 우리가 경찰 코만 건드려도 그게 폭행죄더만요. 쪼깨만 차 옆에 얼쩡거려도 공무집행방해고. 그러니 우리가 무슨 수로 경찰을 이기겠습니꺼. 석 달째 경찰들은 오미가미 탱자탱자 놀면서 월급 다 받아 처먹고. 우리는 우리 일도 몬하고 가서 해야 되

고. 경찰 때문에 우리가 송전탑 공사 못 막는다 아입니꺼. 경찰들은 말하대예, 주민들 보호 차원에서 왔다고. 주민들 보호하기는 개뿔, 한전 보호하러 왔제. 말은 뭐 삔지르르하게 합니더. 맨날 끌리 나와야 카고, 이젠 할매들도 안 끌리 나올라 캅니더.

그래도, 동장이 처음에 합의 봤다 할 때는 다 포기를 해야 되나 카고 그랬는데, 지금 그래도 우리 포기 몬한다, 끝까지 해보자 그래가지고 몇 명이 다시 농성장 지어놨거든예, 96번 입구 앞에. 할매들 첨에는 몇 분 나오시지도 안 했는데, 인제는 할매들도 열심히 나오시고, 그니까 우리 동네는 아직 돈 안 받은 사람들이 스무 가구나 되거든예. 끝까지 우리는 돈 안 받고 하는 걸로 결의하고 잘하고 있어예. 보기에는 초라하지마는.

처음에 (싸움) 시작할 때는 그냥 뭐 막연했어요. 우리 집 앞에 저 송전탑이 들어온다, 막아야 되겠다, 이런 막연한 생각에 했는데 차츰차츰 알게 될수록, 뭐를 더 알게 되었냐면 송전탑하고 원자력하고는 별개라고 생각했는데, 그게 한통속이더라고예. 원자력 때문에 이 송전탑이 들어오더라고예. 그러면서 전력대란 때문에 송전탑을 필요로 하는 게 아니고, 정말 자기네들이 숨기고 있었던 것들을 하나씩 하나씩 알게 된 거지예. 아, 이거는 정말 막아야 되는 거구나. 그러면서 다른 거 떠나서 내 마음이 해야 되겠다고 마음을 먹었기 때문에 시작을 했던 것 같애예. 다른 거 떠나서 아 이거는 정말 아니구나. 솔직히 내가 데모하기 전에도 한가한 사람이 아니었거든예. 농사가 많기 때문에, 우리 애들은 집에서 저거끼리 놀고 나는 느을 우리 신랑하고 일에 빠져서 살았어예. 처음에 이래 바쁜 우리가 이런 걸 시작해도 되는지 막 혼란스럽더라고예. 이걸 해야 되는가 말아야 되는가. 근데 또 안 하고는 안 되겠고. 인자 앞뒤 안 재고 시작을 했는데, 약간 그, 앞뒤 안 재고 우리가 농사지으러 들어온 것처럼, 앞뒤 안 재고 그것도 시작했습니다. 만약에 그걸 재고 막 이랬으면 아마 시작을 못했을 것 같아예. 농사지으러 온 것도 재고 따지고 이래 했으면 못 들어왔을 것 같고예. 그냥 해야 되겠다 싶으니까 앞뒤 안 재고 시작한 거 같에예. 근데 인제 아, 매순간 순간 힘들 때가 진짜 많거든예. 너무 힘들어가지고 포기하고 싶은 때도 많았고. 근데 지금은 포기해도 우리는 힘들고, 포기 안 해도 힘들고. 왜냐면 지금 힘들어서 포기한 사람들, 돈 받았던 사람들 보면, 그렇게 행복해 보이지가 않아예, 제가 봤을 때는. 포기했다고 행복해진 건 아니드라고예. 오히려 더 양심의 가책을 느껴가지고 우리 눈도 못 맞추고, 그니까 같이 했던, 열심히는 안 했지만 우리가 가자 카면 따라와주고 했던 사람들이 그…… 모르겠어요, 260만 원이 어떻게 보면 큰돈인데 어떻게 보면 별거 아닌 돈이고, 드럽잖아요, 한전에서 주는 돈. 그거 뭐시라꼬. 근데 우리 눈도 못 마주치고 그러는 거 보니까, 좀 약간 미안해서 못 마주치겠지예? 저 사람들도 돈도 받고 그랬지만 별로 행복해 보이지는 않더라고예. 포기해도 힘들고, 계속해도 힘든 건 마찬가진 것 같어예.

지금 더 힘든 거는…… 그전에는 그래도 동장도 같이했고, 부녀회장도, 좀 약간의, 조직화는 안 됐지만 나름대로 조직이 있었는데, 지금은 뭐 조직이라기보다는 진짜 마음 맞는 사람끼리, 돈 드러바서 안 받는 사람끼리 하고 있는 긴데, 그 무거웠던 짐이 하나 더 내 위에 턱 올려진 느낌. 그전에는 촛불집회나 서울 뭐 행사 있으면 우리 동화전에서 참 많은 인원이 갔어예. 근데 지금은 몇 안 되는 인원 중에 또또 쪼개서, 지금은 시민분향소도 지켜야 된다 아입니꺼. 처음에는 이게 과연 될까 싶었는데 지금은 또 나름대로 돌아가고 있거든예. 오히려 좀 더 단단해진 거는 있어예. 합의를 보고 난 이후로 돈 안 받은 우리 스무 가구가 더 단단해진 거 같애예, 서로 간의 믿음이. 그러면서 이제 좀 더 많은 일을 내가 해야 되고. 그런 것들이 좀 힘든 것도 있고. (그러면서도) 아, 이제 좀 제대로 되어가는 것 같다, 뭐 그런 생각도 들고. 송전탑은 계속 올라가고, 헬기는 자주 떠 댕기고, 또 상동 할아버지는 음독 자살하시고, 이런 너무 힘든 거는 있는데 지금 제 생각으로는 뭔가를 내가 꼭 이뤄야지, 이걸 해가지고 꼭 이뤄야지 이런 거보다는 그냥 내 선택한 이 길을 가봐야 되겠다, 그런 막연한 생각. 그래 사는 거 같애예. 그전에는, 솔직히 경찰들 오기 전에는 진짜 저걸 막을 수 있겠다는 생각을 많이 했거든요. 왜냐면 한전하고 싸우면 얼마든지 이길 자신 있었으니까. 내가 내 재산 지키겠다는데 저그가 뭐라 칼깁니꺼. 근데 경찰은 쪼깨만 해도 폭행죄고 쪼깨만 해도 잡아가고 이라니까 내 힘을 어떻게 쓰고 싶어도 쓸 게 없더라고예. 힘으로 따지면 너무 우리는 힘이 없는 거예요. 그렇다고 우리를 지켜줄 사람이 있는 것도 아이고. 우리끼리 지키고 버텨야 되는 긴데, 뭐 상황이 이렇다보니까 지금은 내가 뭔가를 할 수 있다는 자신감보다는 포기만 안 하면 뭔가, 이렇게 충실하게 하루하루 살다보면 뭔가 안 되겠나 뭐 막연한 생각밖에 안 나요. 그전에는 저걸 꼭 막아야지 생각했는데, 지금은 포기 안 한 사람들끼리 이래 하루하루 버티다보면 뭔가는 안 이루어지겠

나. 지금은 큰 꿈은 없는 것 같에예. 내가 저 올라가서 뭐 송전탑 공사를 당장 막지는 못하니까.

"애들이 되게 많이 불안해하는 거 같에예"

(이 일 겪으면서) 진짜 내가 전생에 무슨 큰 죄를 졌기에 이런 큰 고통이 내한테 오노, 이런 생각도 했어예. 우리 신랑, 우리 진짜 경찰서라고는 안 가봤거든요. 우리는 넘한테 돈 빌린 거 몬 주면 찝찝해서 몬 살고, 성격이 그렇거든예. 외상값 있으믄 퍼뜩 가서 갚아줘삐야 되고. 진짜 죄를 안 짓고 살았다고 생각했는데, 이 송전탑 싸움하면서 우리 신랑을 구치소(유치장)로, 그니깐 그날 긴급 체포되던 날, 8월 26일 월요일에, 그것도 새벽에, 우리 애들 다 자고 있었거든예. 이놈의 경찰이 막 들이닥치니까는 너무너무 어처구니가 없더라고요. 우리 신랑 하나 잡아가려고 열세 명이 왔으니. 경찰 승합차 있잖아요, 그거 두 대, 승용차 한 대 이렇게 왔더라고. 그래 와가지고 우리 신랑을 잡아갈 거라고 와아 달라드는데 완전 확 꼭지가 돌더라고. 도대체 무슨 이런 경우가 다 있노. 그라고 우리 신랑이 큰 죄를 진 것도 아니고. 그니까 너무 어처구니없고 억울하더라고예. 내 인생에 그런 일이 두 번 다시 있을랑가 모르겠지만, 그런 일까지 겪고 그런 게, 도대체 내가 무슨 죄를 지었기에, 아니면 내가 무슨 뭐가 있기에 내한테 이런 일이 생기나, 막 그런 생각도 들고. 진짜 괴롭더라고. 하여튼 그래서 네 개 면 할머니들이 밀양 경찰서 앞에 2박 3일 노숙을 했거든요. 밤이

슬 맞아가면서. 그 염원에 힘입어가지고 우리 신랑이 나왔어요. 구속이 안 되고. 한편으로는 너무너무 고맙고, 한편으로는 너무너무 힘들고, 내가 왜 이런 고통을 겪어야 되나 싶기도 하고. 우리 신랑이 거기 들어갔다는 그 느낌이. 누가 내 목을 죽어라고 조르고 있는 거 같더라고. 한편으로는 하늘님은 내가 견딜 수 있는 만큼의 고통을 준다고 하드라고예. 고통을 견딜 수 있기 때문에 내한테 이런 고통을 주나 싶기도 하고, 하여튼 많은 생각을 했습니다.

우리 애들도 우리가 데모하는 건 알고 있었어요. 아버지가 대책위원장 맡은 것도 알고 있었고. 근데 신랑이 긴급 체포되었을 때, 아버지가 경찰서에 잡혀갔다고는 이야기했는데 아버지가 이틀 밤을 집에 안 들어오니까 애들도 걱정이 되는 거라. 그래갖고 아버지 나오실 거다, 결론은 안 났지마는 나올 거다, 걱정하지 마라 카고. 할머니들이 24시간을 노숙하고 계셨으니 저도 집에는 빨리 못 들어오잖아요, 애들이 있지마는. 그니까 만약에 아버지가 구속된다면 뭐라고 설명해야 되나, 큰애들은 그래도 설명이 가능한데 셋째하고 넷째는 어떻게 설명해야 될지 모르겠더라고예. 근데 애들이, 그래도 아버지 엄마 하지 마라, 그런 거 하지 마라 말지는 않았고. 그랬는데, 하여튼 저도 그렇고 신랑도 그렇고 집을 빨리 못 들어가요. 맨날 농성장에 가가 있어야 되고, 월요일만 되면 24시간 분향소를 지켜야 되고, 허구한 날 서울 가고, 이러니까 애들도 약간 이제는 불안해하는 거 같아요. 그리고 송전탑도 보이잖아요. 또 소문에는 농약 먹고 돌아가셨다는 분도 있고, 구속된 사람도 있고 그렇다니까. 그러면서 95번 한참 공사

할 때 헬기가 엄청나게 날았어예. 그 콘크리트 타설한다고. 그걸 헬기로 날랐거든. 그 헬기 소리 땜에 스트레스가 장난이 아니더라고예, 하루에 80번씩 왔다 갔다 하니까. 이제는 애들이 잠도 잘 못 자고, 큰애 같은 경우는 가위에도 눌린다 하고, 그런 적이 없었거든예. 그카고 지금 95번도 완성됐고, 96번도 조만간 완성될 것 같고, 뭐 하튼 걔네들도 가면 갈수록 좀 불안한 그런 게 오는 거 같에예. 우리 딸내미 같은 경우도 자꾸 무서운 꿈을 꾼다 그러고, 셋째도 그러고, 자꾸 무섭다 그래요. 그카면서 부부싸움을 자주해. 그전에는 부부싸움 크게는 안 했는데, 데모하면서는 둘 다 신경이 너무 날카로워져가지고. 또 고소장이 너무너무 많이 와예. 특히 우리 신랑만 집중적으로. 그런 거에 대한 스트레스. 막상 그런 거 땜에 많이 싸워요. 그니까 애들이 되게 많이 불안해하는 거 같에예.

"주어지는 대로 최선을 다했는데"

그전에는 솔직히, 데모하기 전에는 뭐 용산참사라던지 쌍용자동차라던지 그런 사건들, 강정마을 뭐 저런 사건들, 다들 남 일이라고 생각했어요. 내 일하고는 전혀 상관없다고 생각했는데 이 일하고 나면서부터, 내가 데모를 하면서 정부에서 하는 꼬라지를 보니까 왜 저 사람들이 옥상에 올라가면서 저렇게까지 했는지 알겠더라고요. 그래서 세상 보는 눈이 많이 달라졌지예, 이거 하면서. 정부가 얼마나 우리 국민을 우롱하면서 정치를 하는지 확실히 알았습니다. 갖고 노는 거지, 완전.

지금은 그냥 막연하게, 내가 이런 많은 경험, 왜 경험이 많으면 생각도 넓어진다 아입니꺼, 그래서 앞으로 내가 어떤 일을 할라꼬 이런 일을 겪나, 그냥 궁금합니더. 내가 앞으로 어떤 일을 할지. 그니까 저는 이제 포기도 물론 하고 싶을 때도 많지마는, 포기보다는 끝까지 한번 해보는 거지, 이러면서 견뎌볼라고예. 그러면서 앞으로 제가 해야 될 일, 주어지는 일이 있으면 그냥 해볼라고예. 그게 뭔지는 모르겠어예, 하하하.

옛날에도 내가 정치는 쇼인 건 알았거든예. 근데 이걸 하면서 완전히 쇼인 걸 제대로 알았어예. 그니깐 정부에서도 너거는 뒤지봐라, 뭐 이런 거 같아예. 정부에서 하자 카는 대로 안 하면 너거 함 죽어봐라 이런 거 같은 느낌이 많이 들기 때문에, 우리가 뭐 송전탑 싸움을 꼭 이긴다 카는 문제는, 그때는 막연하게 이겼으면 하는 희망이라도 있었는데, 지금은 그런 희망은 없을 것 같고. 우리가 송전탑을 세운 걸 뽑아낸다거나, 아니면 지금 중단을 시킨다거나 뭐 이런 힘은 없는 거 같에요. 근데 이걸 함으로 해서 많은 사람들한테 송전탑이 얼마나 잘못됐고 뭐 이런 거를 알릴 수 있는 계기는 만들어준 거 같에요. 그래서 우리 밀양이 아닌 다른 지역에서 이런 일이 있다면 더 잘 싸우지 않을까, 잘 싸울 수 있는 노하우가 생기지 않았을까 뭐 이런 생각은 듭니다. 우리가 끝은 아닌 것 같으니까.

솔직히 저 송전탑이 들어온다면 여기서 살기는 싫어요. 저거 밑에서 정말 살기는 싫어예. 그건 확실합니다. 근데 돈이 있어야 나가지. 우리 땅 사가지고 우리 집을 지었는데, 지금 95번 현장 거의 앞이거든예. 억수로 가까워요, 95번하고. 좋다고 산에 가서 땅을 사가 집을 지었더만, 세상에 그 앞에 송전탑이 들어오네. 참말로, 아이고. 근데 돈이 있기나 없기나 송전탑에 선이 걸린다면, 진짜 살기는 싫어요. 예전에 충남 당진으로 견학을 갔는데, 거기도 송전탑 들어왔다 아입니꺼. 근데 농사도 안 되고, 소도 안 되고, 이웃들 암으로 죽고, 맨날 몸 찌뿌둥하다 하더라고예. 그카면서 우리보고는 꼭 이기라고, 자기네는 6개월도 채 못 싸웠다고, 손배소(손해배상 소송) 같은 거 막 때려버리니까 겁나서 포기했다 카면서. 그러니 우리 앞날이 그려지지 않습니꺼? 살기 싫지예.

내가 지금 참 안타까운 거는, 우리 밀양 단장면 사람들도 그렇지만, 우리 국민들도 옛날에, 2012년 봄만 해도 내가 아예 관심이 없었으니까, 그것처럼 아마 모르고 살 거 아입니꺼. 근데 언젠가는 분명히 저 선이 걸리고 그 피해를 만약에 하루하루 본다면 분명히 느낄 때가 안 있겠습니꺼. 저처럼 깨달을 때가 안 있겠습니꺼. 그때가 오면, 참 그 사람들도 후회를 많이 하겠지예, 좀 더 빨리 알았으면……

나는, 내 나름대로는 최선을 다했거든예. 그냥 주어지는 대로 최선을 다했는데, 하아, 그니까 내가 최선을 다한다고 해서 송전탑을 막을 수 있는 것도 아이다 아입니꺼. 그렇다고 해서 내가 이 목숨을 하나 희생한다고 해서 송전탑을 막을 수 있는 것도 아이고. 모르겠어요. 빨리 국민이 정신을 차리가, 그렇다고 또 정권이 바뀐다고 해서 바뀌는 게 있을랑가 모르겠어예. 그것도 좀 의문스럽긴 의문스럽습니다. 국민이 좀 똑똑해져야 정치하는 사람들도 정신을 차릴 낀데. 그런 건 어떻게 바꿔야 하는지 모르겠어예. 그냥 답답하지예. 이런 현실을 우리 후손들에게 물려줘야 하는 게 답답하고. 옛날에 아흔아홉 칸 집 가진 사람이 집 한 칸 있는 사람 집 뺏을라 칸다 하드만, 지금 딱 고짝이라 아입니꺼.

후기

○

2014년 1월 18일, 하늘엔 먹구름이 잔뜩 끼었고, 겨울바람은
매서웠다. 하우스가 즐비한 밭 한쪽에서 바람을 맞으며 기다리고
있자니, 바람을 등지고 박은숙 님이 우리를 맞으려 반갑게
뛰어오셨다. 통성명을 하며 악수를 나누기 무섭게 먼저 챙기신 건
목장갑. 한겨울인데도 일손을 놓을 짬이 없이 바쁜 박은숙 님은
우리를 대파 하우스로 데려갔다. 그곳에서 주문 들어온 대파를
함께 손질하며 우리는 인터뷰를 진행했다. 이렇게 농한기도 없이
일하고 아이 넷을 키우며 살림을 꾸려가는 박은숙 님은 해사하고,
곧잘 웃음을 터트리고, 구김살 없이 솔직하고, 단단해 보이는
사람이었다.

박은숙 님에게 송전탑 싸움은 자신과 가족의 일상을 지키고, 모든
과정에서 무참히 짓밟히는 인간의 존엄을 지키고, 무엇보다도
아이들의 미래를 지키는 일이다. 그래서 "다른 거 떠나서 내 마음이
해야 되겠다고 마음을 먹었기 때문에 시작"했던 것처럼 "포기만
안 하면 뭔가가, 이렇게 충실하게 하루하루 버티다보면 뭔가 안
되겠나" 하는 생각으로 끝까지 맞서보려고 한다.

"헬기 소리 때문에 없는 병도 생기겠어요"

강귀영(1974년생) 씨 내외는 금슬 좋은 범띠 부부다. 둘 다 얼굴에 순박한 미소와 웃음이 가득해서 어렵고 고달픈 일이든 행복한 일이든 그 웃는 얼굴 속에 다 들어 있다. 남편의 고향인 밀양 동화전마을에 들어온 건 스물네 살 때. 남편이 사고를 당하고 도시 생활이 힘들고 어머니 홀로 농사짓는 걸 마음 아파했다. 남편이 고향으로 와서 농사짓자고 했을 때 흔쾌히 함께 왔다. 그 사랑과 신뢰는 송전탑에 대한 지난한 싸움 속에서도 변하지 않았다.

온몸으로 싸우는 밀양 할머니들에 대한 애정과, 할머니들을 무참히 짓밟는 경찰들에 대한 분노와, 남편과 아이들에 대한 사랑과, 하루라도 빨리 친정어머니를 가까이 모시고 싶은 갈망이 강귀영 씨 삶을 가득 채우고 있다.

하루하루 하우스 깻잎을 잘 가꾸어 아이들을 뒷바라지하듯이 송전탑이 들어서지 않도록 끝까지 싸우는 데 내가 할 수 있는 일이 있다는 것의 소중함을 온몸으로 간직하면서, 오늘도 강귀영 씨는 싸움의 현장에서 사진을 찍는다. 찰칵. ●

기록 ○ 진주

소음, 환청

귀에서도 막 소리가 들리는 거 같고, 자다가도 막 일어나요. 헬기 때문에 없는 병도 다 생기는 거 같아요. 바로 뒤쪽에서 작업할 때도 헬기가 올 거 같아요. 바로 뒤라서 되게 크게 들리거든요. 헬기 소리가 다 들리니까요. 일하다가도 어떤 땐 멍하니 그래요. 헬기 소리가 안 들리는 때도 이상한 소리가 들리는 거 같고.

지금 소리가 들려요. 일하고 있어요. 소리가 꽤 크지요. 쿵쿵거리기도 하고, 두드리는 소리도 들리고, 여러 가지 소리가 들려요. 가까우니까 사람 말소리가 다 들려요. 울려서 다 들려요. 소리 안 나요? 저쪽에서 난다, 저쪽. 벌목하는갑다. 98번. 나무 베는가 봐요.

여기 세워진 것은 97, 98호, 그리고 95호. 저 멀리 있는 거 95번, 올리는 데 5일 걸렸어요. 화요일부터 해가지고 오늘 토요일까지. 꼭대기에 돌아가는 거 세워놓더니 바로 세우기 시작하더니 5일 만에 다 세웠어요.

단장면이 대추가 유명해요. 송전탑한다고 약도 못 치고, 손해 많이 봤지요. 저기 다 대추밭이고 밤밭이고. 탑 서는 밑에 가봐요. 전부 다 밤나무거든요. 지금 잎이 안 달리는 게 다 밤나무. 겨울에 소나무 말고는 잎이 다 떨어져요. 저 산에 약을 못 치잖아요. 헬기가 날 수가 없잖아요. 헬기가 약을 치면서 다녀야 하는데 전선 때문에 못하는 거지요.

열심히 베고 있네. 저기서 말하는 소리, 여기서 말하는 소리. 산에서 말소리가 울리니까 다 들려요. 분명히 사람이 없는데 말

소리가 들리길래 나는 어디서 들리나 했어요. 나와서 보니까 아무도 없어요. 보니까 저기 위에서 말하는 거예요. 저기, 움직이지요? 저기서 포크레인 소리, 쿵쿵거리는 소리, 다른 쪽에서는 톱소리 들리지. 양쪽에서 소리가 들려요.

제가 여기 가까이 있으니까 사진을 다 찍어 사무실에 보내주는 거라요. 이게 96번 현장에 있을 때거든요. 헬기가 갑자기 날아와가지고 바람에 이 음식들이 다 버린 거예요. 흙이 다 들어가가지고 이거 먹지도 못하고 다 버렸잖아요. 아까와 죽는 줄 알았어요. 학생들이 김밥이랑 닭이랑 다 해가지고 억수로 힘들게 가지고 올라왔는데, 한 마리만 먹고 한 마리는 뒀다가 저녁에 데워먹어야겠다 생각하고 딱 놔뒀는데. 헬기가 예약도 없이 나타나니까 이게 흙이 다 들어간 거라. 다 버렸어요. 아까와 죽는 줄 알았어요.

여기에서는 96번이 밑에 부분까지 안 보이잖아요. 근데 저 마을에서 보면 완전 밑에까지 전체가 다 보이거든요. 완전 벌거벗어놓은 거 같애. 진짜 빨리 올라가. 저게 왜 저리 크게 보일꼬, 내 눈에.

인연과 악연

형제는 남동생이랑 오빠 있었거든요. 오빠는 서른한 살에 뺑소니 때문에 돌아가셨고. 남동생은 큰집하고 사이가 안 좋았는데, 사망한 지 얼마 안 있으면 1년 되거든요. 엄마랑 저밖에 없어요. 아버지는 초등학교 졸업반 때 돌아가셨고. 엄마, 말 못하지요, 고생 많이 했지요. 지금 서창에 혼자 사세요. 자주 연락하면서 사는데 밀양 가까운 데로 모실려고. 여기는 애기 아빠랑 시어머니만 모시고 살고 있으니까 함께 살지는 못하고.

우리 애들 세 명이에요. 제일 위에 고등학교 2학년 딸이고, 그 다음 중학교 1학년 올라가는 애가 남자, 이제 4학년이 딸. 막내는 아빠밖에 몰라요. 저는 부산이 고향이구요. 스물네 살에 와갖고 큰애를 봤죠. 남편의 닉네임이 손, 총, 각.

남편은 태어나서 이 마을에서 살았어요. 고등학교만 잠깐 외지에 나갔다가. 부산에서 애기 아빠 친구의 소개로 만나게 됐지요. 처음 만났을 때는 설마 내하고 인연이 아니겠지 생각했는데 인연이 된 거 같아요. 부산에서 직장 다니면서 있다가 이쪽으로 들어왔지요. 회사 같은 데, 공장도 다녔고. 어릴 때 벼농사 정도는 집에서 했어요. 부산 정관에서. 지금은 부산 신도시. 거기에도 탑이 억수로 많거든요. 송전탑이 있어요. 네 종류가 있어요. 작은 것부터 시작해서 765까지 다 서 있어요. 그게 싫어서 여기까지 도망 왔는데 탑이 또 따라오네요.

초등학교 때 탑이 세 종류가 있었거든요. 도로가에 있으니까 보기 싫은 거예요. 저게 왜 저런 데 서 있지? 어렸을 때는 그게 송전탑인지 몰랐지요. 여기에 송전탑이 들어서면서 알게 되었지요. 똑같이 생겼으니까. 탑 없는 데로 왔는데 여기 또 있으니까 싫어요. 어렸을 때 하늘 바라보는데 탑이 보이니까 짜증나고 신경 쓰이고 그렇대요.

저게 싫은데 왜 또 이쪽으로 오는가 싶어서 답답하기도 하고.

어쩔 때는 숨이 탁탁 막히는 것처럼 짜증도 나고, 저녁에 잠도 안 오고. 귀에서도 이상한 소리가 들리는 거 같고. 헬기 오고 나서 그때부터 귀에서 자꾸 이상한 '엥'거리는 소리가 나요.

재미있게 농사짓다 싸움을 시작하다

하우스 안에 항상 음악을 틀어놔요. 저는 저 탑에서 나는 소리가 듣기 싫어서 음악을 항상 가장 크게 틀어놓거든요. 일부러 듣기 싫어서 음악을 크게 틀어도 음악소리보다 더 크게 들린다니까요.

하우스는 한 지 얼마 안 되었어요. 5년째. 처음에 농사는 벼농사랑 대추, 밤, 맥문동 같은 거. 노지도 가끔 한 번씩 했다가 안 했다가. 노지에서는 깻잎 농사. 그전에는 하우스가 없었으니까 논에 봄 되면 완두콩 심었다가 벼농사 짓는 거예요. 밭에다 여러 가지 콩, 팥 다 심고. 메주콩, 검은콩, 콩 종류가 많아요. 농사지어서 어머니가 직접 시장에다 내다팔아요. 시장에 낼 때도 있고, 주문 받아서 낼 때도 있고, 아니면 도로가에서 노상에서 할 때도 있고. 지금은 안 지은 지 2년 됐어요. 콩 심는다고 벼농사 안 하고 있어요. 많이 벌 때는 맥문동 같은 경우는 1년에 천만 원대 정도고, 밤은 500에서 700 정도, 대추도 그 정도고. 애들이 세 명이다보니까 돈 들어갈 데가 너무 많네요. 학교도 그렇고 학원도 가야 되고.

농사는 처음에는 안 해본 걸 하니까 힘든 것도 있었거든요. 그런데 지금은 재밌어요. 애들이랑 애기 아빠랑 같이 있으면서 내가 할 일이 있으니까 좋은 거 같아요. 힘들 때도 있지만 다 이렇게 하면 우리 애들이랑 먹고살 수 있다는 마음으로 하니까 피곤한 것도 없어지고 그래요.

땅은 다 어머님 땅이구요. 애기 아빠 형제는 맨 위에 누나 있고 형 있고. 형은 김해에서 소방서 공무원하고 있구요. 누나는 초등학교에서 일하고 있고. 애기 아빠하고 어머니 둘만 농사를 짓고 있지요. 처음에는 애기 아빠도 회사에 다녔었거든요. 그런데 어머니 혼자서 농사를 지으니까, 너무 힘들어 죽겠다고 못하겠다고 그러시니까. 애기 아빠가 또 사고 난 적도 있었거든요. 그거 때문에 눈이 안 좋아져서 농사지으러 들어갈 생각 없냐고. 도저히 못하겠으면 들어가자고 내가 그랬어요. 결혼하고 나서 잠깐 5개월 정도는 다른 데서 있다가 그 후에 들어온 거지요. 사고 난 이후로. 싫다는 얘기는 안 한 거 같아요. 애기 아빠도 밖에서 일하는 거 힘들어하니까 농사지으러 가자고 해서 대번에 가자고 했지요, 내가.

어릴 때부터 벼농사를 조금 했기 때문에 습관이 되어 있고 익숙하니까 힘은 들지 않은 거 같아요. 다른 거 힘든 거 없는데 요즘에 송전탑 때문에 힘들지요. 농사도 지어야 되고 농성장에도 가야 해서 힘들지요. 눈만 뜨면 보이잖아요. 신경이 날카로워지는 거예요.

8년 전부터 계속 싸워왔는데 저게 안 좋다는 걸 알게 되니까 바라보는 것도 힘들고. 처음에 뉴스에서도 뜨고, 밀양에서 송전선로가 들어온다면서 그때부터 진짜 들어오는구나 싶으니까 괴롭고. 어릴 때 몸 안 좋은 것도 뭣 때문에 몸이 안 좋았는지 모르고 있었는데, 요 근래에 와서 송전탑이 안 좋고 암 유발할 수도 있다는 걸 알게 되면서 진짜 싫어진 거지요.

내가 직접 싸운 지는 얼마 안 됐거든요. 처음에 현장에는 애기 아빠가 다 갔구요. 한전 사람들하고 부딪치고 싸우고 하다가. 내가 싸운 지는 작년(2013년)부터예요. 헬기에 갔는데 바람에 사람 몸이 날려가기도 하고 그랬거든요. 그 다음날 보니까 머리에 돌멩이가 잔뜩 있는 거예요. 괴롭대요, 진짜. 작년 10월부터 공사가 재개됐잖아요. 10월 1일 95번에 공사가 시작됐거든요. 탑 선다니까 나 저기 올라가보고 싶은 거라. 현장을 직접 목격해야겠다면서. 그날 경찰이 투입되어가지고 못 올라가게 하는 거예요. 내 끝까지 올라가야겠다면서 첫날은 올라갔는데. 바로 95번에 막 올라갔더니 경찰들이 다 깔려 있는 거예요. 들어가질 못하겠는 거예요. 부딪히면 낭떠러지이기 때문에 굴러 떨어질 거 같은 거예요. 싸우지도 못하고 하루 종일 멍하니 앉아 있다가만 오고 그날은.

95번 현장을 올라가봐야겠다면서 싸웠는데 경찰들이 끝까지 못 올라가게 하니까 그날 방패막에 깔린 적도 있었어요. 막 싸우는데 방패를 치면서 하는데 내가 넘어진 거예요. 그래서 바로 꽂힌 거예요. 나도 몰랐는데 그걸 누가 사진으로 찍어놓은 거예요. 내가 아프다고 소리 지르니까 들은 척도 안 하고 처음에 세 시간 동안 버티고 싸우고 있는 거예요. 나는 95번에 무조건 올라가야 되니까 너희가 올려 보낼 때까지 이러고 있을 거라고 하면서 싸웠거든요. 11시쯤에 하다가 거의 3시 반쯤에 올라갔다 온 거예요.

96번에 11월 13일 처음 헬기가 떴거든요. 이경희 피디님이랑 녹색당 어머님 한 분이랑 저랑 이틀 동안 거기서 노숙했어요. 노숙하고 내려와서 그 다음날 교대로 했는데, 그마저도 못 올라가게 됐지요. 처음에는 무섭다고 생각했는데. 탑 막히면 애기 아빠가 절대 내려오지 말라고 하대요. 승리하고 내려오라고 하면서.

"나도 모르게 그런 용기가 나왔어요"

저는 집에서 애들만 돌보고 밥하고 학교 보내고 집안일 하다가 나도 모르게 그렇게 되더라구요. 레미콘 차 들어올 때 그날 할머니들 하는 거 보고. 경찰들이 할머니들한테 너무 심하게 하는 거예요, 여경들이. 즈그 엄마 즈그 아빠도 그렇게 못하는데 완전 손을 꼬집는 게 멍이 시퍼럴 정도로 팔을 비틀거나 온몸을 다 비트는 거예요. 완전 꼼짝달싹도 못하게. 그거 보고 나서 내가 막 여경한테 얘길 했거든요. "너희 할머니들한테 너무 심하게 하는 거 아니냐, 너희도 그렇게 한번 당해보면, 안 겪어봐서 모르지. 이때까지 여기서 농사짓고 산 할머니들인데 저희 집 앞에 탑이 들어오면 좋겠냐, 그렇게 싫다는 송전탑 왜 세우냐, 너희 머리 꼭대기에 세워라." 듣는 척도 안 하고 입 꼭 다물고 있는 거예요, 여경들은.

"한번 봐라, 니가 했는 짓 한번 봐라. 할머니 손 이런 식으로 멍 시퍼렇게 하면 되겠느냐." 도로가에서 꼼짝달싹도 못하게 다 막고 있는 거예요. 도로에 전부 다 할머니들이 벼농사 해갖고 나락을 다 널어놨거든요. 경찰들이 밟을라고 하는 거예요. "느그 밟지 마라. 이때까지 할머니들이 고생해가지고 농사지어 놓은 것을 너희가 왜 망칠라고 하느냐, 밟지 마라, 다리 안 치우나!"

나도 모르게 막 그런 용기가 나왔어요. 할머니들에게 너무 심하게 하니까. 할머니들이 이때까지 농사지어왔는데 할머니들 바라보고 있으니까 억울하기도 하고 나도 모르게 용기가 나왔나 봐요.

2년 전인가 96번 현장에 올라갔을 때, 그때 헬기도 왔었거든요. 그때 왔다 갔다 하면서 애기 아빠랑 농성장 황토방에서 교대로 자면서 했거든요. 그날 애기 아빠가 자고 내려오는데 저녁에 올라갈 때는 포크레인 뒤에 문이 안 열려 있었대요. 아침에 자고 일어나보니까 문이 열려 있더래요. '올라가서 봐야 되나' 생각했대요. 올라가면 안 되겠다, 애들 학교 보내야 되니까. 내가 올라가고 애기 아빠가 내려오고 교대를 했거든요. 대책위원회 김정회 씨 그분이 올라가자마자 현장 둘러보는 습관이 있어요. 포크레인 문이 뒤에 덮개가 왜 열려 있나 싶어서 올라가니까, 보자마자 한전 사람들이 김정회 씨를 체포하는 거예요. 현행범이라면서 포크레인에 설탕을 집어넣었다는 거예요. 밧줄로 사람을 묶는 거예요. 전화는 해야 되겠고 사진은 찍어야겠고 뭘 해야 할 줄 모르겠는 거예요. 일단은 애 아빠한테 먼저 전화하면서, 지금 큰일 났다면서 이 사람들이 김정회 씨를 현행범이라고 하면서 밧줄로 묶고 있다, 난리 났다, 빨리 오라고 하면서. 전화 끊자마자 사진부터 찍은 거예요. 묶여 있는 거 다 찍고. 경찰들이 다 와갖고 현장에서 애기를 하는데 설탕을 집어넣었다면서 현행범이라고 체포한다는 거예요. "수갑 차고 갈래요, 그냥 갈래요?" 해서 그냥 간다고 해서 가고. 묶여 있는 상태에서 왜 묶었냐고 무슨 죄가 있어서 묶었냐니까 한전 사람이 서너 번 때린 거 같아요. 몇 번 맞았어요. 그 장면은 못 찍었는데. 처음부터 다 찍었다면 좋았을 텐데, 그걸 못 찍어서 참 그래요.

작년 11월 19일이에요. 농성장에 대나무 문을 설치할라고 하는 날에 누가 뭘 갖다달래서 갖다주고 나는 하우스로 내려오는데 경찰이 막 오는 거예요. 제가 오도 가도 못하고 갇힌 거예요. 모르겠다, 문이라도 붙들고 있어야겠다 해서 문 붙들고 있었는데 경찰들이 나오라는 거예요. 왜 나오라고 하냐 물었더니 공무집행방해라고 나오라는 거예요. 그래서 내가 "싫다. 너희는 맘대로 올라 다니면서 우리는 여길 지킬 권리가 있다. 여기 주변에 우리 땅도 있다. 너희 땅에 이 철탑이 들어오면 좋냐, 난 안 좋다"면서 막 버티고 있었어요. 경찰들이 막 끄집어내는 거예요. 처음에 붙들고 있으니까 남자 경찰이 발로 찼는데 음부를 맞은 거예요. 다리가 풀리니까 여경들 한 8명 정도가 끌어내는 거예요. 여경이 또다시 때리는 거예요. 혹시나 몰라서 휴대폰에다 이름을 다 적어놓은 거예요. 황정연이라는 여경 한 명이 내 발에 지 코가 맞았다는 거예요. 때린 적도 없는데. 맞았다는 소리를 지른 적도 없는데. 처음에는 경찰이 연행해가는데 폭행죄로 연행해간대요. 사진 찍은 거 다 있다면서. 나중에 사진을 다 찾아보니까 내 발에 맞은 여경이 없는 거예요. 그래도 공무집행방해로 구속하려는 거예요.

여기 경찰서에서 1차 조사받고 그 다음날 김해 중부경찰서에서 조사받았거든요. 왜 그리 춥고, 난방도 안 되고, 시간이 왜 그리 긴지. 유치장에 하루 있었는데 한 달 있는 느낌처럼 들고. 5시 정도에 애기 아빠가 면회 왔는데 8시 정도에 나올 거라는 거예요. 세 시간이 일주일 같은 거예요. 유치장에 다른 여자 한 명 있었는데 그 여자는 아침에 재판이 있다고 일찍 나가고, 나 혼자만 있었지요. 빛나 씨(밀양송전탑반대대책위 간사)가 집에 가지 말고 병원으로 오라는 거예요. 병원에 가서 누워 있으니까 몸이 풀리잖아요. 온몸이 다 쑤시는 거예요. 한 3일 있다가 병원에서 나왔지요.

처음이에요. 내가 싸우는 거 보면서 내가 이상한 느낌이 들더라구요. 내가 이런 면이 또 있었나 생각도 들고. 나도 모르게 나오는 거 같아요.

처음에 경찰들하고 대화했을 때는 "우리는 너희하고 싸우고 싶은 생각이 없다. 우리는 한전하고 싸워야 되는데 왜 그러냐" 그랬더니 말을 안 해요. 답답해 죽겠는 거예요. "꿀 먹은 벙어리냐 말을 해라. 답답해 죽겠다. 왜 말을 못하냐" 했는데, 위에서 지시를 했나 봐요. 절대로 입 뻥끗하지 말라고.

한전은 피하는 거 같아요, 말을 안 할라고 해요. 몇 번이나 얘기할려고 했는데 경찰 병력 투입되고 나서는 얘기 좀 하자고 불렀더니 한전의 정 부장이라는 분한테 왜 이렇게 세우냐, 안 세울 수 없냐고 물어보면 자기들은 돈 먹고 사는 짓이라고 하면서 해야 된대요. 경찰 뒤에 숨어서 나오질 않아요.

"하루에 헬기가 60~70번, 벽에 금이 다 갔어요"

왜 우리가 이렇게 싸우고 있는가 생각이 들 때 포기하고 싶은데 지금 자라는 애들 생각만 하면 막아야겠다는 생각이 들고. 애들한테 안 좋을 거 같으니까 할 때까지는 해보자. 언론이나 정부의 말은 믿을 수가 없어요. 다 거짓말 같아요. 자기네들은 보상을 160만 원이라는 돈을 받아서 어디다 쓰겠어요. 160만 원에 재산이 다 날라가는 거지요. 우리 대추밭이 5,000평이나 6,000평 될 거 같고, 여기 하우스 논이 400평이라고 해야 되나. 또 군데군데 밭이 많거든요. 이거 다 합쳐서 160만 원 주겠다는데 얘기를 확실히 안 해주니까, 그거 받아서 뭐하겠나 싶기도 하고.

주민하고 한전하고 한 번도 대화한 적 없지요. 찬성하는 사람들은 재산을 다 포기했다는 식으로 말하대요. 어차피 못 막을 거 저렇게 강력하게 하고 있는 거 아예 포기하는 게 낫다는 식으로 이야기해요. 찬성하는 사람들하고는 말하고 싶지가 않아요. 나는 애기 아빠만 믿고 따라가는 거지요. 동화전마을 전체가 100가구에서 150가구 정도 되는데 송전탑 반대하는 가구는 한 20가구? 아예 참석도 안 하고 무관심한 가구도 있고, 이것도 아니다 저것도 아니다, 여기 갈까 저기 갈까 하는 사람들도 있고. 처음에는 100가구에서 반반씩 갈려 있었거든요. 나중에 보니까 반대하는 가구가 자꾸 없어지는 거예요. 너무 강력하게 진행되니까. 전에 경찰 투입 안 하고 했을 때는 편안하게 싸울 수 있어서 괜찮았는데. 만약 주민이 15명 있다면 경찰은 500에서 600명 깔려버리는 거라. 갈 수가 없는 거예요, 도저히 힘을 못 쓰니까.

한 명당 경찰이 10명씩 딱 붙는다고 봐야죠. 처음에 우리 갔을 때는 경찰들이 가는 데마다 졸졸졸졸 따라오는 거예요. 화장실도 따라오는 거예요. 다른 현장으로 가나 싶어서 따라오는 거예요. 어떤 언니 한 분이 화장실 볼일 보러 간다는데 남자 경찰 6명이 따라오더래요. 너희 왜 따라오냐, 변태냐, 볼일도 못 보냐면서, 해도 해도 너무한다고 했었어요. 마을 경찰서 사람들은 차만 타고 왔다 갔다만 하지 아무런 관여 안 해요. 한 번도 얘기해본 적 없어요. 여기 투입된 경찰들하고는 다른 거 같아요. 제발 여기 안 오면 안 되냐고 말하면 우리도 안 오고 싶은데요, 시키니까 어쩔 수 없다고, 완전 무관심한 거 같아요. 이해가 안 돼요.

며칠 전에 병원에 갔거든요. 저 소리 때문에 도저히 못 있겠다고 한전에 전화를 몇 번 하니까 병원 가라대요. 한솔병원에 갔는데 처음에는 내과 쪽으로 가라고 하더니 나중에 정신과로 진료를 바꿔주는 거예요. 갔더니 의사가 이상한 거예요. 뭣 때문에 오셨냐 하니까, 헬기 때문에 도저히 밤에 잠도 잘 못 자겠고, 가슴도 답답하고 머리도 아프고 온몸이 쑤신다, 그리고 없는 속앓이까지 다 생겼다. 신경 쓰다보니까 생리가 불규칙해졌거든요. 20일 만에 할 때도 있고, 30일 만에 할 때도 있고. 그랬더니 의사가 그런 얘기는 병원에서 하지 말라는 거예요. 정신과 선생님이라는데 그런 얘기 다 하는 거 아니에요? 왜 그런 얘기 못하냐고 했더니, 의사가 "그런 얘기는 병원에서 하면 안 되지요" 하면서 짜증을 내는 거예요. 그러더니 약을 한 일주일 치 줄 테니까 그 약을 먹고 오라는 거예요. 약봉지가 세 가지예요. 아침, 저녁에 먹고, 자기 전에 먹고, 필요할 때 먹고. 그 약봉지 보니까 먹기 싫은 거예요. 안 먹었어요.

그 뒤로 더 심해진 거 같아요. 일할 때도 한 번씩 자꾸 이상한 소리가 들리니까 어떨 땐 멍하니 있다가, 아 내가 뭐하고 있는 거지, 깨 따야 되는데 그러고. 증상은 탑 서기 전부터 헬기 소리 들을 때부터. 지금도 증상은 있어요. 헬기 소리만 들으면 답답하고 머리도 지끈지끈하고. 어쩌겠어요, 참고 있는 거지. 애기 아빠도 어떨 때는 헬기 소리만 들으면 몸이 다 떨린대요. 애들도 불안해

해요. 잠자고 싶은데 헬기 소리 때문에 불안정하고 짜증나고 그런가봐요. 잠도 억수로 늦게 자고. 저녁에 헬기 소리는 안 들리는데 아침에 계속 들렸던 소리가, 귀에서 이상한 소리가 들리니까 또 헬기 뜨는가 싶어갖고 벌떡벌떡 일어나고 그래요.

엄마랑 아빠랑 할머니가 싸우니까 애들도 느끼잖아요. 엄마, 경찰이 좋은 줄만 알았는데 이제는 싫어진다면서 너무 심하게 한다면서 경찰이고 한전이고 다 싫다고 해요. 엄마 아빠가 싸우니까 애들까지 불안한 정도를 느끼는 거 같아요. 어쩔 때는 자다가도 일어나서 짜증내고 울고 그래요. 깊이 잠을 못 드는 거지요. 자주는 안 그러는데 두 번 정도는 자다가 깨는 거 같아요, 거의 매일. 빨리 잠을 못 자요. 늦게 잤다가 늦게 일어나요.

집에 있을 때 헬기가 날라오면 창문 떨리는 소리가 다 나요. 방 안에 못 앉아 있겠는 거예요, 불안해서. 무너지면 어떻게 할까 이런 생각이 드니까 밖에 나가요. 벽에 금이 다 갔거든요. 소하고 개도 불안한 거 같아요. 소 한 마리 키우고 있는데 헬기가 날라오면 소도 불안해서 막 뛰더라구요. 불안해서 말뚝도 박아놨는데 다 부러졌어요. 먹을거리 얹어놓은 곳도 다 부러져 있어요. 헬기 소리가 동물한테도 저항이 오는가봐요. 어쩔 줄을 모르는 거예요.

농사에 안 좋은 게 있지요. 저게 들어오게 되면 밤은 헬기로 농약 치는데 들어오게 되면 줄에 걸려서 약도 못 치고 밤은 다 버려야 되는 거지요. 벌레들이 다 먹으니까. 교대로 애기 아빠가 갈 때도 있고 내가 깻잎 안 딸 때는 갔다가 번갈아가면서 왔다 갔다 해요. 일 안 할 때는 농성장에 가 있어요. 깨 안 할 때는 가 있고,

일하다가도 점심하려도 가고 그래요.

　며칠 전에도요, 헬기가 하루에 60번 70번을 왔다 갔다 해서 한 전에 전화를 했거든요. "너거 헬기 소리 때문에 도저히 힘들고 짜증나서 못 있겠다, 빨리 헬기 소음 측정해 가라"하니까 말로만 온다 하더니 안 오는 거예요. 이번 주 월요일에 한 번 오는 거라요. 근데 그날은 헬기가 별로 안 왔어요. 열 번, 열두 번 정도 왔나? 그것만 측정해 간 거예요. 일주일 동안 계속 한다더니. 회관에서 헬기 소음 측정하더라구요. 내가 물어봤거든요. "왜 여기 회관에서 헬기 소음 측정을 하냐, 여기는 헬기 소리도 별로 크게 안 나는데. 측정할려면 농성장, 헬기가 날라오는 가까운 데 가서 해야지. 이건 불공평한 거 아니냐. 당장 여기서 그만하고 현장 가서 해라"했거든요. 근데 한 번 시작한 거는 안 된대요. 그럼 직접 올라가보라고 하면서 데리고 올라갔어요. 내가 휴대폰에 소음 측정하는 거 다운받은 거 있거든요. 소음을 재니까, 회관에서 한 거보다 더 크게 나온 거예요. 103까지 나온 거예요. "봐라, 103까지 나온다"했더니 즈그도 놀래는 거예요. 그날 또 집에까지 데리고 갔거든요. 헬기만 오면 창문이 떨리고 이렇다면서. 소 마구간도 다 보여줬거든요. 즈그도 보고 심각한가 말문을 못 여는 거 있지요. 그 뒤로는 한 번도 안 와요. 전화해준다더니 전화도 없고.

　이때까지 같이 싸워놓고선 마을 사람들이 돌아서니까 기분이 안 좋구요. 하면 끝까지 해주면 좋겠다는 생각이 드는데 나 몰라라 하니까 힘들고. 같이 싸워주시면 좋겠는데, 돈을 다 받아먹었으면서 왜 그렇게 싸우냐 하는 분들이 있거든요. 근데 우린 돈 받은 거 없는데. 기분이 굉장히 안 좋고 오해가 많이 생기고 있지요.

싸우는 사람들은 점점 지쳐가고 힘들기도 하고. 같이 싸워주면 좋겠어요.

후기

○

桐花, 오동나무 꽃, 동화마을이다.

한때는 연보랏빛 오동나무 꽃이 만발하여 은은한 향으로 가득했을
이 마을에 지금은 송전탑 건설을 위한 소음이 뒤덮어 마을 사람들의
일상을 파괴하고 있다.

97호와 98호가 세워진 산에 밤나무밭을 가지고 있는 강귀영
씨 가족은 송전탑이 매우 가까이 보이는 곳에서 살고 있다.

산의 밤나무밭 외에 산 아래에 대추나무밭과 깻잎 재배를 위한
하우스가 있다. 차가운 바람이 부는 늦은 오후, 산으로 에워싸인
동화전마을은 이방인들 눈에는 어느 농촌이나 다름없어 보였다.

인적 드물고, 산에 나무들이 있고, 곳곳에 논밭과 하우스가
즐비하게 늘어선. 겨울이라 하우스 안만 초록이고 밖은 춥고
건조했다. 강귀영 씨 이야기를 듣지 않았더라면 눈앞의 산에 올려진
탑이 무엇인지 몰랐을 터이고, 한참 있으면 들리는 포클레인 소리도
지나쳤을 것이었다.

강귀영 씨는 하우스 앞에서 한참을 서서 송전탑에서 들려오는
소음에 대해 이야기했다. 이야기하는 내내 소음에 대한 이야기가
끊임없다. 옛날 이야기를 하다가도 결국 소음 이야기가 나온다.
그만큼 소음으로 인한 정신적 스트레스가 심하단 증거이다. 지난
수개월 동안 소음으로 뒤범벅이 되어버린 일상이, 지속되는 환청과
신경증상으로 파괴되는 삶이 바로 느껴지는 순간이었다. "뭔가
들리지요. 지금, 포크레인 소리, 사람들 말소리. 정말, 미치겠어요."
강귀영 씨는 남편과 아이들과의 사랑이 이 소음 속에서 깨져나가는

게 아닐까 걱정스럽다. 현장에서 지금까지 열심히 찍은 사진도 보여준다. 사진은 강귀영 씨가 싸움의 전면으로 나서게 하는 촉매제가 되었고, 중요하면서도 즐거운 활동의 중심이 되었다. 송전탑 때문에 속상하고, 함께 싸워서 행복하다.

"희망이 있다가
없다가, 하루에도
열두 번"

성은희 님을 찾아갔을 때 그이는 비닐하우스에서 고추 따기에 여념이 없었다. 이튿날 고 유한숙 어르신의 분향소가 차려질 서울 조계사에 가야 하기 때문에 마음이 바빴다. 어느새 765(765㎸ 송전탑 반대 투쟁)가 본업이고 농사는 부업처럼 돼버렸다고 한탄하면서도 우리가 이 싸움의 주체이니 빠질 수는 없는 거 아니냐고 자신에게 다짐하듯 말한다.

살기 좋자고 하는 일인데 요 2년 새 스트레스로 살이 8킬로그램이나 빠졌다. 밤이면 가위에도 눌리고 몸에서 기가 다 빠져나가는 것 같은데 무슨 일이 터졌다고 하면 몸이 먼저 '용수철'처럼 튀어나간다. 송전탑 건설을 중지시킬 수 있을 거라는 희망이 그이를 움직이게 한다. 고령의 할매들이 많은 마을이다보니 우리 '젊은이'들이 나가서 힘을 써야지 싶은 서로에 대한 연민과 정이 그이의 마음을 단단하게 한다. 우리 삶에 대한 권리를 지켜내야 한다는 확신이 주저앉고 싶은 마음을 일으킨다. ●

기록 ○ 이묘랑

외지인에서 동네 사람이 되다

밀양에 와 산 지가 한 15년 됐어요. 부산에서 살다가 애들 아빠가 몸이 안 좋고 시골 가서 살고 싶다고 해서 여기저기 알아보다가 여수마을로 왔어요. 내가 어디를 가도 환경에는 적응을 잘하는데 사람 사이를 좀 힘들어해요. 여기 이장님이 계속 오셔갖고 살아가는 이야기도 하고, 우리가 먼저 찾아가지는 못해도 오면 얘기하고 하다보니까 동네 사람들하고 자연스럽게 친해졌죠. 그러다 보니 하우스하는 데 가서 일도 거들다가 저녁도 얻어먹고 하면서 동네 사람이 된 거지. 동네 사람들이 손을 뻗어주지 않았으면 우리는 아직까지도 둘이 있을 거예요. 여기 사람들이 외지에서 왔다고 정을 베풀어준 거지. 시골 사람들이 굉장히 인정스럽고 막 잘해주고 그래요. 근데 또 무슨 결정을 한다던가 할 때 보면…… 농협 조합원들 중에서 몇몇 마을 대표들을 뽑아 농협대의원을 해요. 이게 순번으로 돌아가면서 하는 건데 친하던 사람들이 우리더러 하라고 했어요. 그런데 대의원을 뽑는 자리에서 그 아저씨들이 "저 사람은 우리 마을 사람 아니잖아. 그 사람은 안마을에 들어가야지. 여기 오면 안 되지" 하는 거예요. 여수동이 바깥마을, 안마을 두 동네인데 우리가 거진 가운데 있어요. 가운데 있으면서도 바깥마을 쪽으로 가깝거든요. 그래서 우리는 계속 바깥마을이라고 생각하고 살고 행사 있을 때마다 바깥마을 행사에 갔는데, 대의원 순배가 좀 늦게 돌아온다고…… 한 동네에서 큰 사람 같으면 그렇게 안 되잖아요. 외지에서 들어왔던 사람이라고 우리 마을 사람이 아니다 이렇게 했을 때는 굉장히 상처를 받아서 여기 뜰라고 그랬어요. 그래도 또 옮기기가 쉽습니꺼. 결국은 못 떠나고 있었거든요. 그런데 또 내가 이 동에서 좀 젊다보니까 마을 총무를 맡을라고 하는데 "저 사람은 외지에서 들어온 사람이라서 안 돼" 회의에서 그렇게 얘기했을 때는 참 섞이기가 힘들구나 그런 걸 느끼기도 해요. 잘 융화되는 것 같지만 아주 그런 미묘한 순간이 있더라구요. 그러고 또 뭐 철탑을 막으러 댕겨보면 우리보고 앞서서 한다, 앞서서 한다 그러는데 어른들은 또 우리가 바깥에서 들어온 사람이기 때문에 모르거든요. 그러니까 옆에서 우리랑 같이 해주는 인저 김영자 씨나 이런 사람들(토박이)이 우리 마을 사람이라고 얘기를 해줘야 하는 거지. 사람들한테 침투하기가 진짜로 어려운 그런 게 있어요. 아주 편안한 거 같으면서도 아주 미묘하게 조금 거리를 둘려고 하는 그런 게 있더라구요. 그래서 사람들하고 같이 녹아서 살려면 내가 좀 더 두 배 세 배 이상의 노력을 해야 한다 그런 걸 우리는 많이 느끼지.

"밥 주까요?" 하면 "어" 하고

태어나기는 경남 하동에서 났어요. 우리 아버지가 몸이 안 좋으셔갖고 엄마가 "남편이 죽으면 내가 벌어서 자식들 공부라도 시켜야 안 되겠나" 이래서 부산 사직동으로 이사를 했어요. 우리가 오남매인데 내가 둘째. 어렸을 때는 아팠던 기억밖에, 정확한 병명도 없었어요. 근데 무지무지 아파서 병원에 가면 "그냥 사세요" 뭐 이런 수준이었어요. 그러다 고등학교 지나고 나서부터는 심하게 아프거나 앓아누워 있거나 그런 건 없었거든요. 그러고 나서 인제 걱정을 덜했지.

　학교 졸업하고 건설회사 경리로 있었어요. 그때 지금 남편을 만났지. 저이는 건설회사에 하청을 들어온 아저씨였고. 처음에 봤을 때는 깡 말라가지고 난민처럼, 내가 맨날 이디오피아 난민이라고 놀리는데 비썩 말라갖고, 딴 사람들은 커피를 주는데 이 아저씨는 불쌍해 보여갖고 인삼차를 줬어요. 그걸 내가 자기를 좋아해서 그런 걸 주는 줄 알았나봐. 지금도 그 얘길 한다니까. 그때는 프러포즈 그런 것도 없고 만나면 당연히 결혼해야 되는 걸로 이래 생각을 하고 했지. 물 흐르듯이 자연스럽게 그리 된 거 같애요. 신랑은 진짜 전형적인 경상도 사람이라 "밥 주까요?" 하면 "어" 하고 누버 자면 끝! 뭐 말도 없고 심심했어요. 그냥 시누이들이랑 친구처럼 지내면서 평범하게 얽혀 살았어요.

철탑을 중심으로 울고 웃다

여기 오고 나서도 그런대로 농사도 잘됐어요. 농사지어갖고 맛있는 것도 많이 먹으러 다니고 놀러도 많이 다니고. 저 양반이 하도 놀러 다니는 걸 좋아해서 우리 집에 일하러 오는 아지매들 모아가지고 전라도로 어디로 다니고 이랬거든요. 봄에 4월에 날 길어지면 비닐하우스에 까만 담요 안 덮어줘도 되거든요. 고럴 때는 인제 회도 먹으러 가고, 기장이고 포항이고 어디고 할 거 없이 진짜 한 몇 년 놀러 잘 다녔어요. 친정에도 자주 가고 그랬는데 이놈의 철탑 들어오고 나서는 한 5년 이렇게는 거진 못 갔어요. 여름에 바닷가에도 한 번 못 갔어요. 전에 누리던 호사가 하나도 없어져버린 거지. 이놈의 철탑 들어오고 나서는 이상하게 농사도 안돼요. 또 우리가 앞서서 하다보니까 사람을 동원도 해야 하고 연락책이 있어야 하니까 자리를 비울 수가 없는 거야. 매일 상황이 발생하니까.

2011년 그때도 124번 산에 나무 벤다는 소리를 듣고 우리는 무조건 용수철 튀듯이 맨 첨에 올라갔거든요. 이장님, 나, 앞에 총무님, 거기 길을 모르니까 안내분 한 분하고 올라가는데 막 나무 베는 소리가 나니까 가슴이 무너지는데…… 진짜 우리는 몸을 안 아끼고 하는 스타일이라서 내가 생각해도 무서운 게 없었어요. 나무 벤다고 전기톱이 돌아가는데 거기다가 발을 확 집어넣고, 나무를 저그끼리 베어놓으면 이렇게 깊어요. 우리 다리보다 훨씬 깊은데 저 사람이 내 반대편에서 나무를 이렇게 베고 있으면 그걸 막으려고 막 뛰어가다가 푹 빠지기도 하고. 이런 데 멍이 다 들고 해도 그걸 막아야 한다는 그 생각 하나로 싸웠거든요. 그럴 땐 한전 일을 못하게 막았다는 승리감에 진짜 행복했어요. 또 2013년 5월 달에, 5월 20일부터 공사가 재개되면서 공권력이 처음 투입됐거든요. 동네 입구가 농로인데 경찰이 마을길을 다 막았어요. 그런데 신부님들이 124번 부지에서 미사를 봐주신다고 오신 거예요. 원래는 다른 데로 가게 돼 있었는데 요행히 여수동에 아 다리가 돼갖고 오셨어요. 그때 신부님이 경찰들한테 주민들하고 올라가서 무조건 미사만 보고 내려오는 걸로 약속을 하셨어요. 근데 주민들이 며칠을 못 올라가다가 올라갔는데 내려올라 하겠습니꺼. 주민들이 못 간다고 버텼죠. 신부님이 거짓말쟁이 좀 돼야지 할 수 없다 하면서 버텨갖고 그 공사를 또 못하게 만들었어요. 젊은 사람들이 못 갑니다 억지를 쓰고 하니까 할매들이 동조를 해주시더라구. "안 간다. 우리 땅인데 왜 즈그가 와서 있노? 경찰 놈들 다 물러가라." 지금도 웃으면서 상동 꼴통들 그런 얘기도 하고. 단장면 사는 김정회 씨 구속됐을 때도 풀어내라고 경찰서 앞에 도로에서 2박 3일 누워 잤거든요. 김정회 풀어내라고 막 데모를 하고, 김정회 씨가 구속적부심인가에서 풀려났어요. 그때도 신났고.

그런데 10월 1일부터는 사람이 뭐 그 래프트 타고 올라가다가 갑자기 수직으로 뚝 떨어지는 것 같은 이런 느낌이에요. 그날 우리 동네는 경찰 안 들어왔다고 천하태평하고 단장면에 갔었어요. 이 양반하고 윤희정 님하고 셋이서. 거기서 실컷 막다보니 우리 동네에 경찰이 투입됐다고 총무님한테 연락이 와가지고 거 올라가는데 경찰들이 입구에서 막아버리니까 아예 꼼짝을 못하는 거예요. 차도 못 가 사람도 못 가 딱 막혀가지고 못 올라가고, 총무님 인자 거기 있으라 하고 우리는 다시 내려와서 옷을 갈아입고 장비를 챙겨서 다른 산길로 생전 가보지도 않은 길로 갔어요. 그 산 속에서 막 소리가 나니까 소리만 듣고 역으로 해가 올라갔어요. 요쪽에서는 인자 마을 사람들이 그 근처까지 올라가갖고 왜 안 들여 보내주노 막 싸우고 있고, 내캉 윤희정 님이랑 난숙 씨랑은 그 위로 해갖고 역으로 내려온 거예요. 경찰이 막아서길래 "경찰이 왜 우리를 막느냐, 우리는 길을 왔는데 여긴 낭떠러지인데 만약에 여기서 우리를 막으면 낭떠러지 굴러 떨어져버릴 거니까,

이거 문책당하기 싫으면 비키라" 하니까 비켜주더라구예. 그래가
지고 그 부지 타고 올라갔지. 포크레인 가지고 터를 닦고 있었는
데 우리를 보더니 "제일 독종 왔으니 인제 우리는 공사 못해" 이
런 얘기를 하는 거예요. 그래서 인자 우리는 그걸 막았다고 생각
을 했어. 그런데 알고 보니까 그게 철탑 부지가 아니고 즈그 숙소
할라고 자리를 닦는 거였어. 결국은 즈그 포기하고 우리 숙소가
돼버린 거예요. 거기서 한 달을 오르내리고 했는데예, 공사는 공
사대로 하지요 사람이 미치는 거예요. 너무 화가 나니까 물도 안
넘어가대예. 3일을 4일을 물도 안 먹고 버텼어요. 내캉 난숙 씨캉
나흘을 굶다가 결국 병원에 실려 갔지마는. 그렇게 올라간다 못
올라간다 뭐 내내 경찰들은 막고 우리는 올라간다 하고 인자 석
달이 흘렀네. 그러고도 석 달이……

"희망이 있으면 암만 힘들어도 산다 안 합니꺼"

경찰들이 들어오고 나서는 살 수가 없어요. 왜 밤에 뭐, 모임이 있
다든지 아니면 잠깐 마실 나왔다가 올라갈 수도 있잖아요. 우리
가 외딴 집이라 개를 키우거든요. 그런데 자려고 들어와 누버 있
는데 개가 짖어 난리예요. 그래서 나가보니까 전경이 새까맣게
와 있는 기라. "방금 차가 한 대 올라왔는데 이 차입니까?" 이러
는 거예요. 처음엔 몰라서 그런다고 좋게 얘기를 했지. 여기 사람
사니까 앞으로 검문하지 말고 이 차는 여기 주인 차니까 절대로
올라가고 내려가고에 대해서 제지를 하거나 하면 우리는 가만 안

있는다, 대장이고 지역장(지역을 통솔하는 경찰지역장, 부대지역장, 부대장 가운데 계급이 높은 사람을 지역장이라고 부른다)이고 찾아갖고 해결할 거라고 했어요. 따라 올라온 적이 한두 번이 아닙니다. 하루는 여기 천막 농성장을 짓는데 못이 없더라구요. 집 창고에 가 못을 찾아 바가지에 담아가지고 나오다가 창고 앞에서 내캉 경찰 둘이하고 눈이 탁 마주친 거야. 뭐 순간적으로 "뭐예요?" 하니까 "방금 몰고 오신 차가 이 차입니까?" 이래. 네 번인가 올라왔어요. 하이고 한 번 말했으면 됐지. 그래가지고, 이래가지고는 못 산다 해서 지역장을 찾아가니까 지역장은 어디 가버리고 없고. 사람이 살 수가 없어요. 인권위원회에다 얘기했는데요. "그거 인권위원회에 정식으로 제소를 하세요." 인권위 사람한테 얘기를 하는데 굳이 인권위원회를 찾아가서 제소를 해야 됩니꺼? 그럭 한다고요.

"송전탑 저거는 못 세운다"고 생각을 했거든요. 그걸 무슨 신념같이 하늘이 우리를 도와준다고 느끼고 있었고 거기에 많이 의존을 했었던 거 같은데 뭐 경찰이 딱 개입되고 나서는 "아, 이게 들어설 수도 있겠다. 우리가 철탑을 보면서 살아갈 수도 있겠구나" 하는 생각이 점점점 더 날이 갈수록 많아지는 거 같애요. 우리가 어떻게 해볼 수가 없으니까, 산으로 갈 수 있는 입구란 입구는 지금 경찰이 다 막고 있으니까요. 암만 가서 몸으로 부딪쳐도 저그 할 건 다 하더라구예. 그래서 이번에 고답에서 싸우다 연행이 되고 이럴 때 내가 제일 힘들었던 게 우리는 어째 (한전의 시설 보호 요청으로 경찰이 들어온 후) 석 달 동안을 한 번을 못 이겨보노, 어떻게 한 번을 못 이겨보고 당하노, 이게 너무 서럽더라구요. 그러면서 막 소리를 질렀거든요. 한 번쯤 경찰도 후퇴했다가 우리가 앞서고 이러면 사람이 절망감이 덜할 건데 계속 지고 후퇴만 하고 있으니까 그런 생각이 들더라구요. 자꾸 벽에 부딪히는 느낌이 조금씩 들어요. 그게 사람이 제일 힘들다. 희망이 있으면 암만 힘들어도 산다 안 합니까. 언젠가 나아질 거란 희망이 있으면 되는데 저놈들이 있는 한은 절대로 나는 희망이 없을 거 같거든요. 경찰들이 있는 한. 지금은 우리가 뭐 해볼 수가, 힘이 너무 없으니까 저놈들은 힘이 너무 세서 하, 지치지도 않고, 쟤네들은 이 애들 저 애들 계속 바꾸지만 우리는 그 사람, 그 멤버가지고 계속 부딪치니까. 그래서 그런 생각도 해본 적이 있어요. "철탑 들어서는 부지에 전체적인 산불이 다 나버리면 이게 중단이 될까?" 그러면 뭐 될 수도 안 있겠나, 하하하.

머릿수 채워주러 다니다 상동 삼인방으로

처음 철탑부지로 선정됐다고 했을 때는 그냥 전봇대 하나 꽂히는 걸로 생각하고 있었어요. 우리도 설명회한다고 해서 다녀왔지만 그게 몸에 나쁜 거라는 생각 못했을 때인데 이승희 선생님하고 유용희 씨라고 그분들의 설명을 듣고 처음 알았어요. 철탑이 들어선다는데 이걸 어쩌노? 우리도 한전 앞에 가서 데모라도 좀 해야 안 되노. 그때는 밀양 한전에 가 데모하면 다 되는 줄 알았어요. 그래갖고 2005년 12월 5일, 처음 데모를 하는데 부끄러워가 손도 잘 올라가지 않았는데 요새 같으면 손 빡빡 올리고 고함지

르고 하지. 그로부터 한 1년 정도 있다가 대책위가 꾸려져 철탑의 위험성, 전자파의 유해성을 접하게 되고 우리도 스스로가 공부를 하는 거지. 전기가 뭔가, 철탑이 뭔가, 765가 뭔가, 345가 뭔가. 이런 걸 공부를 서로 하게 돼갖고 전부 다 박사예요, 박사. 할매들 뭐, 뭐라 카면 따라닥닥 나오거든예. 그렇게 할 정도로 공부를 했어요. 나도 처음에는 뜻에는 동조를 하는데 어떻게 참여하는 방법을 모르고 있었는데 앞서서 하는 분이 무슨 행사가 있다, 사람 동원해야 한다, 이런 일 있을 때마다 인제 자기도 여기 분이 아니다보니까 곤란하시잖아요. 그래서 처음에 우리는 진짜 머릿수 채워주러 들어왔지예. 우리 삼인방이 딴 사람보다는 좀 젊고 하니까 우리가 힘이라도 돼드리자 하면서 그분들이 위원장직을 맡고 우리는 그분들 하는 대로 따르고, 하자는 대로 해주고, 궂은 일 맡았죠. 너무너무 고생스럽다는 거를 알기에 위로하는 거를 했는데, 이렇게 나서서 할 줄은 몰랐어요. 지금도 뭐 내가 직함을 맡고 있다든지 그런 거는 없지만 내가 나서서 다른 사람들을 설득을 하고 상황이 생기면 용수철처럼, 반사적으로 뛰어나가 앞장서고. 농사일 하다가도 상황이 생기면 뛰어가고.

활동가 한 분 구속되는 전날도 새벽에 동네 이장님한테서 전화가 왔어요. "클 났다. 여기 경찰이 쫙 풀렸다"는 거예요. 아직 그쪽으로는 공사가 시작이 안 되었던 동네인데, 산으로 올라가는 주입구를 다 막고 있다는 거는 공사를 시작한다는 암시인 거라. 부랴부랴 일어나서 깜깜한데 바로 튀나갔어요. 산에 올라가니까 7시 반이더라구요. 한참을 막 실갱이를 하고 올라갔는데 결국 조금 있다가 헬기가 113번 철탑 부지에 포크레인을 떡 내려놓고 가고, 싸우다보니 9시가 다 됐는 거예요. 비닐하우스의 까만 담요를 벗겨줘야 되는데 그 시간도 지나버린 거예요. 산꼭대기 가까이 갔으니 내려갈래도 한참인데다 막혀 있는데 마침 이장님이 전화가 왔어. "한 차 실어가 여기 내려놓고 가는데 하우스 내가 벗겼구마 내려오지 마라." 이러는 기라. 어찌나 고맙던지. 그래가 서로 도와가면서 하고. 어떤 아주머니는 산길을 오르다가 경찰들한테 막히니까 비키라 비키라 해도 안 비켜주니까 막 경찰 손을 잡고 우는 거예요. 울분을 터뜨리는 거야. "왜 느그는 이라노, 우리는 우리 꺼 하나도 없이 뺏긴다. 우리 재산 하나도 없이 다 뺏긴다. 느그가 이래야 되겠나? 느그는 월급만 받으면 그만이지만 우리는 죽는다, 이거 들어오면 우리는 진짜로 죽는다" 이러면서 우시는데 어찌나 눈물이 나겠습니까. 한참을 같이 울다가 다시 내려와서 주민들하고 의논을 해가 그 밑에서 크레인 막고, 크레인 막다가 병원에 실려 가고. 병원에 가는 건 참 자존심 상하더라구요. 그래가 안 갈라고 무지 이빨을 깨물고 애를 썼는데 머릿속에서 띵 하는 소리가 나더니 나도 모르게 가삐린 거라. 경찰들 보는 앞에서 실려 나오는 게 참 자존심 상하더라구.

지나고 나면 참 후회되는 것도 많아요. 그때 요렇게 요렇게 하면 어땠을꼬…… 124번이나 122번은 무슨 일이 있어도 지켜야 한다, 지켜야 한다 했는데 그렇게 못했어요. 전기가 일단 안 올라가니까 추워서 잘 수가 없잖아요. 그러고 간다 해도 교대해줄 사람이 없으니까 하루 이틀인 거예요. 122번, 123번, 124번을 지켜야한다는 생각은 다들 있었는데 결국은 122번에 공사가 들어오고, 천막 치더라 할 때부터 늦어버린 거예요. 그러기 전에 추워 죽더라도 우리가 올라갔으면 어떻게 됐을까 그런 아쉬움이 좀 많아예. 121번이나 이런 데는 전기도 되고 주민들이 먼저 들어가서 있으면 될 것도 같고 그런데 거도 합의를 했다네. 그래서 그럴 수도 없고. 부북의 127, 128, 129번에는 사람들이 다 있으니까 그런 사람들이 부럽지예. 경찰보다 먼저 들어가 있으니까 나중에 어떻게 되던지 지금은 "아직까지는 지켰다" 하는 자부심이 있을 거 아니에요. 추워서 못 잔다고 핑계만 대고 있었는지도 모르지. 어차피 경찰들에 의해서 끌려 나왔겠지만 그래도 한 번 싸워봤구나 하는. 그런 거 자체도 못해보고 통째로 내줘가지고 그게 진짜로 아쉽다. 우리가 허구헌 날 돌아댕기면서 싸우는 자리 맨 앞에 서 있으니까 상동 삼인방이라는 영광의 이름을 지어줬는데 지금은 이기지도 못하고 있으니까 이런 말 듣기가 미안하지. 여수동은 하나도 못 지키면서 한전이 공구리 친다고 그런데 가서 싸워가 사진 찍히고 불려다니고 그러니 "즈그 동네 하나도 못 지키면서 너미 동네 와서 저러나" 싶을 거 아니에요. 그런 생각도 들고. 근데 전선이라는 게 우리 쪽에만 서고 딴 데 안 서면은, 한 개만 안 서도 못 가잖아요. 그러면 우리 여수동 다 섰다고 해서 우리 여기서 끝이 나는 게 아니고 도곡도 가서 막아야 되고 고정도 가서 막아야 되는 거라고 봐요.

"법보다는 인간적인 도리, 의리"

싸움은 별로 힘 안 들어요. 욕이라도 쏟아 붓고 하면 스트레스가 좀 풀리는데 우리가 우리끼리 부딪쳐서 서로 찌르고 그러는 게 제일 힘들죠. 이런 거에 대한 면역성이 없다고예. 면역이 생기면 그게 또 이상한 거겠죠? 이성적으로 저 사람이 왜 찌른가를 생각해보면 좋은데 날 찔렀다는 생각만 하니까 상처만 두 배로 커지고, 사람이 치사해지는 거예요. 게다가 같이 붙어가 웃고 울던 사람이 우리를 의심하고, 우리가 한전하고 자주 만나고 얘기하는 사람들 보면 "저 빨갱이다" 하는데 한마디로 첩자라, 그런데 내한테 빨갱이라 하니까 진짜 가슴이 아퍼예. 심장병이 날 정도로 자다가 벌떡벌떡 일어날 정도로. 직접적으로 나한테 와서 얘기를 하면 그냥 변명이라든지 나는 이런 뜻에서 했는데 그렇게 비치더냐고 얘기가 되는데 이게 돌아서 돌아서 오니 가슴에 상처부터 박히니까 내가 또 좋은 소리를 안 할 거 아니에요. 그게 아주 뭐라 해야 되노? 풀 만한 그게 안 되는 거지. 사람들이 예민하고 여유가 없어지니까 별것도 아닌데 심하게 오해를 하게 되고 서로 감정만 남는 거예요. 그러니까 서로서로가 상처지. 하이고 참, 누가 누구를 의심하고 그런 거 자체가 서글프다.

또 한전에서 주민들 와해시키고 위원장님들 다 매수를 해요. 한전에서 "돈을 얼마 주겠다. 아들 좋은 데 취직시켜주겠다" 하면, 사실 부모들 입장에서는 자식을 생각하면 내를 희생하고 내가 좀 나쁜 놈 돼도, 빨갱이 돼도 그거 할 수 있는데, 차마 동네 사람들 보기 부끄러워서 안 해서 그렇지. 뭐 우리 아저씨한테도 한전이 "○○ 씨 꺼, △△ 씨 꺼 해결해주면 안 될까요?" 얘기를 했대요. 이 아저씨는 나한테 이런 시도하지 말라는 의미로 다른 사람한테 퍼뜨려버린 거지. 그러니까는 즈그가 놀래갖고 와서 "그거 녹취됐습니까?" 이렇게 묻더라는 거예요. 녹취 몬해놨다고 하니까 수그러들었지. 이게 문제화될 거 같으니까 그 뒤로는 그런 말이 없어요. 이 일을 하면서 아니면 다른 국책사업을 하면서나 다 그런 식으로 해갖고 무너졌을 거라는 생각이 드니까 화가 나는 거예요. 이건 생명을 담보로 한 비리잖아요.

이렇게 개인적으로 사람을 매수하기 시작하니까 내만 불이익 당하지 않을까 하는 불안한 심리, 조급함에 합의를 보게 되는 것 같아요. (2013년) 12월 30일까지 합의를 안 보면 국고로 넘어가고 돈이 한 푼도 안 들어온다 했거든요. 또 사람들 사이에 뭐시 위원장하던 집의 자제가 결혼을 했는데 봉투에 동그라미가 몇 개였다더라, 누가 보상을 받았다더라 그런 근거 없는 이야기들이 떠돌고, 서로를 의심하게 만들어요. 관계를 무너뜨리면 조직 자체가 무너진다는 생각을 이 사람들도 하는 거예요. 근데 그 개인 보상 그거는 우리가 인간적인 도리, 의리로 하면 안 된다 하는 거지 뭐 그야말로 개인 권리인데, 우리가 어떻게 해볼 수도 없는 거잖아요. 그래서 더 합의를 하면 안 된다 하는 거예요.

"조그만 희망, 그 틈을 비집고"

철탑을 막고 못 막고를 떠나서 서로서로가 이래 할퀴고 니 탓인 양 원망하면 서로의 의지를 꺾는 거예요. 우리는 우리끼리 믿어 줘야 하는데, 서로 울타리가 돼줘야 한다고 생각하는데 그 울타리가 그렇게 실하지가 않더라구. 그래서 좀 많이 실망을 했어요.

으이구, 그래가지고 나중에 이게 끝나고 나면, 합의를 보든 어떻게든 끝이 날 거란 말입니더. 그랬을 때 철탑 막아내지도 못하고 주민들 사이만 나빠진 것처럼 돼버리면, 그런 게 겁나요. 철탑을 같이 막고, 못 막더라도 다음에 만났을 때 반가워해야 하는 거 아니에요? 그때 열심히 싸웠는데, 죽을 똥 살 똥 싸웠는데, 그쟈? 이러면서 같이 살아야 하는데……

그래가 감정만 내세워서는 아무런 이득이 안 되니까 세월이 가면 좀 낫겠지 마음도 다독이고, 서로 참으면서 역지사지라고 조금만 입장 바꿔 생각하면 답이 나올 낀데, 그래 대화도 않고 모른 척 지내다가도 무슨 일 있다 하면 찾아가 보고, 또 서로 얼굴 보고 말하고 이러면 풀리잖아요. 우리가 서로서로 개인적인 인정을 쌓다가 보면 인정에 이끌려서라도 못 빠져나가는 그런 부분도 나는 있다고 보거든요. 이 사람하고 내하고 인제 처음에는 몰랐던 생면부지의 사람인데 같이 밥을 먹고 같이 자고 목욕탕을 가고 어려운 일 있으면 도와주고 이러면서 은근히 인간적인 면에서 쌓이는 정은 오래간다고 봐요. 그래야 조직체가 끝까지 갈 수 있고. 인간적인 것에서 얽혀 있으면 그런 사슬이 잘 안 끊어진다고 봐요. 그럼 우리랑 다른 생각을 하는 사람들도 잘 유도할 수 있으면 안 좋겠나 하는 생각이 드네요.

우리가 철탑을 막아야 되겠다고 한 번 마음을 먹었으니 끝까지 할 수 있었으면 좋겠어요. 나는 평생 자존심만은 지키면서 살았으면 좋겠거든요. 이게 무너지면 살면서도 나는 죽은 거 같거든요. 끝까지 하자. 끝까지 해서 조그만 희망이라도 있으면 그 틈을 비집고 가서 어떻게 해서든 안 세우게 해보자. 희망이 있다가 없다가 하루 열두 번도 더 뒤집히니까, 그래도 희망 가지고 있는 거 같애요. 지난번 희망버스 때도 보니까 할매들이 "뭐를 할랑고? 혹시 쟤네들을 막을 수 있지 않을까" 기대를 하잖아요. 크게 그거할 건 아니지만 어떻게 했으면 좋겠다 바라는 것 때문에 희망버스 그지예? 말이, 생각 자체가 희망인 거예요. 그 사람들이 오면 중단할 수 있지 않겠나 하는 희망, 가고 나면 또 허전하지만 그래도 또 "다음에 오께요, 할머니" 하고 가시는 그 양반들 마음이 희망이죠.

후기

○

그저 765 송전탑 반대활동에 힘을 실어주고자 시작한 활동은
그이의 삶에 많은 변화를 가져왔다. 학교 다닐 때 공부하고
시집와서는 애들 키우고 남편 보필하던 그이의 말을 빌리자면
'우물 안 개구리' 같은 삶이 세상을 보는 또 다른 눈을 갖게 했다.
스스로 공부하고 세상에 핵 발전의 위험성을 알려내면서 에너지
정책 변화도 일궈내고 있다는 자부심도 생겼다. 8년의 싸움을
이어오면서 서로에 대한 신뢰와 책임감도 생겼고 그것을 지키는
일이 곧 내 자존심을 지키는 일, 그리고 내 의지로 사는 삶이
되었다. 물론 그 한편엔 정부에 대한 배신감부터 사람들 간의
갈등을 온몸으로 겪으면서 받은 상처도 있다. 그런 불안한 마음으로
서로에게 생채기를 내지만, 그 지친 마음과 삭막함을 떨칠 수 있는
인정과 도리로 돌아오려 다시금 쓰라린 마음을 다독이는 중이다.
다른 누구도 아닌 우리가 서로에게 튼실한 울타리가 돼주어야 하기
때문이다.

밀양 단장면 용회마을   김옥희

"강에 가면 강이 좋고
산에 오르면 산이 좋고"

여름에도 비가 넘치지 않고 겨울에도 비가 모자라지 않는 땅, 김옥희는 밀양을 그런 곳이라고 했다. 내가 그를 만나던 날에도 손님 같은 햇살이 마당에 한가득 들어앉아 있었다. 송전탑 투쟁만 아니라면 겨우내 말린 나물이나 손보며 두런두런 이야기를 나누기 딱 좋은 날씨였다. 예순을 갓 넘긴 그가 나는 큰언니처럼 여겨져 만나기 전부터 가깝게 느껴졌다. 이런저런 이야기를 나누다보면 그가 살아온 삶을 내 마음에 편하게 묻혀 올 수 있지 않을까 기대했다. 그러나 이전에 그가 겪은 세상을 나는 단 한 번도 같이 겪은 적이 없었다. 그렇기 때문에 그와 대화하는 도중에 자주 막막한 거리가 만들어지곤 했다. 좀처럼 자신의 이야기를 하려하지 않는 그가 나는 궁금했고 애가 탔다. 결국 나는 그런 그를 이해했다. 때로는 그가 흙처럼 바람처럼 산천 속으로 자신을 흩어버린 듯한 착각도 들었다. 이 글은 그런 그를 이해하는 과정이었으며 또한 있는 그대로의 그를 바라보는 과정이었다.

산천과 마주하면 그렇게 좋을 수가 없다는 그는 내가 글을 쓰는 시간 내내 밀양 송전탑 101호가 들어설 산 위에 있었다. ●

새들도 밀양의 하늘을 떠나버리고

용이 하늘로 올라갔다는 전설이 있는 마을. 밀양군 단장면 용회마을 사람들은 이 마을 이름에 얽힌 뜻을 그 전설의 용에게서 찾는다. 땅과 하늘을 잇는다는 용의 기운이 이 땅에 서려 있다고 믿는 때문인지 용회마을 사람들은 돌아가신 조상을 생각하는 마음이 여느 마을 못지않게 깊다고 한다. 송전탑 반대 투쟁이 길어지면서 마을 사람들 간의 갈등의 골도 깊어지고 송전탑 건설에 합의하는 마을도 생기고 있다. 하지만 그중에도 유독 용회마을은 마을 사람들끼리 마음을 모으고 송전탑 건설을 반대하는 데 별다른 이견이 없다. 이런 까닭 또한 돌아가신 조상에 대한 예의 때문이라고 김옥희는 말한다.

"옛날에 어른들끼리 한 마을에서 잘 지내온 정, 그 끈끈한 정이 남아 있는 거죠. 나쁜 일을 하면 부모가 욕을 얻어먹는다는 정신이 옛날부터 대대로 내려오고 있어요. 송전탑 건설에 합의를 해주면 대대로 이 마을을 지키고 살아온 조상들까지 욕을 먹으니 그러지 않아야 한다고 서로 마음을 모으고 살아가는 거죠."

김옥희의 남편은 송전탑 반대를 위한 용회마을 대책위원장이다. 어차피 누군가는 해야 할 일이라 남편이 대책위원장 일을 맡기는 했지만 소 키우랴 하우스 농사일하랴 바쁘기만 하다. 그를 대신해 마을의 대책위 일을 맡아 꾸려가는 사람은 옥희 씨이다. 전날도 전주에 가서 〈밀양전〉 다큐멘터리를 상영했고, 영화가 끝나고 전주 시민들에게 밀양 송전탑 건설을 반대하는 선전을 하고 오느라 새벽이 되어서야 밀양에 도착했다. 피곤이 채 풀리지 않았지만 내일은 또 서울로 상경 투쟁을 하러 간다. 하루걸러 외지로 다녀야 하는 이 일도 이제는 익숙해져 견딜 만하다고는 하지만 그의 얼굴에는 웃음이 없다. 한겨울의 햇살이 가득한 마당을 바라보는 김옥희의 눈빛은 그저 알 수 없는 이 싸움의 끝처럼 막막하기만 하다.

"다 자연 아닙니까. 새들이라고 이런 헬기 소리에 왜 스트레스를 안 받겠습니까."

공사 장비를 실어 나르는 헬리콥터 소리가 잠시 끊긴 사이에 새소리가 들려온다. 그는 새소리가 예전에 비해 많이 줄었다고 한다. 헬리콥터 소리에 병들어가는 것이 사람만은 아니었던 모양이다. 풍부했던 새소리만큼 고압선에 대한 위협이 없었던 밀양에서의 추억은 이제 그저 편안했던 과거의 기억으로만 남는 걸까.

몰랐던 사람들을 많이 알게 된 기쁨

밀양은 김옥희의 고향이다. 밀양에서 살아온 이야기를 듣고 싶었지만 그는 그저 그렇게 살아왔다고만 할 뿐 웬만해서는 이야기를 풀어놓지 않는다. 오랜 세월 동안 한 집안의 딸로, 며느리로, 어머니로 살아온 세월이 그에게 갑옷 같은 무거운 옷을 입힌 걸까. 풍부할 것만 같은 속내를 알 수 없어 답답함이 밀려온다. 그가 살아온 이야기를 듣고 싶은 내 마음을 몇 번 더 전하고서야 그는 젊은 시절에 꾸었던 꿈 이야기를 들려주었다. 그리고 그가 그대로 빼닮았다는 어머니에 대한 이야기도.

어린 시절부터 그는 운전을 배우고 싶었다. 운전은커녕 면허증을 가진 여자들도 귀했던 시절에 그는 일찌감치 운전면허증을 땄다. 운전기사가 되고 싶었으나 여자로서 넘어야 할 벽이 두터웠던 시절이었다. 운전기사는 될 수 없었지만 그때 배운 운전은 그의 인생을 많이 바꾸어놓았다. 밀양 시내였던 가곡동에 비한다면 깊은 골짜기인 단장면까지 시집올 용기를 낼 수 있었던 것도 운전면허증의 역할이 한몫했다. 여차하면 차를 몰고 장 보러도 나가고 친정에도 갈 수 있다는 자신감이 있었기 때문이다. 마당 가운데 세워둔 차는 그에게 이곳저곳의 삶을 이어주는 다리와도 같다. 송전탑 투쟁을 하면서는 촛불문화제나 마을 모임에 사람들을 실어 나르는 데에도 운전은 중요한 수단이 되었다. 내가 그를 두 번째 만나기 위해 산 위에 있는 움막을 오르던 날도 산 아래에는 그가 마을 사람들과 함께 타고 온 차가 세워져 있었다.

운전기사의 꿈은 접었지만 그에게는 젊은 시절 꿈을 키우며 일한 일터가 있었다. 전국적으로 유명한 '밀양도자기'가 그의 일터였다. 1980~90년대까지만 해도 밀양도자기는 혼수 물품으로 전국에 팔려나갈 만큼 인기가 좋았다. 공장에 다니던 시절에도 그는 멋 부리고 돈 모으는 재미보다는 도시락 싸가서 사람들과 같이 밥 먹던 재미가 더 컸다고 한다. 지금도 그는 사람을 참 좋아한다. 송전탑 반대 투쟁을 하면서도 전에 모르던 사람들을 많이 만나게 된 일이 큰 기쁨이라고 말하는 사람이 그다.

김옥희는 밀양을 축복의 땅이라고 한다. 사람 사는 데야 어디든 다 좋겠지만 그래도 유독 밀양은 그에게 편안한 땅이었다. "진짜 농작물을 지어도 다 잘되고, 크게 비도 없고, 겨울에도 큰 눈도 없는 축복의 땅이에요. 송전탑만 아니면…… 이 좋은 데를 다 훼손해가면서…… 가슴이 답답해요. 그 옛날에는 일본 사람들이 우리나라 잘못되라고 쇠말뚝을 꼽았다더니, 그 쇠말뚝 다 뽑고 나니 다시 철탑을 꽂는 거야. 산을 다 망가뜨려. 피해라는 게 말도 못해요."

마을을 점령하듯 요란한 소리를 내며 하늘을 가로지르던 헬리콥터가 멈춘 그곳에 환부가 드러난 산이 있다. 깊은 악성 종양이 뿌리를 내리듯, 송전탑을 세우기 위한 공사가 한창인 산을 보는 그의 마음은 타들어간다. 없이 살고 가난하게 살아도 있는 그대로가 편안하고 좋았던 고향이었다.

예정대로라면 용회마을 직경 600미터 부근에 송전탑이 들어설 계획이다. 어린 시절부터 밀양에서 살아온 김옥희에게 송전탑이 세워진 마을은 상상하기도 싫은 곳이다. 그리고 그가 자주 들르는 이 집, 지금 인터뷰를 위해 그가 와 있는 이 집의 주인인 구미현에게도 그건 그 누구보다도 고통스런 일이다.

김옥희와 구미현은 60년 가까이를 서로 모르고 살다가 밀양 송전탑 반대 투쟁을 하면서 만나게 되었다. 감성이 풍부한 구미현과 자신의 마음을 잘 표현하지 않는 김옥희는 겉보기에는 개성이 확연히 다른 듯이 보이지만 서로 닮은 점이 많다. 판단이 분명하고 그 판단에 따른 거침없는 행동이 특히 닮아 있었다.

"구미현 선생님 같은 경우는 몸이 굉장히 안 좋아서 이 동네에 들어왔는데 지금은 저렇게 완치가 되어가지고 멀쩡한 사람처럼 보여요. 이 일 때문에 동네 사람들하고 단결이 되어가지고 같이 왔다 갔다 하며 왕래도 하다가 지금은 좋은 사이가 되었죠."

구미현은 밀양의 자연을 통해 몸과 마음의 건강을 되찾았다. 송전탑 반대 싸움을 하는 동안에는 마을 사람들과 이웃이 되었다.

어머니의 강

밀양의 산천은 아픈 마음과 몸을 품어 치유하는 힘이 있었다. 힘든 날이면 김옥희는 자주 강으로 왔다. 밀양댐이 들어서기 전 이곳에는 늘 풍성한 강물이 흘렀다.

"강가에 앉아서 놀면, 예전에 여기서 고기도 많이 잡아먹었거든. 그때는 생고기를 잡아서 회로 먹어도 아무 이상이 없었죠. 밀양댐이 생기기 전에는 바께스를 물에 담가놓으면 금방 물고기를 한 통 잡았어요. 지금은 몇 시간을 담가둬도 고기가 조금밖에 안 잡혀요."

1991년, 밀양댐 건설 공사가 시작되면서 밀양을 흐르던 하천의 물은 급격하게 줄기 시작했다. 밀양은 예로부터 물이 맑고 풍부하기로 유명했다. 내가 살던 대구에서도 밀양을 흐르는 강을 찾아 휴가를 떠나던 사람들이 많았다. 밀양은 산뿐만 아니라 하천으로 유명한 곳이기도 했다. 식수 공급과 수력발전이라는 목적을 가지고 세워진 밀양댐은 다목적댐이다. 인근 도시의 식수와 전기 공급을 명분으로 밀양댐이 세워진 후 강은 더 이상 예전의 강이 아니었다.

"밀양댐 공사를 하고는 고기가 많이 없어졌어요. 밀양댐에서 방류하는 물은 차가워서 고기가 번식을 안 하니까. 저기 어디다

댐을 막는다 하던데, 지율 스님 있는 곳, 아 거기 영주댐, 그런 공사는 생태를 파괴하는 사업이에요. 댐을 만들면 고기가 번식을 안 해요."

　김옥희가 하는 이야기의 줄기를 따라가다보면 고통과 아픔을 마주하게 된다. 밀양 송전탑 반대 투쟁을 이야기하다가도 대한문에 있는 쌍용차 노동자들의 죽음을 이야기하고 그 죽음을 이야기하다보면 또다시 밀양을 이야기한다. 안과 밖이 구분되지 않는 띠처럼 이 땅에 머무는 고통들의 모습은 서로 닿아 있다. 애초 고통이 아니었을 것들이 고통의 모습으로 머무는 땅. 밀양의 할머니들과 쌍용차 노동자들이 만나서 함께 마음을 어루만지는 것은 결코 우연이 아니다. 밀양댐을 이야기하면서 그는 영주댐을 떠올린다. 내성천 주변의 모래밭으로 흘러드는 모래의 흐름을 끊어버릴 영주댐 공사가 시작되던 하천 상류는 위태로웠다. 위로는 모래의 공급이 끊어지고 아래로는 상주보 건설로 바닥이 파헤쳐지던 내성천은 지금 어떻게 되었을까. 20여 년 전에 밀양댐 공사로 강물이 묶이고, 지금 송전탑 공사로 산이 파헤쳐지는 밀양의 아픔은 내성천의 아픔과도 닮아 있다.

　힘들었던 날에 위로를 주었던 강물마저 묶여버린 지금, 나는 묻는다. 이 답답하고 끝없는 싸움을 계속할 수 있는 힘은 어디서 나오냐고. 지치고 힘들어도 또다시 움막을 오르는 싸움을 이어갈 수 있는 힘은 어디에서 나오는지 알고 싶었다.

　고향집에 살고 계신 여든일곱의 어머니. 그 어머니는 김옥희가 절대로 힘을 놓아서는 안 되는, 또 하나의 살아가는 중요한 이유가 되는 존재이다. 여든일곱 어머니의 가슴에는 늘 큰딸 옥희

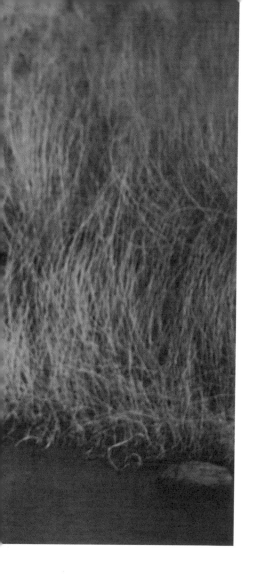

가 아픔으로 맺혀 있다. 살아내느라 고생이 많았고 지금도 송전탑 투쟁으로 밤낮없이 산을 오르는 딸의 삶이 어머니는 늘 위태롭기만 하다.

"전화 와서 어디 있노 물으면 집이라 하고, 산에 있어도 집이라 하고, 송전탑 세울 곳에 있다고 하면 불안해서 잠을 못 주무시니까. 지금은 송전탑하는 거 몰라요. 숨겨요. 산에 있다가도 목욕 좀 시켜달라고 전화 오면 알았다 하고 시간 내서 내려가고. 이게 운전을 하니까 가능하지, 버스 타고 갈려면 두 번 갈아타야 하니 힘들어 못 가지요."

어머니가 계신 친정집에 가도 목욕을 시켜드리고 다시 집으로 돌아오기에 바쁜 딸이 어머니는 늘 안타깝다. 딸이고 아들이고 같이 놀고 이야기 나눌 사람이 없으니 늘 외롭기만 한 어머니가 그는 또 안타깝다. 여든일곱의 어머니와 예순 넘은 딸이 하룻밤이라도 편하게 함께 지낼 수 없는 까닭은 송전탑 때문이다. 강의 흐름을 끊어버린 밀양댐처럼 어머니와 딸의 시간을 잘라낸 건 송전탑이다. 송전탑이 마을에 들어설 계획이 없었다면, 사람들이 사는 마을에 송전탑을 세우려고 하면서도 단 한 번도 마을 사람들의 의견을 물어보지 않던 정부와 한전이 아니었다면, 어머니와 딸의 시간도 그저 강물처럼 흘렀을 것이다. 어머니는 딸이 그립다. 딸의 마음 한가운데는 어머니의 방이 있다. 그래서 그는 늘 마음이 무겁다.

젊은 시절의 어머니를 떠올리면 자식들의 점심밥을 담을 빈 도시락을 미리 차곡차곡 가마솥 위에 포개어놓던 모습이 떠오른다. 보온밥통이 귀했던 시절, 어머니는 어떻게 하면 자식들에게 조금이라도 따뜻한 밥을 먹일까 궁리했을 것이다. 까만 가마솥 뚜껑 위에 차곡차곡 빈 도시락들이 쌓여 있고 아궁이 옆으로는 자식들의 신발들이 가지런히 줄서 있던 부엌 풍경. 그러나 자식들에 대한 깊은 사랑은 정작 부엌 안에서만 드러날 뿐, 어머니가 한평생 마음을 쏟으며 산 사람들은 시댁 식구들이었다. 자신과 가족보다는 시댁 식구들에게 마음을 쓰던 어머니의 모습을 그도 그대로 빼닮은 듯하다. 지금도 마을 일이며 집안일이며 친정일을 맡아하는 그는 힘이 든다. 그래서 그런지 그는 밀양을 찾아와서 연대해주는 사람들이 너무 고맙다.

"할매들이 위축되고 힘이 빠져 있으니까 연대자들이 와가지고 힘내라 하고, 연대자들이 정말 참 잘합니다. 우리가 이번에 투쟁하면서 밥을 한 번도 안 해먹었어요. 계속 울산에서 밥을 해왔어요. 그런 사람들을 보니 안 할 수가 없어요. 밀양 할매들 대단하다고, 모르는 사람들은 할매들이 이리 싸우는 게 남사스럽다고 하지만 속을 들여다보면 밀양 할매들이 대단한 거죠. 솔직히 이정도까지 될 줄 몰랐는데 자꾸 퍼지고 소문이 나고, 요즘은 또 인터넷 이런 걸 통해서 소문이 나잖아요. 정신 똑바로 박힌 사람들은 다 밀양을 보는 거죠."

상처도 삶의 일부이다

8년 전, 처음 공사 이야기가 나왔을 때에는 밀양에 송전탑이 들어선다 해도 정부에서 하는 일인데 그래도 사람에게 해롭게 할까 싶었다. 정부에서도 송전탑이 사람들에게 어떤 득과 실을 줄지 알려주러 오는 사람이 없었다. 마을 사람들끼리 모여 공부를 하며 파고들면서 송전탑이 어떤 피해를 주는지 알게 되었다. 당장 개인의 재산뿐만 아니라 건강까지 잃게 될 판이었다. 자식들 못 가르치고 배곯아가면서 한 평 두 평 악착같이 모은 땅이었다. 그 땅에서 자식들이 건강하게 살아갈 수 있도록 시작한 싸움이었다. 그러나 765kV 송전탑이 들어서기도 전에 마을 사람들은 대부분 질병을 앓고 있다. 몸의 질병뿐만 아니라 대부분 오랜 싸움으로 누적된 스트레스로 마음의 병을 앓고 있다.

"많이 쌓였죠. 동네 사람들 대부분 다 우울증이 와 있어요. 가슴이 쿵덕쿵덕 뛴다 하는 사람도 있고, 노이로제가 걸린 것처럼 항상 사는 게 불안하고, 저게 들어오면 막아야 되긴 되는데 공권력 땜에 막지는 못하겠제, 하고 걱정하고. 하이고 저걸, 할매들이라 걸음은 다 잘 못 걷제, 그러니 얼마나 막막하겠어요."

송전탑 반대 투쟁을 위한 집회가 있거나 다른 지방으로 알리러 가는 날이 있으면 동네 한 사람 한 사람 다 찾아다니며 알리는 일을 하다보니 누구보다도 어르신들을 만나는 일이 잦은 그다. 한평생 농사만 짓고 산 할머니들에게는 걸핏하면 '잡아간다', '연행한다'며 협박하는 경찰들의 목소리가 그 무엇보다 마음을 누르는 무거운 돌덩이 같다. 그 또한 예순을 넘긴 나이지만 여든, 아흔의 어르신들이 계신 마을에서는 아직 한창 젊은 나이라 나이든 할매들 걱정에 그의 마음이 잠시라도 펴질 날이 없다. 스며들 듯 일하고 농사짓고 마을 일을 맡아하는 그. 그 움직임이 하도 빨라서 그 몸이 땅의 일부인 듯 산의 일부인 듯 바지런한 그에게도 슬픔이나 서러움이 배어들 틈이 있기나 한 걸까. 그에게도 서러움이 흘러나온 날들이 있었을까.

"하이고, 서러움이야 뭐, 서러워서 땅을 치고 울죠. 무시하잖아요. 그냥 우리를 짓밟고 산으로 올라가죠. 할매들이 못 간다고 막아도 우리가 밥 먹는 거 다 들고 차버리고 올라갑니다. 무지하게 당해도 우리가 당하는 건 어디 언론에도 안 내보내고 어디 가서 하소연할 데도 없고. 우리가 조금 그러면 난리가 난 듯 언론에서 크게 보도하고. 잡아가고 연행하고 끌어내는 거예요. 우리가 우리 서러움에 막 울고 뻗쳐서 그래도 저거는 말은 안 해요. 행동으로 하죠. 그러니까 즈그들이 죄송합니다 해놓고도 잡아가고, 연행하고 붙잡아간다고 협박하고…… 전경들한테, 그 손자뻘 되는 아이들한테 당하고, 참 걔들도 저거가 하고 싶어서 하는 일도 아니고 정부에서 누르니까 어쩔 수 없이 하는 그 마음을 알긴 아는데, 그 한전이나 경찰도, 저거도 무슨 말을 하면 잘리지, 살아남지 못하니까. 그러니 속이 답답해도 저거도 참는 거 같아요."

자신의 서러움을 말하던 김옥희는 금방 한전 직원들과 경찰에게 연민의 마음을 내비친다. 제 서러움도 큰데 뭐하러 한전과 경찰의 마음까지 살피는가 싶지만 그건 그의 깊은 성품에서 나온 마음이란 걸 알 것 같다. 이야기하는 내내 그는 좀체 자신의 감정을 우선에 두고 말하는 일이 없다. 늘 마을 일이 우선이고 남이 우선이다. 애초부터 자신은 없고 모든 것의 부분인 듯, 전부인 듯, 그 자신의 감정이 아니라, 그가 져야 할 책임감과 의무만을 말하는 그가 안타깝기도 하지만 그래도 조금은 알듯도 하다. 옹이도 나무의 일부이듯, 자신의 섬세한 색깔을 드러내지 않는 그의 성품 또한 옹이처럼 그의 몸에 밴 흔적이란 걸 알겠다. 그래도 가끔은 옹이가 있는 자리. 그 자리에 있던 원래의 흔적들이 궁금하다. 책임감이 있는 자리, 의무감이 있는 자리, 타인을 향한 배려가 있는 그 자리, 원래의 그 자리에 자라고 있던 그의 곁가지들이 궁금하다. 김옥희, 그 사람만의 향기가, 목소리가, 그 사람만이 걸어온 골목길들이, 그만이 살아온 날들의 이야기가 그립다.

"빨리 끝나면 좋죠. 빨리 끝날 기미가 안 보이니 답답하죠. 집에 있으면 마음이 불안해지니까 나가야 해. 나가서 소리라도 좀 지르고 와야…… 서울로 가서 국회를 찾아가든지, 한전을 찾아가든지, 가서 소리라도 좀 지르고 하면 속을 좀 틔우니까 가는 거야."

언제까지 이렇게 살아야 할지 답답한 맘이 들수록 그는 밖으로 나가 싸우기도 하고 소리라도 질러야 좀 살 것 같다고 한다. 공사가 재개되는 시기뿐만 아니라 공사가 잠시 쉬는 동안에도 이미 때를 놓친 농사가 잘될 일도 없고 그저 한숨만이 터져 나올 때는 소리라도 좀 질러봐야 속이 좀 뚫릴 것 같다.

송전탑 반대 투쟁을 하기 전에는 농번기에는 일하고 농한기에는 이 집 저 집 다니며 재미있게 놀며 지냈지만 이제는 농번기도 농한기도 따로 없고 이미 때를 놓쳐버린 농사라 시간이 날 때 돌본다 해서 농작물이 되살아나지 않는다. 하나둘, 송전탑 공사에 합의를 해주는 사람들이 늘어날 때마다 그의 마음은 씁쓸하다. 마음이야 안 좋지만 합의한 사람하고까지 싸울 수 있는 여력이 남아 있는 것도 아니다. 합의해준 사람들은 싸우는 사람들에게 미안한 마음도 있지만 어쩔 수 없었다, 돈이라도 줄 때 챙겨야 하지 않느냐는 말을 하기도 한다. 그러나 그는 합의한 사람들의 그런 말들을 조금도 받아들일 수 없다고 했다.

"안 되죠. 우리는 정의로운 일이니까 싸워 이긴다, 두고 보자 너거가 잘했나 우리가 잘했나. 합의한 사람들이 주장하는 건, 봐라, 어차피 공사하는데 돈 몇 푼 받아먹는 게 낫지 이러거든요. 우리는 공사는 하더라도 돈은 싫다, 한전 돈은 안 받는다, 이렇게 주장하거든. 돈 받으면 나중에 큰소리를 못 치거든요. 돈 받아먹는 건 너거 공사해라 하는 거와 똑같애. 어떤 경우에도 돈 안 받아먹고 떳떳한 게 낫지."

송전탑이 미치는 영향이 밀양 땅에만 머물러 있지 않다는 걸 밀양 사람들은 잘 알고 있다. 핵발전소의 위험은 이 땅을 넘어서도 뻗쳐 있고 지금 우리가 살아가는 시간을 지나서도 뻗쳐간다는 걸 그도 잘 알고 있다. 알면 알수록 막아야 한다는 책임감이 커지고 그러기에 더더욱 싸울 수밖에 없다는 대다수의 밀양 사람들. 김옥희도 그런 밀양 사람들 중 하나다. 시작은 밀양의 송전탑 반대 싸움이었지만 지금 그는 핵발전이 가져올 재앙에 맞서 싸움을 하고 있다. 하루걸러 탈핵 버스를 타고 밀양이 아닌 다른 지역으로 선전을 다니는 이유도 송전탑 반대 싸움이 밀양만의 싸움이 아니기 때문이다.

힘든 날이면 그가 자주 찾곤 했다던 강. 나는 그가 강을 찾는 날들이 좀 더 많아졌으면 좋겠다. 비록 밀양댐에 갇혀 물줄기의 흐름은 끊어졌지만 강에는 여전히 그를 품어줄 힘이 있을 듯하다. 강을 따라 늘어선 밀양의 산. 어머니의 가슴처럼 따뜻한 능선을 따라 강이 흐른다. 옹이 많은 나무처럼 거칠고 단단한 김옥희. 그는 밀양에서 산다.

후기

○

단장면 용회마을의 움막은 가파른 산을 올라가야 만날 수 있다.
산길이 시작되는 입구에는 마을 사람들이 미리 놓아둔 물병이
여러 개 있었다. 사람들은 움막으로 가는 길에 자신의 힘이 닿는
만큼 물병을 들고 산을 오른다. '힘이 닿는 만큼만 가지고 오라'는
그의 목소리가 전화로 산 아래의 내게 들려왔다. 내가 힘이 닿는
만큼의 물병을 들고 송전탑이 세워질 터에 이르렀을 때, 그러나
그곳엔 우리의 힘이 닿지 못할 엄청난 일들이 벌어지고 있었다.
산 건너편에는 이미 도르래로 공사 장비와 자재를 실어 나를
삭도가 설치되어 있었다. 한 치의 빈틈도 없는 도형을 그리듯,
산 건너편의 공사장은 이곳 단장면 용회마을 송전탑 부지를
향해 내달릴 준비를 단단히 하고 있었다. 고압전선이 내걸릴
한가운데에 있는 보라마을이 이미 공사에 합의를 했다고 보도가
난 직후였다. 송전탑이 세워지지 않길 바랐던 간절한 마음만큼이나
그날 만난 사람들의 얼굴은 어두웠다. 그 어둠의 정체를 그들은
'불안감'이라고 했다.

어쩌면 예상보다도 더 큰 태풍이 밀려올지도 모를 앞날을 앞둔 어느
날, 김옥희는 산 위에 있었다. 송전탑을 세우기 위해 셀 수도 없을
만큼 많은 나무가 잘려나간 산들을 바라보며 그는 그래도 여전히
산이 참 좋다고 했다. 수십 개의 송전탑을 이 땅 위에 꽂는다 해도
결코 단 한 개의 송전탑도 그의 마음에는 꽂을 수 없겠구나. 그의
단단한 땅을 나는 보았다.

나가는 글

밀양, 그 진실이 드러나길

이계삼
밀양 송전탑 반대 대책위원회 사무국장

밀양 어르신들의 10년의 투쟁은 우리에게 무엇을 남길 것인가. 어르신들의 남은 생애에 이 싸움은 어떤 기억으로 남게 될까.

어르신들의 생애를 펼쳐 담아낸 이야기책의 발간에 즈음하여 우리는 새삼 옷깃을 여미게 된다. 밀양 송전탑은 널리 알려졌지만, 여전히 오해와 몰이해의 문턱에서 서성이고 있다. 많은 이들은 이 싸움을 쭈글쭈글한 극노인들이 경찰 방패에 가로막혀 애처롭게 울부짖거나, 포클레인 아래서 몸에 쇠사슬을 묶은 채 농성하는 어떤 스펙터클로만 기억한다. 어떤 이들은 어르신들을 후쿠시마 사태 이후 일어난 탈핵의 분위기를 증폭시킨 견인차로 기억하고 대기업과 도시 소비자들의 편익을 위해 시골 노인들의 생존권을 박탈하는 에너지 정책의 모순을 폭로한 주역으로 존경하지만, 다른 이들은 외부세력과 연계하여 국책사업을 대책 없이 지연시킨 님비의 화신으로 비난하기도 한다.

결국 우리가 할 수 있는 작업이란, 이 싸움의 진실을 드러내는 일이다. 그것은 어르신들의 생애와 이 싸움의 소회를 기록으로 남기는 것에서부터 시작하여 법과 제도의 모순을 폭로하고, 저들에 의해 저질러진 무간지옥의 폭력을 증언하는 과업일 것이다. 그리하여 여전히 오해와 몰이해의 문턱에서 서성이는 밀양 송전탑의 진실을 분명한 의미의 지평 위로 옮겨놓는 일이 될 것이다.

싸움의 시작

밀양 송전탑 사업은 2005년 환경영향평가 보고서 주민설명회를 통해 처음으로 주민들한테 알려졌다. 2000년 계획 당시 신고리핵발전소에서 생산된 전력을 창녕 북경남변전소까지 송전한 뒤, 다시 신충북변전소를 거쳐 수도권 전력의 관문 역할을 하는 신안성변전소까지 보내는 거대한 프로젝트의 일환으로 시작된 이 사업은 그러나 2004년 3차 전력수급계획에서 신충북-신안성변전소 연계 계획이 취소됨으로써 폐지의 수순을 밟는 것이 마땅했다. 해외에서는 1,000킬로미터 이상의 장거리 송전에서만 사용하는, 일반 초고압 송전탑인 345kV 송전선의 최대 5배에 이르는 초고용량 765kV 송전선을 겨우 영남권 전력 수급을 위해 90킬로미터 단거리로, 그것도 밀양처럼 논밭 위로, 마을을 관통하거나 병풍처럼 둘러싸면서 건설하는 경우는 없었기 때문이다. 그러나 신고리 지역의 핵 발전소를 6기에서 8기까지 증설하고, 고리 지역의 노후 핵 발전소 4기를 설계수명이 종료된 이후에도 연장 가동하여 10기에서 12기의 핵 발전소를 한 곳에서 운영하려는 위험천만하기 이를 데 없는 핵 마피아들의 야심은 어떻게든 765kV 송전선을 필요로 했던 것이다. 결국 한국전력은 '낙장불입'의 자세로 이 계획을 거두지 않았고, 끝내 강행했다. 2005년 가을, 상동면 여수마을 주민들이 한국전력 밀양지사 앞에서 항의시위를 개최하면서 10년에 걸친 싸움이 시작되었다.

그동안 국민권익위원회가 주관한 갈등조정위원회, 지역 국회의원이 주관한 대화위원회, 경실련이 주관한 제도개선위원회, 국회 산업통상자원위원회가 주관한 전문가협의체 등 여러 기구가 구성되어 해법을 찾으려 했지만 한전의 보상 중심의 논리와 백지화, 경과지 변경, 지중화, 핵발전 증설 반대 등의 요구를 가진 주민들과는 합의가 이루어질 수 없었다.

밀양 송전탑 싸움이 전국적으로 알려지기 이전, 그러니까 밀양시 5개면 전역에서 전방위적으로 공사가 강행된 2011년 여름 무렵부터 2012년 1월까지 주민들이 현장에서 인부와 용역에게 당한 폭력은 상상을 초월했다. 주민들의 기를 꺾기 위해 인부들이 고령자인 주민들에게 차마 입에 담을 수 없는 욕설을 퍼붓는 일은 다반사였고, 심지어 무릎이 좋지 않아 산길을 기다시피하며 벌목을 막아내는 주민들에게 '워리, 워리' 하면서 개를 부르듯 조롱하는 일도 있었다고 한다. 2011년 가을, 태고종 소속 비구니 스님 한 분이 공사 현장에서 인부들과 몸싸움을 하는 과정에서 음부를 주먹으로 구타당하는 끔찍한 성폭력 사고가 났지만, 당시 이 사건의 가해자들은 성폭력 부분은 강간 의사가 없었다는 이유로 혐의 없음, 폭행 60만 원, 모욕 30만 원 약식기소로 종결되는 황망한 사태도 있었다.

송전탑 싸움에서 탈핵운동으로

2012년 1월 16일, 이치우 어르신의 죽음 이후 처음으로 밀양을 찾은 탈핵희망버스를 시작으로 전국의 생협, 가톨릭 등 종교단체 소속 종교인, 지식인, 노동자, 교사, 대안학교 학생 등이 밀양을 직접 방문하게 되면서 밀양 송전탑은 전국적으로 알려지기 시작했다.

전국에서 많은 활동가, 시민, 노동자, 종교인들이 방문하게 되었을 때 주민들, 특히 할머니들은 조금도 귀찮아하지 않고 식사를 대접하고 자신들의 고통스러운 투쟁을 생생하게 증언하였으며, 타협하지 않고 끝까지 땅과 고향을 지키겠다는 결의를 밝히셨다. 이러한 한결같은 환대와 타협하지 않는 정신이 밀양 현장을 방문한 이들에게 깊은 울림을 주었다. 그리하여 밀양 싸움이 '보상금 더 받아내기 위한 투쟁'이 아니라 '땅과 고향을 지키고, 지금 이대로 살아가기를 원'하는 '할매들의 투쟁'으로 알려지기 시작하였다. 지역의 관변과 정치권으로부터 외면당하고, 끝내 사망사고까지 발생하였을 때, 가장 힘없고 약한 주체, 아주머니, 할머니 같은 여성들이 남게 되었을 때 오히려 가장 강력한 에너지를 발산하게 된 것이다. 정부와 한국전력, 그리고 보수 언론은 '탈핵세력이 핵발전 반대 투쟁 하다가 안 되니까 밀양에 우르르 몰려 있다', 이렇게 몰아붙이고 있지만, 다른 의미에서 밀양 송전탑 싸움으로 탈핵운동의 지평이 송전망까지 넓어지게 되었으며, 이로 인하여 에너지 정책도 조금씩 변화의 조짐이 보이게 되었다.

정부는 제2차 국가에너지기본계획(2013)에서 핵발전과 석탄화력을 중심으로 한 대용량발전과 장거리 송전이 송전망 확보의 어려움 때문에서라도 더 이상 지속 불가능하다고 판단하고, 전기 수요지에서 소규모 발전으로 수요를 직접 충당하는 '분산형 전원 정책'을 공론화하기에 이르렀고, 6차 장기송배전계획(2013)에서 '지중화' 방식으로 가공 송전선 건설을 대체하려는 움직임을 보이고 있다. 또한, 대기업들의 가격 경쟁력을 높이기 위해 산업용 전기를 원가 이하로 공급하고, 이를 위해 대용량 핵 발전소 단지와 장거리송전망을 중심으로 한 작금의 에너지 수급 체제가 성립되었다는 사실도 밀양 싸움을 기점으로 조금씩 알려지기 시작했다. 그러나 달라진 것은 아직 아무것도 없다. 그리고 앞으로도 무엇이 달라질 것인지 누구도 장담하기 어렵다. 주민들이 겪어야 했던 폭력은 상상을 초월하고 공동체 분열의 상처는 갈수록 깊어가지만, 아무것도 치유되지 않았다. 그 속내를 조금 더 들여다보기로 하자.

사전 협의 미비와 밀어붙이기

밀양 송전탑 경과지 주민들과 함께 우리나라에서는 최초로 설치된 765kV 송전선로인 당진화력발전소-신안성변전소 구간을 답사한 적이 있다. 현지 주민들에게 가장 많이 들었던 이야기는 '이렇게 어마어마한 철탑이 들어서는 줄은 전혀 몰랐다'는 것이었다. 한전에서 버스 태워주기에 하루 관광을 다녀왔고 원래 송전탑이 많았던 곳인지라 그저 전봇대 하나 정도 더 들어서는 것으로 생각했고, 그래서 합의서에 도장을 찍어주었다는 것이다. 그런데 기존 철탑보다 훨씬 크고 높으며(765kV 송전탑은 높이만 100미터가 넘는 35층 건물 크기다), 전선도 주렁주렁 걸린 초고압 송전탑이 들어선 것이다. 주민들은 '사기당한 기분'이라고 입을 모아 말했다.

2000년 8월 신고리-북경남-신충북-신안성으로 이어지는 765kV 계획이 확정된 후, 2002년 9월 송전선로 입지선정 실무협의회에서 후보 경과지가 선정되고, 2003년 10월 경과지가 확정되는 동안 해당 주민들은 송전탑 건설 계획에 대해 전혀 들었던 바가 없었다.

유일하게 법적으로 강제된 절차인 환경영향평가 주민설명회에 참석한 인원은 단장면 50명, 상동면 38명, 부북면 10명, 청도면 28명으로, 이는 송전선로가 통과하는 5개 면의 인구 21,069명 중 0.6%에 불과하였다. 그 정도로 주민들에게는 비밀 상태에서 이 사업이 시작되었고, 이러한 비밀주의와 주민 배제가 이 싸움을 10년의 장기 투쟁으로 만드는 데 가장 결정적으로 작용했다. 실제로 2013년 12월 2일 음독자결하신 상동면 고정마을 유한숙 어르신은 경과지가 확정된 지 10년이 지난 2013년 11월 초, 한국전력 차장과 대학교수 1명이 자택을 방문했을 때 자택과 농장이 송전선로에서 고작 200미터 떨어져 있다는 것을 알게 되어 고민 끝에 결국 음독자결에 이르게 된 것이다. 물론 한전은 밀양의 갈등을 겪고 나서부터 입지선정위원회를 설치하는 등 제도적 개선책을 마련하기 시작하였지만, 밀양 주민들은 '마른하늘에 날벼락' 같은 일방적 통보만 받았을 뿐이었다.

전력산업의 전반을 관장하는 일반법은 전기사업법이다. 그러나 우리나라는 1978년 전원개발촉진법이라는 특별법으로 발전과 송변전 시설 건설 절차를 관장하고 있다. 전원개발촉진법에 의하면, 발전소와 송변전 시설 부지는 토지 소유자의 동의가 없어도 강제로 수용할 수 있다. 그리고 전원개발사업 승인을 얻게 되면 10여 개 법률에서 규정하고 있는 각종 인허가 절차를 생략하게 된다. 지방자치단체의 이의제기와 감시 감독의 권한도 사실상 없다. 그야말로 무소불위의 개발 고속도로에 올라타게 되는 것이다. 이 법의 위헌성, 악법성은 밀양 송전탑 싸움 과정에서 수없이 지적되어왔지만 아직까지도 개정 움직임은 현실화되지 못했다. 송전탑 건설 현장에서 충돌이 발생할 때 경찰은 '이미 법적으로 모든 절차가 완결되었다'는 논리를 가장 즐겨 사용한다. 따라서 이를 막아서는 주민들의 모든 노력은 '불법'인 것이다. 일생 일구어온 재산이 강탈당하고, 100미터가 넘는 송전탑과 거기 주렁주렁 매달린 송전선으로 주민의 생존권이 나락으로 떨어지는데 여기에 저항하는 천부의 자연권은 '불법'으로 매도당하는 것이다.

한전은 밀양 송전탑 사태가 10년씩 지속되는 동안 '단일 사건 최대의 고소 고발'로 불릴 만큼 고소 고발을 남발하였다. 2012년 1월 이치우 할아버지가 분신자결하기 이전까지 한전이 공사 현장에서 공사를 막아서는 주민들에게 제기한 고소 고발 사례는 200건을 넘어섰으며, 그 이후에도 3명의 주민에 대한 10억 손배소, 8명의 주민에 대한 공사방해금지가처분신청(위반 시 1일 100만 원), 공사 현장에서 벌어진 각종 방해 행위에 대하여 20여 명의 주민들에 대한 고소 고발을 이어갔다. 현재에도 반대 대책위 대표를 포함한 주민 25명에게 공사방해금지가처분 신청이 법원에 의해 받아들여져 있는 상태이며, 2014년 3월 다시 16명에 대해 공사방해금지가처분 소송을 제기하는 등 한전은 '툭하면' 고소 고발로 주민과 대책위를 겁박한다.

경과지 주민 누구라도 이 부당하기 짝이 없는 송전탑 건설에 맞서 처음에는 저항하게 된다. 그러나 한전은 이미 획득한 법적 정당성을 바탕으로 '업무방해'라는 전가의 보도로써 앞장서는 이들에 대해 법적 조치로 들어가고, 재산가압류 조치까지 이르게 되면 주민 활동가들은 웬만하면 주저앉게 된다. 그것이 지금껏 한전이 써온 방식이었다. 밀양에서는 이 약발이 별로 먹히지 않았음에도, 여전히 이들은 주저함이 없다.

송주법이라는 미봉책으로 근본적인 변화를 외면

밀양 주민들의 투쟁으로 정부와 여당이 입법에 성공한 '송변전설비 주변지역 지원법'은 한때 '밀양법'으로 알려졌고, 지금은 '송주법'이라는 약칭으로 불린다. 송주법은 그동안 한전이 자체 내규로 법적 근거도 없이 임의로 보상금을 집어주던 것에 비하면 상당한 진전이라고 저들은 자화자찬했다. 그러나 송주법은 송전선로 갈등을 '얼마 되지 않는 쥐꼬리 보상'으로 틀어막기 위한, 그러니까 주민들이 입을 피해를 덜어주거나 갈등을 예방하기 위해서가 아니라 송전선로를 더 쉽고 원활하게 깔려고 만들어진, 철저히 한국전력과 정부의 이익을 위하여 입안된 것이다. 따라서 밀양 주민들은 애초부터 송주법을 반대했다.

정부와 한국전력은 보상의 기초가 되는 주민들의 재산 피해와 건강 피해에 대한 실태조사 없이 자기들이 임의로 선을 그었다. 765kV 송전선로의 경우 직접보상의 범위를 송전선 좌우 33미터(기존 3미터) 감정가 15~20퍼센트 보상, 송전선로 좌우 180미터 이내 주택에 대한 매수 청구권 부여로, 간접보상의 범위를 송전선 좌우 1킬로미터 이내로 정하고 해당 마을에 지원금을 주는 방식으로 확정했다. 직접보상 33미터, 간접보상 1킬로미터, 주택 매수 180미터로 설정된 근거가 없다. 주민들의 피해 정도가 아니라 한전의 손익 관계가 기준이 되었음이 분명하다. 밀양 송전탑을 계기로 어느 정도 알려진 것처럼 초고압 송전선에서 발생하는 전자파와 소음 문제는 매우 심각하지만 여전히 빙산의 일각만이 드러나 있다. 충남 서산시 팔봉면을 지나가는 345kV 송전선로 200미터 이내에 사는 주민들 세 명 중에 한 명이 암으로 죽거나 투병하고 있다고 한다. 100미터가 넘는 위압적 철탑이 그 곁에 사는 주민들에게 미치는 심리적 고통 문제도 누락되어 있다. 피해 지원금이 어떻게 관리되고 사용될지에 대한 방안도 적시되어 있지 않다. 이렇게 되면 매년 마을로 돌아가게 되어 있는 간접보상금을 사용하는 과정에서 주민 간의 갈등의 골은 깊어질 대로 깊어질 것이다. 또한 송주법은 그동안 고스란히 그 피해를 입어온 기존 선로 주민들을 보상 대상에서 제외함으로써 형평성 문제가 불거졌고, 제정 직후부터 위헌성 논란에 휩싸여 있다. 그러나 정부와 한전은 송주법 제정으로 보상과 관련한 법 제도는 이미 정비되었고, 자신들이 할 일은 다 했다는 식으로 선전하고 있다.

보상 합의 여부로 공동체 분열

현행 송주법 상으로 765kV 송전선 간접보상 지역으로 설정된 지역은 송전선 좌우 1킬로미터이다. 그러나 법 제정 이전부터 시작된 밀양 송전탑에서 한전은 1.5킬로미터 내에 있는 마을까지 간접보상 범위에 넣어 마을 단위 협상을 진행해왔고, 개별 보상까지 받게 해주었다. 그에 따라 지난 10년간의 싸움에서 주민들의 표현을 빌자면 '데모 한 번 안 나오고, 피해도 거의 없는', 1킬로미터 범위를 벗어나는 5~6개 마을 수백 명의 주민들이 보상금을 받게 되었고, 이들이 합의에 이르게 되자 밀양송전탑 경과지가 보상 합의 분위기로 기울고 있다는 한전의 선전이 유포되었다.

그러나 송전선로의 특성상 거리가 멀수록 재산 및 건강의 피해는 줄어들게 되며, 765kV 송전탑의 경우 1킬로미터를 벗어나게 되면 재산권 행사에 제약이 생기는 것은 여전하지만, 철탑이 주는 심리적 위압감이나 건강상의 피해는 어느 정도 견딜 수 있는 수준에 이르기 때문에 정부와 막강한 공권력을 상대로 기약 없는 싸움을 해나갈 자신이 없는 상당수 주민들은 투쟁을 지레 포기하게 된다. 한전은 이런 약점을 이용하여 송전선에서 멀리 떨어진 주민들을 보상 대상에 포함시켜 피해가 큰 송전선 인접 주민들을 고립시키는 전술을 택해왔고, 그 전술이 지금까지 먹혀온 것이다. 그래서 지금 밀양 송전탑 경과지에는 수십 년 이래 이웃마을로 정을 나누어온 마을들이 보상 합의 여부로 극심한 분열을 겪고 있고, 이는 한 마을 안에서도 마찬가지다.

한전은 한 마을 안에서도 주민들을 분열시키는 술책을 쓰고 있다. 시간이 흘러갈수록 마을 주민들에게는 '이 기약 없는 싸움을 언제까지 해나갈 것인가', '저 막강한 정부와 공권력을 상대로 이길 수 있겠는가'라는 회의론이 유포된다. 또한 관변조직에 속해온 주민들, 여당과 가까운 주민들은 투쟁에 회의적이다. 또 주민들 사이의 인간적인 갈등의 골도 이전부터 존재해왔다. 한 마을 안에서도 송전탑에 가까운 지역과 먼 지역이 나뉘어 있다. 한전은 이런 지점들을 파고들면서 자신들에게 호의적인 주민들과 먼저 협상을 진행한다. 대부분 마을들이 이런 과정을 거치면서 찬성 주민들의 숫자를 불리고 끝내 합의에 이르게 된다. 한전의 내규로는 자칭 대표라는 5인의 주민만 확보되면 한전과 협의를 진행할 수 있고, 전체 주민 과반의 동의만 받아내면 마을 합의로 받아들여진다. 이를테면, 산외면 ○○마을은 송전선에 가까워서 피해가 큰 A동네와 상대적으로 떨어져 피해가 적은 B동네가 있다. 그런데 피해가 적은 B동네에서 5인이 스스로 대표랍시고 한전과 협상을 진행하게 되었다. 그 마을에는 송전탑 관련 업무를 일임하는 대표 선임계에 날인한 주민 연명부가 있었는데, 5인은 이를 한전과의 합의 체결 연명부로 위조하여 한전과 합의를 체결하게 된다. 거기서 받아낸 10억 5,000만 원의 합의금은 마을 공동 영농사업에 사용하도록 합의서에 명시되어 있지만, 이들은 마을에서 수킬로미터 떨어진 곳의 유휴지를 7억 5,000만 원에 매입하였다. 이 사실이 폭로되자 2013년 벽두부터 현재까지 그 A동네와 B동네는 한 마을에 살면서도 집안 제사에도 내왕하지 않을 정도로 극심한 분열에 휩싸여 있다.

공권력으로 밀어붙이다

2013년 7월, 밀양 송전탑의 해법을 위해 마련된 네 번째 기구인 '전문가협의체'가 파행 끝에 아무런 결론을 내리지 못한 채 마무리되었다. 그때부터 산업부 장관은 세 차례에 걸쳐 무려 6일이나 밀양에 머무르며 밀양 문제를 해결하기 위해 발로 뛰고 있다는 인상을 심어주는 언론플레이를 했다. 그러나 그 세 번의 방문 동안 실제로 반대 주민들을 만난 시간은 딱 반나절에 그쳤고, 나머지 시간은 전부 자신들에게 협조적인 일부 찬성 주민들, 그리고 밀양 지역 유지, 관변단체, 밀양 시장 등을 만났다. 그리고 산업부 장관과 국무총리는 밀양시에 나노산업단지 유치를 약속했고, 이 때부터 상공회의소, 밀양지역 관변단체들의 파상공세가 노골화 되었다. 반대 주민들은 '밀양을 살리기 위해 당신들이 희생해야 한다'는 논리에 시달려야 했고, 주민들을 돕는 반대 대책위는 '주민들을 이용하여 정치적 야심을 채우는 세력'이라는 근거 없는 비난에 시달려야 했다. 결국 정부가 지역 갈등의 골을 더욱 깊게 하였고, 지금까지도 수습하기 어려운 후유증을 남기고 있다.

지금까지 밀양 송전탑 싸움은 12회에 걸친 공사 시도와 주민들의 저항으로 인한 공사 중단이 반복되었다. 주민들은 실로 놀라울 정도로 치열하고 또 집요하게 한전의 공사를 막아냈다. 때로는 단식투쟁으로, 때로는 현장 점거로, 헬기장을 점거하거나 국회 상경투쟁으로, 노천 노숙농성으로, 포클레인을 점거하거나 레미콘 차량 앞에 드러눕는 등 눈물겹게 공사를 저지시켜왔다.

그러자 한전은 2013년 5월 공사 재개 때부터 공권력의 도움을 받기 시작했다. 특히 2013년 10월 공사 재개 당시에는 하루 3,000명의 막대한 병력이 공사 현장으로 나 있는 모든 길을 봉쇄하고 24시간 경비를 서면서 주민들의 현장 진입을 철저하게 통제했다. 그리하여 주민들은 한전이 아니라 경찰과 싸우게 되었다. 6개월이 지난 오늘까지 주민 112명이 경찰과의 충돌 과정에서 응급 후송되었고, 73명의 주민과 연대 시민들이 경찰 조사를 받거나 연행되었다.

주민들은 형광색 경찰 제복만 봐도 가슴이 철렁 내려앉는다고 한다. 경찰은 현장과 멀리 떨어진 진입로를 봉쇄하는 것은 물론이거니와, 주민 활동가들의 집을 파악하기 위해 마을 골목을 서성이기도 하고, 때로는 80대 후반의 노인들에게도 출석요구서를 보내거나 임의동행 방식으로 연행하기도 한다. 현장에서는 주민들이 젊디젊은 의경들과 몸싸움을 하면서, 때로는 강제 해산을 당하면서 입은 상처와 모멸감을 호소하지 않는 주민들이 없다. 이러한 공권력의 준동은 주민들에게 극도의 공포심을 불러일으키고 있고 주민들의 집단적인 우울과 불안감의 주요한 원인이 되고 있다. 인도주의실천의사협의회가 2013년 5월 공사가 중단된 직후 주민들을 대상으로 정신건강 실태를 조사했을 때 주민들의 외상 후 스트레스 장애 고위험군 비율이 9·11테러를 겪은 미국 시민의 네 배 수준에 이른다는 충격적인 결과가 나왔고, 2013년 12월 헬기를 사용한 전방위적인 공사가 진행 중이던 시점에 다시 조사하였을 때 전체 주민의 87퍼센트가 높은 수준의 우울감을 호소했고, 10.7퍼센트 주민이 '기회만 있으면 자살하겠다'고까지 답했다.

'경찰 없으면 한전은 밀양에서 송전철탑 한 기도 못 꽂는다'는 주민들의 주장은 그냥 해보는 소리가 아니다. 한전은 오직 경찰의 힘으로만 공사를 진행할 수 있었다. 경찰이 '한전 사설경비업체'로 전락해버렸다는 밀양 주민들의 주장은 엄연한 진실이며 이로 인하여 주민들은 말로 다 할 수 없는 고통을 겪고 있다. 인도주의실천의사협의회의 조사 이후 현재까지 40여 명의 주민들이 대책위의 주선으로 정신과 진료를 받고 있으며, 전문 상담 인력의 도움으로 심리 치료를 병행하고 있는 실정이다.

밀양을 어떻게 할 것인가

일생토록 국가가 시키는 대로 협조하였고, 수십 년 이래 일관되었던 폐농, 살농 정책에도 묵묵히 농토를 일구며 삶의 자리를 지켜온 주민들이 노년에 맞이한 이 폭력은 너무나 모멸적이고 또한 견딜 수 없는 것이었다. 밀양 주민들은 급진적이거나 공상적인 주장을 하는 것이 아니다. '지금 있는 그대로 살게 해달라', '잘못된 법제도를 정의롭게 고쳐달라'는 요구가 그렇게 급진적이고 공상적인가. 밀양 송전탑에 연대하는 전국의 시민들이 한결같이 말하는 '사람 죽여서 얻는 전기, 우리는 필요 없다'는 단호한 선언은 '전기는 밀양 노인들의 피눈물을 타고 흐른다'는 진실에 입각해 있다. 우리 사회는 밀양 송전탑 사태가 어떻게 끝나든, '이 말도 되지 않는 에너지 수급 체제'를 언제까지 온존시킬 것이냐는 중대한 질문 앞에 언제나 마주서게 될 것이다.

　주민들은 고통스러운 학습의 터널을 통과했다. 주민들은 이제 당당하게 핵발전에 대해서도 문제제기한다. 주민들은 핵발전이 값싼 청정에너지라는 주장을 들으면 낯빛을 붉혀가며 비판한다. "핵발전이 싸다고? 폐기물은 어떡할 거냐? 송전탑 세운다고 이 많은 사람들 피눈물 쏟게 하고, 보상이다 뭐다 해서 이웃끼리 싸우게 만든다." "사람이 죽었지 않느냐, 사람 죽는 것보다 더 큰 손실이 어디 있느냐?"며 침을 튀겨가며 말한다. 금전의 논리로 환산할 수 없는 '생명의 계산법'을 주민들은 체득하게 되었다.

그러나 정부와 한전의 막강한 무력 앞에서 철탑은 한 기, 두 기, 하루가 다르게 올라간다. 마지막 순간까지 항전하겠다는 주민들의 의지는 흔들림이 없다. 그들은 왜 이토록 고통스러운 싸움에서 빠져나갈 수 없었던 것일까?

주민들이 마주서야 했던 것은 국가폭력이었고, 시대의 모순 그 자체였다. 그것은 오늘날 우리가 누리고 있는 풍요와 안락이 감추고 있는 비참하고도 서글픈 맨얼굴이었다. 주민들의 절절한 이야기를 들으며 우리는 배워야 한다. 아픈 이야기 속에 진실이 있기 때문이다.

밀양765kV송전탑반대대책위원회 http://my765kVout.tistory.com/
○ 경상남도 밀양시 중앙로 278-6 번지 (삼문동)
○ 전화 : 010-9203-0765
○ 후원계좌 : 815-01-227123, 농협, 이계삼(밀양765kV송전탑반대대책위)

2013. 12. 밀양 송전탑 반대 투쟁을 하는 주민들의 목소리, 밀양과 맺은 삶의 역사가 더 풍성하게 전해지기를 바라는 사람들이 만났다. 기록노동자, 작가, 인권활동가, 여성학자 등 다양한 사람들이 서울, 울산, 광주, 충북 등에서 모였다. 여성구술사를 참조하여 구술 작업을 어떻게 진행할지 의견을 나누었다. 구술자를 섭외하고 집필을 맡을 사람을 정했다. 구술기록 자체를 아카이브로 남기자는 취지로 영상활동가들에게 도움을 청했다. 도서출판 오월의봄이 출판을 맡아주기로 했다.

2014. 1. 시간이 넉넉하지 않았다. 그룹메일을 통해 의견을 주고받으며 프로젝트를 진행했다. 구술기록자와 영상 활동가들이 짝을 지어 구술자와 인터뷰를 시작했다. 1~3회의 인터뷰가 각각 진행되었고 부득이한 경우를 제외하고는 구술 과정을 영상으로 기록했다. 구술기록자들은 녹취를 풀며 시놉시스를 구성하기 시작했다.

2014. 2. 프로젝트 재정을 마련하기 위해 소셜펀치 모금함을 개설했다. 다 같이 모여 서로의 시놉시스를 살피며 책의 전반적인 방향과 구성에 대한 의견을 주고받았다. 영상기록을 하다가 마음이 붙들린 영화감독, 인권활동가들이 영상으로 더 많은 이들과 함께하자는 뜻을 모아 옴니버스 영화 〈밀양, 반가운 손님〉을 제작하기로 했다. 구술기록자들은 글을 쓰기 시작했다. 구술한 분들의 얼굴을 함께 기억할

수 있도록 책에 실을 사진을 따로 촬영하기로 했다. 사진가에게 제안을 했다. 프로젝트 구성원 중 세 사람이 재정팀을 자원해 살림을 챙겼다.

2014. 3.　구술기록 초고를 보며 책의 구성과 편집을 위한 회의를 했다. 추가 인터뷰 및 원고 수정을 진행했다. 구술자들에게 원고를 보여드리고 수정해야 할 부분이 있는지 여쭸다. 사진 촬영이 일주일간 진행되었다. 소셜펀치 모금에 200여 명에 가까운 개인과 단체들이 동참해주었다. 인권재단 사람은 인권활동지원기금을, '밀양의 친구들'은 거리에서 모금한 돈을 건네주었다. 밀양에서 전해지는 소식이 조금 더 숨 가빠졌다. 출판을 조금 더 앞당기기로 했다. 이 모든 과정은, 자잘한 문의부터 난감한 상의까지 함께해준 밀양송전탑반대대책위원회의 도움 없이는 불가능했다.

2014. 4.　구술기록과 사진작업을 마무리했고 구술해주신 분들께 책을 전해드릴 날을 설레며 기다리고 있다. 이제 세 가지 소원을 남기고 프로젝트를 마치려고 한다. 독자들이 구술자가 들려준 이야기를 선물처럼 소중하게 간직하기를 바란다. 밀양구술기록을 비롯해 소중한 구술기록들이 아카이브에 차곡차곡 쌓이기를 바란다. 그리고 무엇보다도, 밀양 송전탑 공사가 중단되기를 바란다.

밀양구술프로젝트에 함께한 사람들(가나다 순).

기선   인권운동공간 '활' 상임활동가. 사람 그리고 인간다운 삶이 무엇일
까 궁금해서 살아가고 있는 사람. 지독한 순간에도 자신을 잃지 않
으려 힘껏 싸우는 이들에게서 사는 에너지를 얻고, 인천인권영화제
의 저항의 스크린을 통해 공명을 담은 시선을 얻어 살아가고 있다.
(말 그대로 덕분에 사는 사람)

김영옥   인권연구소 '창'의 연구활동가. 미학과 여성학의 교차지점들은 늘
즐거운 탐색의 여정이 되어주었다. 그러다가 '창'을 만나면서 이웃
의 구체적 삶을 올바르게 궁금해하는 감각을 익히기 시작했다. 이
웃의 희로애락과 만나는 인문학, 시간의 경험을 품고 있는 글쓰기
를 고민하고 있다.

류현영   출판편집자. 여성노동자글쓰기모임 회원으로, 여성 스스로 자기 혹
은 주변 여성들의 이야기를 쓸 수 있는 기회를 넓히고자 노력하고
있다.

명숙   인권운동사랑방 상임활동가. 사람들이 함께 웃고 울고 싸우면서 생
기는 역동적 관계와 에너지에 담긴 표정을 좋아한다. 그리고 그 생
생함이 세상을, 삶을 평등에 가깝게 하리라 믿기에 구술 작업에 함
께했다. 한 사람의 삶에 담긴 역사를 들을 수 있어서, 밀양 할매들
에 대한 존경심과 미안함이 구술 작업 과정에서 끈끈한 웃음으로

다시 관계 맺게 되어서 기쁘다.

미류 인권운동사랑방 상임활동가. 단단한 것보다 흔들리는 것이 좋다.
    흔들려야 타인과 마주할 수 있고 다른 세상을 꿈꿀 수 있는 질문을
    얻게 된다. 그래서 흔들리며 삶을 일구어가는 사람들에게 늘 고마
    움을 느낀다. 흔들림 주위에서 희미하게 번지는 질문들을 인권의
    언어로 길어 올리며 얹혀가고 싶다. 함께 흔들리지 못할 때의 빚진
    마음을 털어낼 수는 없겠지만.

박이은희 노동자, 학생, 엄마 등등 수많은 정체성을 가지고 살고 있다. 여성학
    과 행복하게 만나고 있는 중이며, 여성노동 문제를 비롯해서 지금
    은 평범한 사람들 사이의 삶 내부에서 작동하는 힘과 억압의 문제
    를 살피고 있다.

박희정 쉽게 분류하고, 편을 가르고, 이름 짓기 좋아하는 세상 속에서 조금
    은 다른 시선으로 세상을 읽어내고 소통하는 일에 관심이 있다. 만
    화 언어를 통해 성희롱 문제를 이해하는 길잡이 책《모두가 함께 읽
    는 성희롱 이야기-당신 그렇게 까칠해서 직장생활 하겠어?!》를 펴
    냈다.

배경내 인권교육센터 '들' 상임활동가. 부당한 질문에 시달리는 사람들의
    삶을 전하고, 질문을 바꿔 던지는 인권활동, 인권교육에 매료돼 산
    다. 특히 청소년 인권과 관련한 의제는 늘 마음을 달뜨게 만든다. 우
    리 자신이 우리가 꿈꾸는 미래의 가장 매력적인 현재가 되어야 한
    다는 마음으로 살고 싶다.

변정윤 한국비정규노동센터 사무국장. 비정규노동자들을 만나 현재의 삶
    을 변화시키기 위한 활동을 하고 있다. '상식'적으로 생각하고 '상

식'적으로 얘기할 수 있는 세상을 만들고 싶다. 그런 날이 온다면 더 이상 밀양처럼 아픈 일이 생기지 않을 것 같다.

변정필 　비파나, 다른 이들의 이야기에 귀 기울이고, 기록하고, 그 기록과 기억을 나누는 삶을 살고 싶다. 어릴 적 밀양 영남루를 아지트 삼아 친구들과 뛰어 놀던 따뜻한 기억을 갖고 있다.

서분숙 　노점상을 하던 엄마를 따라다니며 대구 칠성시장에서 어린 시절을 보냈다. 그 영향 탓인지 사람들이 많은 곳, 여러 사람들의 사연이 오가는 곳을 기웃거리며 이야기를 듣고 주워담아 글을 쓰는 일을 하고 있다. 내성천을 따라 흐르며 살아가는 사람들의 이야기를 담은 동화《할머니의 강》을 썼다. 문학치료학을 공부하며 마음과 몸의 편안을 돌보고 있다.

안미선 　작가. 사람들의 일과 삶을 생활글과 르포, 소설로 다양하게 기록하는 작업을 해왔다. 여성단체에서 일하면서 다양한 현실에 놓인 동시대 여성들을 만났고 삶을 바꾸어내는 사람들의 연대의 힘을 믿게 되었다. 기록과 창작이 느낌과 마음들을 모아내는 역할을 할 수 있다고 여겨서 계속 작업을 한다. 쓴 책으로《내 날개옷은 어디 갔지?》가 있다.

유해정 　인권연구소 '창' 연구활동가. 학교 졸업 후 딱 3년만이라며 시작한 인권운동이건만 이제는 삶이 되었으면 좋겠다. 인권전령사들의 목소리를 기록하고 전하는 일에 매료돼 있으며, 최근에는 생애 처음으로 수도권을 탈출, 충북 옥천 군민이 돼 '좋은' 삶을 모색 중이다.

육성철 　기자로 8년, 공무원으로 12년, 정거장이 없는 '설국열차'처럼 떠다녔다. 인권을 '밥벌이'로 여기는 삶이 때로 부끄럽고 때로 민망하여, 밀양의 민낯에 온전히 다가서지 못했음을 고백한다. 사화(史禍)의 시초였던 점필재 김종직의 고향에서 사화(死火)의 비극이 벌어지지 않기를 나는 소망한다. 고단한 벗들의 옆모습과 뒷모습을 기억하기 위해 가끔씩 배낭을 꾸리는 것이 나의 업이자 낙이라 여긴다.

이묘랑   인권교육센터 '들' 상임활동가. 인권교육이 가려지고 묻혀버린 인권을 만나는 통로가 되고 인권을 풍성하게 만드는 너른 들이 되기를 바라며 교육활동을 하고 있다. 언제나 주변의 낮고 작은 목소리를 마음으로 듣고 응답할 수 있는 사람이고 싶다.

정택용   생태를 위협하는 인간의 탐욕에도 관심이 많지만 땀 흘려 일하는 사람들 곁을 떠날 수 없어 도움이 되기를 바라는 마음으로 사진기를 잡는다. 기륭전자 비정규직 투쟁 1,895일 헌정사진집《너희는 고립되었다》를 냈다.

진주   30대를 아시아 지역의 인권침해 현장에서 뜨겁고 즐겁게 보냈다. 현재는 광주에서 인권과 트라우마에 대해 공부하면서 일하고 있다.

희정   기록노동자(르포 작가). 반도체공장 직업병 문제를 다룬《삼성이 버린 또 하나의 가족》을 집필했다. 생활이자 연대의 행위인 글쓰기의 올바름을 고민하고 있으며, 삶의 올바름은 더 어려워하고 늘 헷갈려 한다.

구술영상기록   기선 김일란 넝쿨 노은지 이재환 하샛별 허철녕 홍이

밀양을 살다

초판 1쇄 펴낸날 | 2014년 4월 21일
5쇄 펴낸날 | 2017년 8월 25일

지은이　　밀양구술프로젝트
펴낸이　　박재영
편집　　　강곤
디자인　　나윤영

펴낸곳　　도서출판 오월의봄
주소　　　서울시 마포구 양화로 133, 1605호
등록　　　제406-2010-000111호
전화　　　070-7704-2131
팩스　　　0505-300-0518

이메일　　maybook05@naver.com
트위터　　@oohbom
블로그　　blog.naver.com/maybook05
페이스북　facebook.com/maybook05

ISBN 978-89-97889-35-8　03300